KB039415

법정에서 영화보기

황창근

박영사

머리말

　　영화와 법, 양자는 예술과 규범이라는 거리만큼이나 사실 밀접한 관련을 찾기 쉽지 않다. 그러나 영화가 사상이나 감정을 영상이라는 도구로 표현하는 매체라는 점에서 영화와 법은 상호 관련을 맺고 있다. 영화가 타인의 명예나 저작권 등을 침해하는 경우 법적 분쟁이 발생하고, 청소년 보호 등 국가의 법질서에 위반되는 경우 내용규제의 대상이 된다. 내용규제의 대표적인 제도가 영화등급분류제이다. 영화등급분류제는 청소년 보호나 국가법질서의 보호를 위하여 영화로 상영되기 전에 내용의 수준에 따라 연령별 등급을 결정하여 미리 관객에게 그 정보를 제공하는 것을 말한다. 이 제도는 국제적으로 인정되고 있는 가장 일반적인 영화의 내용규제방식이다.

　　영화를 예술의 자유, 표현의 자유의 헌법적 가치를 나타내는 표현매체로서 보호하는 것은 우리나라 판례가 일관되게 취하고 있는 입장이다. 그간 허가제, 심의제를 거쳐 오늘날 등급분류제로 이르고 있는 영상물 내용규제의 역사에서, 헌법재판소는 수차례 허가제와 심의제가 표현의 자유를 침해하는 사전검열로서 위헌이라는 입장을 밝혀왔다. 영화가 단순한 예술 분야를 넘어서서 이와 같이 표현매체의 하나라는 것은 결국 작가가 그 시대의 정치, 경제, 사회, 문화의 생활상을 관객에게 전달하는 것을 목적으로 하는 것을 뜻한다. 영화 속에는 그 시대의 즐거움과 아픔, 철학 등 생활상, 시대정신이 고스란히 담겨 있다. 최근 한국의 영화 〈기생충〉이 세계적으로 호평을 받았던 이유 또한 누구나 공감할 수 있는 빈부격차의 문제를 다루고 있기 때문이다.

　　영화는 단순한 예술 장르가 아니라 미래를 보는 거울과 같다.

1968년 작품인 〈2001: 스페이스 오디세이〉는 일찍이 인간과 인공지능의 관계, 우주생활을 보여주었다. 〈아바타〉는 인간을 닮은 아바타를 통하여 외계 행성을 개척하는 애기를 다루었고, 자동차가 자율주행하고 하늘을 날아다니는 장면도 많은 영화에서 보았다. 인간의 화성에서의 생활을 다루는 〈마션〉은 어떤가. 영화 속 상상 장면은 더 이상 상상에 머무르지 않고 드론, 자율주행차, 인공지능, 로봇, 화성 탐사로봇처럼 오늘날 시시각각 현실화되고 있다.

19세기 말에 처음 등장한 영화는 다른 예술 장르에 비하여 그 역사가 매우 짧다. 그럼에도 불구하고 우리의 문화생활과 엔터테인먼트 산업의 중심으로 자리 잡고 있다. 영화를 포함한 영상물의 소비형태는 혁명적으로 변화하고 있다. 정보통신기술과 디지털기술의 발달로 컴퓨터, 휴대폰 등 개인화된 기기를 통하여 시간과 장소에 제한 없이 영상물을 소비하는 시대가 되었다. 극장 이외에도 다양한 매체를 통하여 영화를 관람하는 것이 가능해진 것이다. 이러한 변화는 영화산업에도 영향을 미친다. 대규모 상영관 중심에서 OTT, VOD 등 정보통신 플랫폼을 중심으로 한 새로운 시장으로 이동하고 있다.

영화는 등급분류제 및 사업자, 상영관 안전규제 등의 목적으로 영화와 비디오물로 구분하여 그 개념이 법적으로 정의되고 있다. 즉 영화는 "연속적인 영상이 필름 또는 디스크 등의 디지털 매체에 담긴 저작물로서 영화상영관 등의 장소 또는 시설에서 공중(公衆)에게 관람하게 할 목적으로 제작한 것"으로 정의하고, 비디오물은 "연속적인 영상이 테이프 또는 디스크 등의 디지털 매체나 장치에 담긴 저작물로서 기계 · 전기 · 전자 또는 통신장치에 의하여 재생되어 볼 수 있거나 보고 들을 수 있도록 제작된 것"으로 정의한다(영화 및 비디오물의 진흥에 관한 법률). 결국 영화와 비디오물을 구분하는 유일한 기준은 극장 관람 목적으로 제작된 것인지 여부이다. 널리 알려진 이야기이지만 넷플릭스에서 제작한 〈옥자〉가 영화인지 비디오물인지 논란이 있었으나 영화의 소비

형태가 다양화된 오늘의 시점에서 큰 의미를 찾기 어렵다. 이는 그동안 영화가 무성영화, 유성영화, 흑백영화, 컬러영화, 3D영화, 디지털영화 등 기술의 발전을 수용하고, 그에 적합한 방법으로 소비되는 것처럼 영화의 법적 개념도 변경될 수밖에 없음을 보여준다.

이 책을 쓰게 된 계기는 대학에서 교양법과목인 〈영화를 통한 법의 이해〉라는 강좌를 개설하면서부터 시작된다. 교양법과목은 법학을 전공하지 않은 학생들에게 일상생활에서 부딪치는 법적인 문제와 이슈를 폭넓게 가르치는 것을 목적으로 하는데, 영화를 소재로 풀어나가자는 것이다. 10여 년이 넘는 기간 동안 이 과목을 강의하면서 만들어놓은 강의안이 이 책의 기본 자료가 되었다. 이 책에서는 영화를 법의 관점에서 분석하고 영화의 소재나 주제, 영화를 둘러싸고 발생된 소송사례 등과 관련된 문제를 다각도로 다루고자 하였다. 법은 동서고금을 통하여 인류의 가장 보편적인 규범 체계이다. 영화를 보면 그 시대의 사회를 볼 수 있듯이 그 규범 체계인 법도 볼 수 있는 경우가 많다. 물론 법정드라마와 같이 특정한 법률의 적용이나 재판을 다룬 것이라면 분석할 내용이 풍부하겠지만, 로맨스, 공상과학, 인공지능 등의 장르라고 할 지라도 법적인 관점에서 논점을 도출하고 논의하는 것은 어렵지 않다.

이 책은 총 35편의 영화를 6장의 큰 주제로 묶어서 편집하였다. 영화는 가능한 한 최신 영화를 중심으로 선정하기로 하였고, 해당 주제와 관련하여 최신 영화가 없으면 시간이 꽤 흐른 영화도 선정하였다. 주제별로 하나의 영화를 선정하여 관련 법적인 이슈를 논의하는데, 해당 영화가 그 주제를 대표하는 것은 아니지만 최근 영화라면 그 주제로 얘기하고자 하였다. 이 책은 영화평론서가 아니라 교양법률서적이다. 영화를 통하여 교양법률 지식을 가르치는 수준이고, 다만 법률 전문서적도 아니니 지나치게 깊이 있는 내용을 담지 않으려 노력하였다. 그저 영화 문외한이 영화를 이처럼 법적인 관점에서도 볼 수 있다는 정도로 이해하면 고마울 뿐이다.

　　코로나19로 세상이 멈춘 시간 동안 묵은 강의안을 정리하고 다듬었고, 그 기간 동안 새롭게 개봉한 영화도 몇 편 넣었다. 영화에 대한 소개나 법적인 분석 그 어느 것도 만족하게 다루지 못하였지만 향후 개선하기로 스스로 약속하고 일단 이 정도로 마감하고자 한다. 이 책이 나오기까지 수업시간에 열심히 들어준 학생들 및 이 책의 출간을 독려해 주신 여러분들에게 감사를 드린다. 좋은 책을 만들어준 박영사 관계자, 특히 보기 좋게 편집을 해주신 정수정 님에게 감사를 드린다.

2021년 3월

黃 彰 根

🎬 차례

제1장 재난과 인간

제2장 인권의 가치

제3장 현대사회의 구조

제4장 범죄의 고발

제5장 사법제도와 민주주의

제6장 인공지능과 정보사회

법정에서 영화보기

제1장 재난과 인간

감기_바이러스의 공격과 인간의 방어
판도라_원전사고의 공포
해운대_쓰나미
설리 허드슨강의 기적_세월호의 반성
아바타_지구의 확장-인간과 기계
옥자_동물의 권리와 복지

감기 _바이러스의 공격과 인간의 방어

김성수, 2013

▌영화 소개

2020년 한국은 '코로나19' 원년이다. 코로나19는 최초 예상과 달리 진정되지 않고 언제 끝날지 모른다. 발생지인 중국 우베이성 우한(武漢)

COVID-19 사진
(출처: WHO)

에서 시작된 코로나19는 전세계를 강타하고 있다. 2021년 2월 11일 전 세계 확진자 1억 6백만 명, 사망자 230만 명, 우리나라 확진자 8만2천 명, 사망자 1,496명에 이르는 대유행 단계에 있다. WHO는 2019. 3. 11. 팬데믹(pandemic)을 선언하였는데, 이는 전염병의 위험도에 따른 6단계의 경보단계 중 최

고 6단계에 해당된다. 전세계는 국경에 빗장을 걸고 교통을 막아버렸다. 지구촌 사회가 국경으로 둘러싸인 고립된 국가체제로 다시 돌아왔다. 사람들은 마스크로 사람들과 사회와 격리하고 있다.

이 영화는 홍콩에서 밀입국한 자로부터 번진 바이러스 감염으로 인한 시민의 충격, 국가의 대응체계 등을 다루고 있다. 2020년 2~3월 대구와 경북지방에서 급속도로 번졌던 경험은 이 영화 속 분당 지역의 상황과 유사하게 다가온다. 영화에서 과장된 면이 적지 않지만 바이러스의 전파, 시민의 공포와 혼란, 국가의 대응 양상, 정치권과 전문가 집단의 대립 등 여러 가지 상황이 유사하게 전개된다. 현재 상황에 가장 잘 어울리는 영화로 이 영화 이외에 미국영화 〈컨테이전, 스티븐

소더버그〉가 있다. 이 영화가 급속도로 퍼지는 바이러스로부터의 시민들의 공황을 잘 묘사하고 있다면, 〈컨테이젼, 스티븐 소더버그〉는 영화 제목과 같이 바이러스의 감염 과정을 과학적으로 잘 설명하고 있다는 점이 두드러진다.

그런데 흥미로운 것은 두 영화 모두 최초 발원지를 홍콩으로 설정하고 있다는 점이다. 홍콩은 양면성을 가진 도시이다. 국제 무역의 중심지로서의 선진화된 국제도시의 얼굴도 있지만, 한편으로는 낙후된 중국 본토를 세계로 연결시키는 터미널의 모습도 있다.

이 영화는 최근 '코로나19'의 감염의 상황을 그대로 예언하고 있다. 홍콩에서 한국으로 밀입국하기 위하여 컨테이너에 수십 명이 타고 오는 도중, 이름 모를 바이러스에 감염되어 한 사람만을 제외하고 모두 죽은 채 한국에 도착한다. 여기서 감염이 시작된다. 컨테이너에서 홀로 살아남은 외국인의 도망, 처음으로 컨테이너 문을 활짝 연 한국의 인부가 분당 전역에 감염병을 퍼뜨리게 된다. 그 인부는 감염된 채 병원으로 실려 와 사망하는데, 이때 의료진은 이 환자의 병명이 원인 불명의 조류바이러스의 변종임을 알고 경고한다. 하지만 이때는 벌써 분당 전역에 바이러스가 퍼지고 있는 상태이다.

국가의 대응체계는 한심하기 그지없다. 전문가인 의료인의 경고를 무릅쓰고 정치적으로 결정하는 바람에 대응이 늦어진다. 현실과 다르지 않다. 국무총리를 책임자로 하는 대책본부에서는 분당 봉쇄라는 대책을 세운다. 코로나 초기 대구 봉쇄 운운이 생각된다. 분당에서는 시민들을 감염된 자와 감염되지 않는 자 두 부류로 나누고, 의료인의 경고를 무시하고 감염되지 않은 자를 한꺼번에 격리하는 실수를 저지른다. 이후 벌어지는 국가의 대응체계는 우왕좌왕, 그야말로 혼란의 연속이다. 국가의 의무가 무엇인지 다시 한번 생각케 한다. 국가의 의무 중 최우선적인 고려는 국민의 생명과 신체를 보호하는 것이다. 그러나 지지부진하고, 우왕좌왕하는 정책 결단과 과정 속에 희생되는 것은 시민뿐이다.

〈컨테이전, 스티븐 소더버그〉도 홍콩 출장에서 돌아온 인물이 사망한 후 미국 전역으로 바이러스가 퍼지자 미국 CDC가 역학조사, 백신개발 등을 하는 과정을 그리고 있다. 최초 유행지인 시카고 봉쇄 장면은 이 영화의 분당 지역 봉쇄와 유사하고, 백신을 개발하는 장면은 영화에서 치료제를 개발하는 장면과 유사하다. 영화는 첫 장면에서 날짜 순서를 제시하는 방식으로 진행되는데, 1 DAY가 마지막 장면에 나온다. 박쥐와 돼지가 바이러스의 최초 숙주임을 보여주고 있다.

▌ 감염병 대응의 법체계

감염병 대응의 법적 근거

바이러스가 창궐한 도시를 군경이 봉쇄하고 있는 장면.
(출처: 네이버영화)

영화에서는 감염병이 유행한 분당 지역을 봉쇄하고 감염자와 비감염자를 구분하여 격리하는 정부의 조치를 보여주고 있다. 이러한 조치는 시민의 자발적 협조가 아닌 군이나 경찰을 동원한 공권력 행사의 방법에 의하는데, 당연히 법률상 근거를 필요로 한다.

우리나라에서는 「감염병의 예방 및 관리에 관한 법률」(이하 '감염병 예방법'이라 함)이 제정되어 이러한 임무를 수행하고 있다. 이 법률은 한 국전쟁 직후인 1954년 「전염병예방법」으로 처음 제정된 것으로 오랜 역 사를 가지고 있다. 인류에게 전염병이란 지진, 홍수 등 자연재해만큼이 나 오래되고 치명적인 손상을 입히는 '재해'의 하나인데, 우리 법에서는 화재나 붕괴와 같은 '사회재난'으로 정의하고 있다(「재난 및 안전관리 기본 법」 제2조). 의료기술이 고도로 발달한 오늘날에도 그 위험이 결코 낮다 고 하기 어려운 것은 지금 '코로나19'가 이를 증명하고 있다. 오히려 자 연재해가 국지적으로 발생되는 것과 비교하여 전 세계적인 영향을 미친 다는 특징이 있다.

국가의 방역 목적, 국민보호의무

국민은 국가의 존재 근거이므로 국민의 안전을 보호하는 것이 국 가의 유일한 존재이유이다. 국민의 보호 이외에 다른 정치적, 외교적, 경제적 이유는 부차적인 것이고, 국민의 생명 보호와 충돌할 때 당연히 국민의 생명이 우선적 고려대상이 되어야 한다. 국민이 없는 국가는 있 을 수 없기 때문이다. 국가는 국민에 선행되는 개념이 아니라 국민의 결의로 탄생된 정치적 공동체에 불과하다. 국민은 국가를 선택할 수 있 으나, 국가는 국민을 선택할 수 없다. 우리 헌법은 이러한 취지를 "대 한민국의 주권은 국민에게 있고, 모든 권력은 국민으로부터 나온다"고 확인하고 있다(제1조).

영화에서 마스크를 착용하는 모습을 많이 볼 수 있다. 마스크 착 용이 감염을 예방하는 효과가 있다는 것은 의학적으로 증명이 되고 있 으며, 코로나19 상황에서 전 세계적으로 마스크 품귀 현상과 생필품 사 재기 현상도 만연하고 있다. 우리나라에서도 공적 마스크 제도가 시행 되었는데 이는 국가의 감염병 하에서의 국민보호의 하나의 사례이다.

감염병으로 격리장소로 대피하는 장면.
(출처: 네이버영화)

　　최근 '코로나19' 상황에서 정부의 대처가 타당한지에 대하여 계속적으로 의문이 제기되고 있다. 최초 이 병의 발원지이자 최대 감염 국가인 중국으로부터 입국을 통제하지 아니한 조치의 타당성은 국민의 생명보호의 관점에서 평가할 수 있다. 처음부터 국경을 봉쇄한 대만, 싱가포르, 홍콩에서 감염이 유행하지 않은 점과 비교하여 보면 '국민 생명보호'라는 국가의 목적에 충실한 것인지 여부에 대한 판단은 너무나 쉬운 일이다. 물론 국경을 봉쇄한다는 것은 정치, 경제, 외교 등 다양한 사정을 종합하여 결정하여야 하지만, 어떤 경우에도 국민의 생명보다 우선될 수는 없다. 지금 전세계가 국경을 통제하여 감염을 예방하려고 하는 이유는 이와 같은 국민의 생명보호라는 우선적인 목표 때문이다. 우리 정부가 초기에 중국으로부터의 입국을 전면 통제하지 못한 것이 어떤 결과를 가져왔는지는 훗날 평가가 있어야 한다.

　　또한 현행 재난기본소득 지원이 타당한지 재검토를 요한다. 용어나 액수, 지원범위 등 많은 차이가 있지만, 코로나19가 경제불안까지 가중하면서 세계 각국이 앞다투어 시행하고 있다. 최초 미국은 1인당 1천 달러, 싱가포르는 300 싱가포르달러(26만 원), 홍콩은 1만 홍콩달러

(150만 원), 호주는 100억 호주달러(8조 원)를 기본재난소득 명목으로
직접 지원하기로 하고 있다. 그 이후에도 코로나 상황이 길어지자 추가
지원이 전 세계적으로 논의되고 있다. 코로나19로 소득감소, 소비침체,
경제불안으로 이어지는 고리를 끊겠다는 취지이기는 하지만 재정건전성
의 관점에서 지급대상, 금액 등에 대한 합리적인 정책이 필요하다고 할
것이다.

▌ 감염병 대응과 인권 보호

영화 속에서 분당 지역을 폐쇄함으로써 지역 외의 출입을 제한하고,
감염자와 비감염자를 구분하여 각각 수용시설에 수용하는 등의 상황이
묘사되고 있다. 감염병의 대규모 전파가 예상되는 경우 그 감염 예방을
위하여 출입제한이나 격리(감금), 강제 치료 등의 조치가 불가피한 경우
가 많을 것이다. 그러나 국민의 기본권을 제한하기 위하여는 그 제한의
필요성이 인정되어야 하고, 제한하는 경우에도 오로지 법률로써만 제한
할 수 있으며 또한 과도한 금지는 허용되지 않는다는 것이 헌법의 규
정이다(제37조 제2항).

영화에서는 미국 질병관리센터(CDC) 소속의 인사 주도로 출입제한의
차단조치를 넘어서는 군 폭격에 의한 섬멸작전을 두고 한국 대통령과
대립하는 장면이 나온다. 과장된 표현이긴 하지만 폭격으로 도시 전체
를 소훼(燒燬)하는 장면은 전염병 지역을 폐쇄하는 조치로 다른 영화에
서도 묘사되곤 한다. 에볼라 바이러스를 다룬 영화 〈아웃브레이크, 볼
프강 페터젠〉에서도 미군폭격기가 바이러스가 창궐한 아프리카의 어느
마을을 폭격하여 없애는 장면이 나오지만, 전시가 아닌 현실세계에서
이러한 조치를 정당화하는 법은 상상하기 어렵다. 코로나19 상황에서
대통령은 '모든 선제적인 조치'를 다하도록 정부에 지시한 것으로 보도
되고 있지만, 이러한 지시도 당연히 감염병예방법 등 관련 법령의 근거
내의 조치임이 분명하다. 비상적 상황이라고 하여 무엇이든지 할 수 있

다고 한다면, 이는 법치국가, 민주국가가 아닌 독재국가, 전제국가와 다를 바 없는 것이다.

　영화 속에서 보면 출입을 제한하고 특정한 시설에 강제수용하는 등의 조치는 법률에 근거할 것으로 예상이 되나, 사망하지 않은 감염자를 비닐로 감싸서 죽게 만드는 행위나 사망한 자를 대형쓰레기장에 모아놓고 소각하는 행위는 인간의 존엄과 가치라는 헌법 기본정신에 반하는 범죄행위에 해당된다. 감염병예방법 제20조의2에 의하면 시신의 장사방법에 대하여 유가족의 의사와 상관없이 보건복지부장관이 제한할 수 있다고 규정하고 있지만 영화에서와 같이 집단적인 소각방법으로 하는 방법까지 용인된다고 하기는 어렵다. 어떤 경우에도 인간의 존엄을 지킬 수 있는 방법으로 조치하는 것이 필요조건으로서 당연히 전제된다고 할 것이다.

　우리는 코로나19를 겪으면서 국가, 특히 행정권이 국민의 신체의 자유, 사생활의 비밀 등을 침해하는 장면을 생생하게 목격하고 있다. 물론 이러한 기본권은 절대적인 것이 아니니 필요한 경우 법률에 따라 제한할 수 있음은 물론이나 그 기본권을 과도하게 침해하거나 본질적 내용을 침해할 수 없음은 당연하다.

영화 포스터.
(출처: 네이버영화)

　예컨대 코로나19 상황에서 특정 종교집단이 감염병 전파에 영향을 미쳤다는 이유로 전 교인에 대한 명단 제출과 종교시설 폐쇄, 출입금지, 집회금지 등의 조치가 빈번하게 발생하고 있다. 해당 종교집단이 이번 코로나19 상황에서 끼친 사회적 폐해는 별론으로 하고 그 책임과는 상관없는 과도한 비난과 조치는 집단적 모욕주기, 혐오적 표현이라고도 할 수 있다. 특히 교인의 명단을 공개함으로써 직장이나 가정, 사회에서 의도하지 않은 차별을 받게 하는 부작용도 발생할 수 있다. 대한민국이 지키고 온 법치주의와 민주주의, 근대사회가 형성한 책임주의에 합당한지 반성하여야 한다.

또한, 역학조사의 미명 아래 감염자의 동선을 세세하게 공개함으로써 불필요한 사생활 침해가 나타나고 있다. 나이, 성별, 거주지역, 직장, 방문지 등 세세한 정보를 공개함으로써 역학의 실효성을 기하려는 목적은 인정이 되지만 과연 이 방법뿐인지는 의문이 있다. 관련된 정보의 공개는 2015년 메르스 사태 때에도 문제가 되었는데, 이때는 정부가 메르스 환자가 거쳐 간 병원과 의료기관의 명단을 뒤늦게 공개하여 피해를 확산시킨 것이 문제가 되었다(서울행정법원판결 2015. 11. 6 선고 2015구합6965). 감염병예방법에는 관련 기관 간에 정보제공절차 등이 규정되어 있을 뿐 이와 같은 광범위한 개인정보를 공개할 명문의 근거는 찾아보기 어렵다. 이는 개인정보를 수집 이외의 목적으로 이용하는 것을 금지하는 개인정보 보호의 취지에도 위반되는 것이 분명하다. 나아가 특정 종교집단에 대한 수사기관의 강제적인 압수수색을 통하여 교인의 명단을 입수하고 이 정보를 방역행정에 사용하여야 한다는 주장까지 하고 있으나, 이는 엄연히 현행법 위반에 해당된다. 수사목적으로 수집한 정보 또는 개인정보를 행정 목적으로 전용하는 것은 있을 수 없는 일이다.

이러한 과도한 인권침해적 방역행정에 제동을 거는 국내외 판결이 나오고 있다. 2020년 12월 미국 연방대법원은 교회 등 종교단체가 주당국을 상대로 제기한 예배제한조치가 헌법상 종교의 자유를 침해하는 것으로 판결을 하였고,[1] 독일 베를린 행정법원도 2020년 8월 베를린 집회당국이 코로나 규제에 반대하는 집회를 금지하는 명령이 위법하다고 판결하였다.[2] 우리나라에서도 감염병 예방을 위해 집회를 제한하는 경우에도 감염병 확산 우려가 있다는 것이 합리적 근거에 의해 분명히 예상될 때 필요한 최소한의 범위 내에서 이뤄져야 한다는 취지로 서울시의 집회금지처분은 과도한 처분이라고 판단한 바 있다.[3] 국내외 판결이 지적하는 것은 방역목적의 조치라고 하더라도 기본권의 본질적인 내용을 침해하는 것은 허용되지 않는다는 것이다.

▌ 감염병 대응의 주체

영화에서 정부기관, 의료인, 시민 등 다양한 사람들이 감염병 유행시 어떠한 역할을 하고 태도를 취하여야 하는지 잘 묘사하고 있다. 시민들은 통행금지나 봉쇄조치에도 크게 동요하지 않고 대개는 정부의 지시를 잘 따르는 것으로 나타난다.

각자의 책무와 의무는 법률에 규정되어 있고, 이를 위반할 경우에는 경찰에 의한 강제력이 동원되고 민·형사상 또는 행정상 책임을 진다. 최근 코로나19 상황에서 행정명령을 발령하여 집회를 금지시킨다든지, 고의로 방역업무를 방해하여 감염병 전파에 영향을 미친 경우 구상금청구도 이와 같은 시민의 협력의무에 대한 대응방안이다.

이른바 K-방역의 성과가 있다면 이는 정부의 역할이라기 보다는 의료인, 시민의 수준 높은 실천이 큰 역할을 하였다고 할 것이다. 거리, 사무실, 대중교통수단에서 마스크를 상시 착용하는 시민의식은 방역의 일등공신이다. 외국에서 자주 보이는 휴지나 생필품 사재기 현상 등을 우리 사회에서 볼 수 없는 것도 성숙한 시민의식 때문이라고 하겠다. 그에 비하여 정부가 제 역할을 하고 있는지 상당히 의문이다. 초기 중국으로부터 국경을 봉쇄하지 않은 사례, 동부구치소 내 집단감염을 초래한 사례는 물론이고, 2020년 12월 말 현재 미국, 영국 등 선진각국에서 백신 접종을 시작하였음에도 불구하고 우리는 백신 도입조차 불확실한 실정을 보면 정부가 감염 대응에 늑장을 부린 것이 아닌가 생각된다.

또한 전문가의 역할을 빼놓을 수 없다. 영화에서는 분당에서 최초 원인 불상의 감염자가 발생되자 의료인이 감염병으로 의심하고 분당지역을 통제할 것을 건의하나, 지역구 국회의원과 총리 등은 정치적으로 전문가인 의료인집단의 건의를 묵살하고 자신들의 방식으로 규제를 하려고 한다. 그 이후 격리방식 등에서 계속적으로 의료인과 정치인 사이에 충돌하는 모습이 그려진다. 감염병 발병 시의 전문가인 의료인의 역할과 정치인이나 관료와 같이 정책을 수행하는 자 사이의 정책 집행의 충돌은 충분히 예상할 수 있다. 이는 감염병 대응을 정치적인 문제로 보는 일부의 시각을 보여준다.

코로나19 초기에 대한의사협회는 6회에 걸쳐 감염원의 차단을 위하여 중국으로부터 입국을 통제하여야 한다는 건의를 하였으나, 정부에서는 외교적, 경제적 이유를 들어 이를 거부하는 정책결정을 하였고, 최근에 전국적으로 확산에 이르자 더 이상 실효성이 없다는 이유에서 입국제한의 추가적 조치는 검토하지 않는다고 발표하였다. 이처럼 전문가 집단 등 다양한 의견이 개진되는 경우 누구에게 그 책임을 부여할 것인가가 컨트럴타워의 문제이다. 감염병 관련 전문가는 단순한 의료인이 아니라 감염병 역학 등의 정책을 연구하고 수행하는 전문가 집단을 말한다. 우리나라를 포함하여 각국에서 운영하는 질병관리본부(CDC, Centers for Disease Control and Prevention)가 대표적인 전문가 집단이다. 감염병 발병 상태에서는 CDC를 중심으로 정책결정을 할 수 있는 이른바 '콘트럴타워'의 역할을 하도록 하여야 한다는 것이 중론이다. 현재도 과연 전문가 집단이 주도권을 가지고 대응을 하고 있는지 의구심이 든다.

판도라 _ 원전사고의 공포

박정우, 2016

▌영화 소개

영화 포스터.
(출처: 네이버영화)

원전이 폭발하였다. 직접적인 원인은 초유의 지진이라고 하지만, 간접적으로 원인을 따진다면 부실한 구조와 가동, 안전불감증이 복합적으로 작용한 전형적인 한국적 인재(人災) 때문이다. 원전 측은 잇따른 사고의 위험을 무시하고, 정치적 결정에 따라 가동을 하였다. 원래 설계에 의하면 진도 7에도 견딜 수 있도록 되어 있지만, 건설된 지 오래되어 낙후된 시설은 어느 곳에서 사고가 발생될지 모를 일이다. 더더욱 가동준비를 철저히 하여야 하는 것이다.

지진으로 원자로의 폭발이 예견되면, 매뉴얼에 따라 주민의 소개(疏開) 등이 예정되어 있지만 국민의 혼란을 이유로 사실을 은폐하여 사고를 키운다. 호미로 막을 수 있는 일을 가래로도 막지 못한 결과가 되었다.

재혁이 사는 동네는 원전이 있는 마을이다. 이 마을 사람은 모두 원전에서 취직을 하여 먹고 산다. 재혁도 하청업체에서 일을 한다. 틈만 나면 동네를 떠나고 싶어 한다. 어선의 선원으로 1~2년 떠날 작정

제1장 재난과 인간 **13**

까지 한다. 그 이유는 아버지와 형이 원전에서 사고로 피폭되어 사망하였던 기억에서 벗어나고 싶기 때문이다. 가족은 어머니, 형수, 조카, 결혼을 약속한 여자친구 등이다.

작업 중에 사고가 발생하였다. 피할 수 없는 상태에서 핵에 피폭되었고, 병원에서 치료 중이다. 그의 가족들은 뒤늦은 소개(疏開) 탓에 고속도로로 탈출 중 교통지체로 멈추었다. 그때 새로운 시설의 폭파위험에 특공대가 투입된다. 재혁은 특공대로 마지막 폭파임무를 띠고 시설 안에서 작업을 마치고 스스로 갇힌 채 죽어간다. 영화는 영웅, 공동체를 위하여 죽어가는 영웅의 모습으로 막을 내린다.

이 영화는 재난영화이면서 눈물샘을 자극하는 요소를 가지고 있다. 불평투성이 같은 주인공이 마지막 폭파장면에서 홀로 임무를 수행하고 생명을 포기하는 장면, 들어가면 죽을지도 모르는 작업현장에 자원을 바라는 대통령의 담화에 따라 하청업체 직원들 25명이 특공대로 참여하는 장면은 관객의 감동을 강제한다. 이 영화는 공동체를 위하여 희생하는 정신, 즉 노블리스 오블리주(noblesse oblige) 정신을 강요하는 국가주의적 관점의 영화이다.

이 영화는 관객의 감동선을 자극하며 재난의 무서움, 원전사고의 두려움을 보여주지만, 사실 영화의 짜임새나 구성 측면에서 본다면 특별히 눈에 띨 정도는 아니다. 영화에서 이런 것까지 기대하는 것은 무리이겠지만, 원전사고의 경각심과 교훈에 치중한 나머지 원전사고의 원인이나 문제점에 대한 깊은 고민을 찾아볼 수 없다. 원전사고의 원인과 문제점을 집중적으로 탐구하였다면 이 영화는 단순한 오락영화를 넘어서는 과학성을 갖춘 묵직한 영화가 되었을 것이라는 아쉬움이 있다.

▮원전의 두 얼굴, 에너지와 안전

원자력발전소는 필요한가 그리고 안전한가. 이 두 가지 중에서 영화는 안전성에 대한 질문만 집중적으로 강요한다. 원자력발전의 필요성이나 효용성, 즉 원자력발전이 우리나라 전력시장에서 차지하는 비중이 어느 정도이고, 이를 대체할 에너지 공급원은 무엇이고, 비용 측면에서 충분한 경쟁성을 갖추고 있는지의 문제는 관심이 없다. 물론 영화이기 때문이다. 만일 대체가능하지 않다면 원전의 위험성에도 불구하고 원전 에너지정책은 유지되어야 하는 것이고, 대체가능하고 대체에너지의 경제성도 인정된다면 당연히 대체하여야 한다.

핵을 평화적으로 이용하는 대표적인 방법인 원자력발전은 핵분열 연쇄반응을 통해서 발생한 에너지로 물을 끓여 발생시킨 수증기로 터빈 발전기를 돌려 전기를 생산하는 방식을 말한다(한국민족문화대백과). 그래서 영화에서는 큰 밥솥이라고 한다. 우리나라 발전량 중 원자력발전이 차지하는 비중은 약 25%에서 30% 수준이다. 2017년 현재 우리나라는 4개의 원자력발전소에 총 25기의 원자로를 보유하고 있다. 그 외 전기 생산방법으로는 화력발전, 수력발전, 풍력발전, 태양광발전 등이 있으나, 비용 대비 효과 측면에서 원자력생산을 당할 것이 없다. 직접적인 공해발생의 측면에서도 화력발전에 비하여 상당히 양호한 편이다.

그러나 영화가 강조하는 바와 같이, 원자력발전이 핵분열을 통한 에너지생산이라는 점에서 언제든지 방사능에 노출될 수 있는 위험성이 있으므로 단순한 가성비만을 이유로 고집하는 것은 설득력이 높지 않다. 효과보다는 안전성을 고려한 전기생산방식의 채택도 중요한 기준이 된다. 대부분의 원자력발전소가 모여 있는 동남해안에는 근처에 부산, 울산, 포항 등 대도시가 밀집하여 있고 최근 경주 대지진에서 보듯이 지진의 위험성도 상당한 것으로 알려지고 있다. 즉 영화에서와 같은 강지진이 발생하고 거기에 부실시공 등이 더해진다면 예상하지 못한 위험이 발생할 수 있는 것이다.

에너지정책에서 원자력발전을 유지할 것인지 폐기할 것인지는 전력의 안정적 제공이나 경제성 측면에서 신중한 판단을 하여야 한다. 현정부는 2017년 25기의 원자로를 2038년까지 14기로 줄이고, 신규원전 6기의 계획을 취소하는 등의 탈원전정책을 추진하고 있다. 이로 인하여 한전은 연 1조 7천억 원의 적자를 기록하였다고 한다.[4] 탈원전정책으로 인한 한전의 적자 발생은 결국 전기요금의 인상으로 소비자에게 전가될 것으로 예측할 수 있다.

정부의 탈원전정책은 위와 같이 원전의 위험성뿐만 아니라 적절한 전기공급이라는 다양한 관점에서 검토가 이루어져야 하고, 그 과정에 법이 정한 절차를 충실히 따라야 한다. 이것이 우리 헌법이 천명하고 있는 법치주의 정신임은 두 말할 필요가 없다. 이와 관련하여 2가지 중요한 사건이 있었다.

첫째는 월성1호기 조기폐쇄 결정이 타당한가 하는 점이다. 월성1호기는 1983년 운전을 개시하여 원래 2012년 11월 설계수명이 완료될 예정에서 5,925억 원을 투입한 설비보강을 통하여 2022년으로 수명을 연장하였으나 한수원이 2018년 6월 15일 이사회 개최를 통하여 조기폐쇄를 의결하였다. 이 과정에서 자료조작을 통하여 월성1호기의 경제성을 과소평가하여 의결하였다는 것이 문제가 되었다. 이에 국회가 2019년 10월 1일 감사원에 감사요구를 하였고, 감사원은 2020년 10월 월성1호기의 즉시 가동중단 대비 계속가동의 경제성을 불합리하게 낮게 평가하여 가동중단의 의결을 한 것으로 의결과정에 부당한 점이 있음을 감사결과로 공개하였다(감사원, 감사보고서-월성1호기 조기폐쇄 결정의 타당성 점검-, 2020.10.). 이러한 감사결과에 의하면 원전폐쇄정책 결정이 결론을 정해놓고 그 과정을 맞추는 방식의 위법 또는 부당하게 이루어진 점을 알 수 있다.

둘째는 신고리 5·6호기 건설을 중단할 것인지 여부에 대하여 정부는 공론화위원회를 구성하여 논의하였는데, 이는 「신고리 5·6호기

공론화위원회 구성 및 운영에 관한 규정」(국무총리훈령 제690호)을 근거로
한 것이다. 공론화위원회는 공사를 재개하는 것으로 결정을 하였고 정
부는 이를 수용하는 것으로 결론을 내렸지만, 이 절차에 대하여는 긍정
평가와 비판이 상존한다. 즉 주민참여의 민주주의원리에 부합한다는 평
가와 함께 국가대계에 대한 결정을 법적 근거가 없는 공론화위원회에서
결정하는 것이 과연 타당한 것인가 하는 논란이다. 이는 주민의 참여라
는 긍정적인 효과가 있지만 정책결정자의 책임회피라는 비판도 있다.

▌재난 등 비상사태 시 국가의 대응

원전폭발 사고 이후 정부의 대응을 보여주는
대통령과 총리의 갈등 관계.
(출처: 네이버영화)

영화에서 총리는
비상계엄을 선포할 것
을 요구하고, 대통령
은 이를 정부 내의
비상사태로 국한하여
실시하는 것으로 지시
하고 있는데, 현행 헌
법에 의하면 이러한
계엄 형식은 인정되지
않는다. 대통령 지시
의 취지는 정부가 '비
상적'으로 유지되어야 한다는 것으로 이해된다. 대개 이러한 재난이 발
생한 경우에는 특별재난지역을 선포하는 것이 일반적인 예이다. 예컨대
코로나19 상황 시 대구지역, 포항 지진 시 포항지역, 세월호 사고 시 안
산지역에 대한 특별재난지역선포가 이에 해당된다.

일상적인 행정체제에 의하여 정부가 제대로 작동하기 어려운 때에는
비상적인 행정체제가 다양하게 구성되어 있다. 현행법에는 계엄, 위수령,

긴급재정경제명령과 긴급명령, 특별재난지역선포 등이 그런 예이다.

영화에서 대통령은 인의 장막에 둘러싸인 무능한 책임자로 나온다. 원전의 위험성에 대한 보고를 받고서도 적절한 조치를 취하지 못하였고, 그런 상태에서 발생한 원전폭발사고에 대하여는 아무런 조치를 취하지 못한다. 이에 반하여 총리는 대통령에게 원전폭발사고에 대하여 어떻게 대응할 지 상당한 정도의 의견을 피력하는 것으로 나타나고 있다. 총리는 공무원 또는 행정관료의 대변자인 반면에 대통령은 정치인으로서 행정을 잘 모른다는 취지로 묘사된다. 과연 우리 헌법상 대통령, 총리, 각부 장관의 임무가 어떻게 규정되고 배분되고 있는지, 행정수반이라는 대통령이 실제 행정에서 어떤 위치를 차지하고 있는지 살펴본다.

헌법상 대통령은 국민의 생명을 보호할 의무가 있고, 정부의 수반으로서 최종적인 정치적, 법적 책임을 가진다. 박근혜 대통령 탄핵심판 사건에서 세월호 침몰과 관련하여 생명권 보호의무 위배가 있는지, 이것이 위헌 또는 위법인지가 문제가 되었는데, 헌법재판소는 생명권 보호의무 위배는 위헌이나 위법에 이르지 아니한 추상적인 것이라고 선고하였다(헌재 2017. 3. 10. 선고 2016헌나1). 이처럼 대통령은 행정부의 수반으로서, 국가원수로서 추상적이긴 하지만 원자력이나 핵으로부터 국민을 보호할 법적인 의무가 인정된다고 할 것이다.

대통령, 총리 및 각부 장관의 법상 권한은 헌법 및 정부조직법이 권한을 정하고 배분하고 있다. 이를 권한분장이라고도 한다. 대통령은 행정부의 수반이고, 총리는 행정을 통할하며, 행정 각부의 장관은 각부의 대표로서 각 소관행정임무를 수행하는 자이다. 행정 각부의 임무를 수행하는 기관은 통상 부처와 같은 독임제 행정기관과 합의제 형식의 위원회로 구분되는데, 원자력 안전의 중앙행정기관은 국무총리 소속의 '원자력안전위원회'가 담당한다. 즉 원자력안전에 관한 임무가 발생한 때에는 대통령, 총리, 원자력안전위원회의 순서로 행정상 상하관계가 형성되고, 콘트롤타워는 대통령이 되는 것이다.

한편 영화에서는 대통령이 보고라인을 벗어나 보고를 한 비서관이 경질된 사태를 모르는 것으로 묘사되고 있다. 그러나 대통령비서실의 비서관을 대통령이 아닌 비서실장이나 총리 등 다른 사람이 인사권을 행사한다는 것은 사실 있을 수 없는 일이다. 이는 인사권자의 권한을 침해하는 것이기 때문이다.

행정절차상 하급기관은 상급기관에게 해당 업무와 관련된 사항을 상시적으로 보고를 하고, 그 보고에 따라 상급기관의 결정을 근거로 행정행위를 한다. 이 결정을 처분이라고 하고, 그 결정의 전제가 되는 보고는 내부행위에 해당된다. 보고는 대면보고와 서면보고로 나뉘는데, 각각 장단점이 있지만 대개 보고내용에 대한 정확한 판단을 위하여는 대면보고가 바람직하다. 역사상 대통령이 인의 장막에 둘러싸여 있고 소통이 부족하다는 논란이 발생되는 원인은 대개 참모나 각부 장관이 대면보고를 등한시하고 서면보고에 치중하기 때문이다. 영화에서도 보고라인에 대한 문제를 지적하고 있다.

▌재난 시의 국가, 사회, 개인의 책임

원전 폭발현장에서 직원을 구출하는 모습.
(출처: 네이버영화)

뒤늦게 원전의 폭발사고를 접한 주민들이 피난을 가기 위하여 버스로 단체 이동한 후 체육관에 들어가게 되는데, 정부는 해당 원전의 폭발사고가 외부에 알려지는 것을 막기 위하여 주민들을 체육관에 감금한다. 이러한 행위가 적법한 것인지 또는 정당한 것인지 문제가 된다.

헌법은 제12조에서 신체의 자유를 규정하면서, 영장에 의하지 아니하면 신체를 구속할 수 없는 것으로 명시하고 있다. 현행법에서는 수사절차상 구속을 위하여 법원의 영장을 받도록 하는 것만 규정되어 있지만, 행정상 목적으로 구속행위를 하는 경우에도 인신을 보호하는 절차가 필요하다는 것이 중론이다. 오늘날 인신의 구속 등 감금은 수사절차뿐만 아니라 정신장애인, 불법체류자 등 각종 행정영역에서 일상화되고 있다. 물론 이러한 행정상 인신구속의 경우에는 법률상 근거가 있어야 하는 것이 당연하지만, 현행법상 법관에 의한 영장까지 필요한 것으로 규정하고 있지는 않다. 다만 「인신보호법」에서는 이러한 행정상 구속이 위법하게 개시되거나 계속되는 경우에는 그 구속의 적부에 대한 구제청구를 할 수 있도록 하여 법원의 사후적인 구제절차를 규정하고 있다(제3조). 신체의 자유의 보장은 형사절차뿐만 아니라 행정상 인신구속에도 당연히 적용되어야 한다는 점에서 현행 「인신보호법」과 같은 사후적인 구제뿐만 아니라 사전적 구제(영장제도)도 도입하는 것을 적극적으로 검토할 때가 되었다.

헌법 제12조 ①모든 국민은 신체의 자유를 가진다. 누구든지 법률에 의하지 아니하고는 체포·구속·압수·수색 또는 심문을 받지 아니하며, 법률과 적법한 절차에 의하지 아니하고는 처벌·보안처분 또는 강제노역을 받지 아니한다. ③체포·구속·압수 또는 수색을 할 때에는 적법한 절차에 따라 검사의 신청에 의하여 법관이 발부한 영장을 제시하여야 한다. 다만, 현행범인인 경우와 장기 3년 이상의 형에 해당하는 죄를 범하고 도피 또는 증거인멸의 염려가 있을 때에는 사후에 영장을 청구할 수 있다.

인신보호법 제3조(구제청구) 피수용자에 대한 수용이 위법하게 개시되거나 적법하게 수용된 후 그 사유가 소멸되었음에도 불구하고 계속 수용되어 있영화에서는 주민들을 체육관에 감금하는 행위가 나온다. 비록 비상적인 상황이라고 하더라도 이러한 감금을 취할 법적인 근거가 있는지 여부가 중요하고, 그 위법 여부에 대하여는 현행법에 의한다면 「인신보호법」에 따른 구제절차를 받을 수 있다. 그리고, 만일 이러한 행위로 인하여 피난을 가지 못하여 방사능에 피폭되어 사망 또는 중상을 입은 것이라면 국가가 손해배상의 책임을 지는 것은 당연하다.

총리는 원전폭발사고를 숨기고, 언론을 적극적으로 통제하라고 지시한다. 언론사에 제보가 잇따르지만 정부는 계속적으로 사소한 문제일 뿐 방사능 유출사고와 관련된 큰 문제는 없는 것으로 발표하고, 같은 맥락에서 주변 주민의 소개명령을 내리지 아니하여 위험에 처하게 만든다.

민주주의 원리는 국민이 주권자로서 국정에 참여하거나 운영을 통제하는 것을 핵심 내용으로 한다. 오늘날 직접민주주의의 방식이 가능하지 않지만, 간접민주주의 내지 대의민주주의의 형태로 민주주의를 실현하고 있다. 민주주의 원리에서 국정참여를 보장하는 기본권이 국민의 알권리이고, 알권리에서 파생된 제도가 정보공개청구제도이다. 「공공기관등의 정보공개에 관한 법률」에서는 정보공개를 원칙으로 하면서 비공개가 예외임을 규정하고 있다.

처음부터 사고사실을 매뉴얼에 따라 국민에게 공개하였다면, 혼란의 발생은 어쩌지 못한다고 하더라도, 뒤늦은 피난으로부터의 피해의 확대는 예방할 수 있었을 것이다. 세월호 침몰 사건에서 학생 등 승객에게 세월호 좌초사실 등의 정확한 공개를 꺼려 대피하지 못하여 사망에 이르게 한 상황이 오버랩되는 장면이다. 대개의 경우 정보공개가 정보은폐보다 문제를 해결하는 데 도움이 된다는 것은 역사적 진실이다.

공동체를 위하여 희생하는 정신은 사회와 국가를 지탱하는 중요한 덕목이다. 국가는 국민에게 쉴 새 없이 희생과 봉사를 권고하고 이를 수행하는 자에게는 약간의 보상을 준다. 국가유공자법 등 많은 보훈법률에서 국가와 사회에 희생한 사람에 대하여 보상, 취업, 교육 등의 특혜를 준다.

그러나 어느 개인에게 공동체를 위하여 희생할 것을 강요하는 사회와 국가는 정상적이라고 하기 어렵다. 그와 같은 위험이나 비상상황을 해결하기 위하여 국가가 존재하고, 그 절차를 상세하게 법률로 정하고 미리 예산을 책정해 놓는 것이 정상적인 국가시스템이다. 국민에게 희생과 봉사를 강요하는 시스템은 임진왜란 시절 의병운동과 다르지 않다. 공동체를 위한 희생은 공적 절차와 제도에 따라 규정되어야 하는데 이것이 법치주의 원리이다. 영화는 그나마 특공대의 목소리로 국가의 잘못을 질타한다. "그동안 정부는 어디서 무엇을 했는지 모르겠는데, 이제 와서 우리더러 희생하라고 한다."

해운대_쓰나미

윤제균, 2009

▌영화 소개

이 영화는 쓰나미라는 국내에서 보기 드문 자연재난을 다룬 작품이고, 이런 유형의 재난영화로는 〈백두산, 이해준·김병서〉, 〈판도라, 박정우〉 등이 있다. 2004년 12월 인도네시아 수마트라섬 인근에서 발생한 강진의 영향으로 당시 20여만 명이 넘은 사람이 숨지는 엄청난 자연재해가 발생되었는데, 당시의 영상을 보면 쓰나미의 위력을 짐작할 수 있다. 2011년 동일본대지진에서도 큰 쓰나미가 발생하여 내륙으로 10km까지 해일이 밀려들었다고 한다.

영화 포스터.
(출처: 네이버영화)

인도네시아 쓰나미를 연상시키는 엄청난 쓰나미가 해운대에 몰아친다. 빌딩숲 사이로 키높은 해일이 차오르고, 사람들이 떠내려가고, 차량이 바닷속으로 휩쓸리고, 건물도 물속으로 잠긴다. 바다의 거대한 입속으로 세상이 빨려 들어간다. 자연재해 앞에서 잘난 체 하는 인간들이 얼마나 보잘것없는 존재인지 알려준다. 비록 자연재해가 인류의 피할 수 없는 숙명일지는 모르지만, 자세히 보면 완전한 자연재해는 있을 수 없고 인간이 초래한 기후변화, 핵실험 등이 자연의 변화를 재촉하고 있음을 알려준다.

인도네시아 쓰나미 경험을 겪은 만식은 안전하다고 하는 대한민국 해운대에서 또다시 쓰나미를 경험한다. 연구소의 과학자는 쓰나미가 해운대에 덮칠 가능성을 제기하지만 정부는 이를 받아들이지 않고 아무런 대책을 세우지 못한 채 이를 맞게 된다. 이 지점에서 자연재해를 피할 수는 없지만 그로 인한 피해는 관리 가능하다는 교훈을 얻을 수 있다.

영화는 쓰나미를 소재로 하면서, 부산을 배경으로 가출한 아내를 둔 유부남 주인공과 미혼인 여자의 관계를 중심으로 스토리를 전개하고 있다. 과거 사고의 죄책감으로 사로잡혀 있는 주인공 남자가 겪는 2번의 쓰나미를 얘기하지만, 해운대에 들이닥친 쓰나미 장면을 제외하고 스토리의 내용이나 짜임새가 특별하지는 않다.

어쨌든 이 영화의 볼거리는 쓰나미라는 자연재해를 잘 묘사하고 있다는 점이라고 하겠다. 또한 이 영화는 부산, 해운대를 배경으로 하는 영화목록에 추가된 것으로 의미가 있다. 부산을 소재로 하여 흥행에 성공한 영화만 보더라도, 〈친구, 곽경택〉, 〈해운대〉, 〈부산행, 연상호〉 등이 있다.

▋자연재난과 국가의 책임

이 영화는 자연재난에 대처하는 인간군상의 모습을 그리고 있다. 재난을 자연재난과 인공재난으로 구분하는 경우 전자는 대개 인간으로서는 어쩔 수 없이 받아들여야 하는 '숙명' 같은 것이고, 후자는 그에 비하여 상대적으로 인공이 가하여진 만큼 국가의 책임을 강조하게 된다. 그러나 법에서 국가의 책임이라는 관점에서는 자연재난과 인공재난을 구분하지 않는다. 모두 국가가 극복하여야 할 과제로 보고 있다. 재난과 관련된 법률로 「재난 및 안전관리기본법」, 「자연재해대책법」, 「수난구호법」이 제정되어 있다. 동 법률의 내용은 예방, 대피, 보상과 배상, 특별재난지역의 선포 등으로 다양하게 구성되어 있다.

> **재난 및 안전관리기본법상 재난의 정의(제2조)**
> "재난"이란 국민의 생명·신체·재산과 국가에 피해를 주거나 줄 수 있는 것으로서 다음 각 목의 것을 말한다.
> 가. 자연재난: 태풍, 홍수, 호우(豪雨), 강풍, 풍랑, 해일(海溢), 대설, 한파, 낙뢰, 가뭄, 폭염, 지진, 황사(黃砂), 조류(藻類) 대발생, 조수(潮水), 화산활동, 소행성·유성체 등 자연우주물체의 추락·충돌, 그 밖에 이에 준하는 자연현상으로 인하여 발생하는 재해
> 나. 사회재난: 화재·붕괴·폭발·교통사고(항공사고 및 해상사고를 포함한다)·화생방사고·환경오염사고 등으로 인하여 발생하는 대통령령으로 정하는 규모 이상의 피해와 국가핵심기반의 마비, 「감염병의 예방 및 관리에 관한 법률」에 따른 감염병 또는 「가축전염병예방법」에 따른 가축전염병의 확산, 「미세먼지 저감 및 관리에 관한 특별법」에 따른 미세먼지 등으로 인한 피해

영화에서 거대한 쓰나미가 해운대 시내로 들어와 도로, 건물, 빌딩을 덮쳐 많은 사람이 희생되는 모습이 그려진다. 이러한 경우 국가에게 손해배상책임을 물릴 수 있겠는가. 재난에 대한 국가의 책임은 자연재해인지 아닌지에 따라 달라진다. 자연재해의 경우에는 원칙적으로 국가의 책임을 상정하기 어렵다. 자연현상을 인간이 통제하기 어렵기 때문에 국가에게도 그 책임을 묻는 것이 불가능한 것이다. 그러나 자연재해가 아닌 인공재해 또는 사회적 재난의 경우에는 국가의 책임을 구성하는 것이 어렵지 않다.

자연재해라고 하여 국가가 아무런 책임을 지지 않는다는 것은 아니다. 정책적으로 국가의 책임을 논할 수도 있고, 자연재해이지만 재난의 확대나 악화에 책임이 있다고 하면 그 책임을 논하는 것이 불가능한 것은 아니다. 2016년 10월 태풍 '차바'가 부산에 왔을 때 해운대 마린시티에 해일이 닥쳐 침수되는 일이 발생되었다. 당시 뉴스를 떠올리면 집채같은 해일이 도로를 침수시키고 도시 안으로 흘러들어오는 모습이 생생하다. 이 경우 침수된 도로나 상점, 차량의 손해에 대하여 국가나 지방자치단체는 아무런 책임이 없을까. 이것이 불가항력적이지 않고 충분한 정도의 방파제시설로 방지할 수 있는 정도였다면, 방파제의 미

2016년 태풍 차바가 부산 해운대
마린시티를 덮친 모습

설치나 높이의 설계 또는 설치상 하자로 인한 「국가배상법」상 손해배상책임이 인정될 수도 있다(제5조). 이런 문제 때문에 정부와 부산시는 마린시티 앞바다에 790억 원을 들여 방파제를 설치하기로 하였다고 한다.5

자연재해 발생으로 인한 손해의 확대나 악화에 책임이 없다고 하더라도, 위험책임 내지 보상의 관점에서 접근하여 책임을 논할 수 있다. 풍수해에 의하여 농산물의 피해를 입게 되는 경우, 이는 전형적인 자연재해에 의한 손해발생이지만 국가는 일정 부분 책임을 지고 있다. 그 형태가 배상이든 보상이든 간에 국가가 순수한 자연재해인 풍수해 등에 대하여 책임을 진다는 점에서 과거에는 상상하기 어려웠던 상황이다. 예컨대 「농어업재해대책법」은 농업 및 어업 생산에 대한 재해를 예방하고 그 사후 대책을 마련함으로써 농업 및 어업의 생산력 향상과 경영 안정을 도모함을 목적으로 제정되어 시행되고 있다(제1조). 동법에서, 농업재해란 가뭄, 홍수, 호우, 해일, 태풍, 강풍, 이상저온, 우박, 서리, 조수, 대설, 한파, 폭염, 대통령령으로 정하는 병해충, 일조량 부족, 유해야생동물(「야생생물 보호 및 관리에 관한 법률」 제2조제5호의 유해야생동물을 말한다), 그 밖에 제5조제1항에 따른 농업재해대책 심의위원회가 인정하는 자연현상으로 인하여 발생하는 농업용 시설, 농경지, 농작물, 가축, 임업용 시설 및 산림작물의 피해를 말하고, 어업재해란

이상조류, 적조현상, 해파리의 대량발생, 태풍, 해일, 이상 수온, 그 밖에 제5조제2항에 따른 어업재해대책 심의위원회가 인정하는 자연현상으로 인하여 발생하는 수산양식물 및 어업용 시설의 피해를 말한다고 규정하고 있다(제2조). 이에 따라 국가와 지방자치단체는 재해대책에 드는 비용을 전부 또는 최대한 보조하고 재해를 입은 농가와 어가에 대한 지원을 하도록 규정하고 있다(제3조).

영화에서 지질학자 김휘 박사는 쓰나미가 닥칠 위험이 있다는 경고를 정부에 제기하였으나, 정부는 이를 무시하고 아무런 대책을 세우지 못한 상태에서 쓰나미를 맞이하게 된다. 여기에서 주목하여야 할 점은 자연재해 발생 및 수습 과정에서 관련 전문가의 견해를 어느 정도 수용하여야 하는지, 그렇지 아니한 경우 법적인 책임을 어떻게 부담시킬 수 있는가 하는 점이다. 최근 코로나19 상황에서도 방역전문가나 의료인이 초기 중국에서의 입국금지, 백신 확보 등 다양한 측면에서 의견을 제시하였지만 방역 당국이 이를 제대로 반영하지 않았다는 비판이 있다. 전문가의 의견이라고 하여 당연히 수용하여야 하는 것도 아니지만, 만일 이러한 견해를 무시한 채 아무런 방지를 세우지 못하여 자연재해로 인한 손해가 확대되었다면 전문가 의견청취와 결정 과정에 문제가 있는지 여부에 따라 책임의 존부가 결정될 수 있다. 영화에서도 사전에 주민대피를 충실히 하였다면, 쓰나미의 발생은 막을 수 없었겠지만, 그로 인한 사망 등의 피해는 감소시킬 수 있었을 것이다. 영화 속의 가정이긴 하지만 자연재해라고 하더라도 인간의 개입에 의하여 손해의 예방이나 축소가 가능한 경우에는 그 부작위에 대한 책임 부과가 가능하다고 할 것이다.

해운대에 들어닥친 쓰나미.
(출처: 네이버영화)

▌도덕과 법률의 관계

영화는 쓰나미라는 큰 재난을 다루고 있지만 등장 인물의 여러 가지 갈등적 요소를 빼놓고 얘기할 수 없다. 이 영화는 주인공인 민식과 연희 사이의 러브라인에서 도덕 내지 법적 이슈를 다루고 있다.

민식은 어선을 타고 조업을 나갔다가 2004년 인도양 쓰나미를 만나게 되는데, 당시 연희의 부친인 선장이 자신을 구하려다가 목숨을 잃게 된 일을 겪고 그 사고가 자신으로부터 빚어졌다고 생각하면서 평생 죄스럽게 생각하며 살고 있다. 어떤 사고가 발생되었을 때 그 원인을 한 두 가지로 정리될 수 있는 경우는 많지 않고 대개 여러 가지 원인이 복합적으로 작용한다. 특히 어선의 사고는 당시 거대한 쓰나미 속에서 발생된 것이어서 어느 개인이 져야 할 책임이라고 생각하기 어렵다. 그러나 이러한 도덕적 자책감은 사회를 지탱하는 힘을 가진다. 사회가 오랫동안 유지되어 온 근간이 되는 규범체계는 이러한 도덕적 의식이다. 이 중에서 일부가 법규범으로 승인되는데 이를 '법은 도덕의 최소한'이라고 한다. 위험을 야기한 책임, 자신을 구하고 사망한 데 대한 책임은 법적인 것이라고 하기는 어렵지만 의미가 없지는 않다.

민식은 연희와 연인관계이지만 결혼을 할 수 없는 사정이 있다. 민식은 혼인을 한 유부남인데 그 부인이 가출하여 돌아오지 않은 상태로 설정되고 있다. 일부일처제를 원칙으로 하는 우리나라 혼인법에서는 중혼을 금지하고 있으므로 두 사람의 혼인은 허용되지 않는다. 언론에서는 간혹 특정 유명인과 관련하여 둘째 부인이니 셋째 부인이니 부르고 있는데, 이는 우리 헌법질서에 반하는 잘못된 표현이다. 비록 가출을 하여 별거 중이라고 하더라도 이혼하기 전에는 다시 결혼을 하지 못하는 것이 우리나라의 법이다. 그러면 가출 후 행방불명이거나 별거로 혼인생활을 더 이상 지속하기 어려운 경우라면, 이혼 등으로 혼인관계를 종료시켜야 한다.

우리나라 혼인법은 혼인신고라는 형식을 중요한 요건으로 하는데, 결혼식을 치르고 부부처럼 생활을 하더라도 혼인신고를 하지 않으면 합법적인 혼인관계라고 하지 못하고, 다만 경우에 따라서는 '사실혼'으로서 보호를 받는다. 사실혼은 법률상 혼인관계는 아니지만 복지나 연금 등 사회보장관계에서 부부와 같은 지위를 인정해주는 것을 말한다. 영화에서 민식에게는 어린 아들이 하나 있는데 만일 민식이 전처와 혼인관계를 정리한 후 연희화 결혼을 하게 된다면 연희와 민식의 아들 사이를 무엇이라고 부르는가. 법적으로는 이를 엄격하게 규정하고 있다. 이를 친자관계가 아니라 계모자관계로 정의하고, 상속의 효력이 발생되지 않는다. 만일 모자관계를 만들어 상속관계로 인정받으려면 입양을 통하여 양친자관계를 형성하여야 한다. 일반적인 관념과는 동떨어진 법률이다.

▌개발과 보존

이 영화에서는 시장의 재개발을 등장시켜 '개발과 보존'이라는 전형적인 대비를 보여준다. 개발이 전부가 아니라는 것은 모두가 알고 있는 사실이지만, 옛날부터 내려오는 정취나는 골목길, 집의 가치도 무시하기 어렵다. 또 개발이 난개발로 이어질 때의 사회적 비용도 만만찮다. 개발과 보존 문제는 오늘날 최대의 고민이다. 영화에서 양념으로 끼워넣은 스토리이지만 개발과 보존 사이의 갈등을 보여준다. 1992년 브라질의 리우데자네이루에서 열린 유엔환경개발회의에서 채택한 개발과 보존 문제에 대한 해답이 바로 '지속가능한 발전(Sustainable Development)'이다.

그런 점에서, 법률은 개발과 보존 사이의 조화와 균형을 찾기 위한 노력을 한다. 이를 위하여 다양한 재개발 관련 법규를 마련하고 있다. 「도시개발법」, 「도시 및 주거환경정비법」, 「도시재정비 촉진을 위한 특별법」 등이 그러한 예이다. 도시의 재개발 과정은 이해의 충돌 현장이라고 할 만하다. 토지소유자와 세입자, 건설업자와 소유자, 정부와 시민 등 이해관계를 조정하기 위하여 다양한 정책이 개발된다. 재개발 또는 재정비로 인하여 부동산 가격이 폭등하는 경우가 많은데, 이러한 경우 그 이익을 환수하는 초과이득환수제도 등 여러 정책이 고안되고 있다. 도시재개발 과정에서 발생된 참사로 대표적인 예가 2009년 용산참사 사건이다. 이는 재개발을 원하는 소유자와 이를 반대하는 세입자 간의 갈등이 본격화된 사건으로서 강제집행 중에 화재가 발생하여 많은 사람이 사망한 사건이다. 이를 모티브로 한 영화가 〈소수의견, 김성제〉이다. 도시재개발은 많은 이해관계자가 대립하는 현장이다.

설리-허드슨강의 기적 _세월호의 반성

SULLY, Clint Eastwood, 2016

▮ 영화 소개

이 영화는 2009년 뉴욕에서 실제 발생한 실화를 바탕으로 한다. 뉴욕의 라과디아 공항을 출발하여 노스캐롤라이나 샬롯으로 가는 US에어웨이 1549편이 승무원 포함 155명을 태우고 이륙 중 새와 충돌하는 사고로 2개의 엔진이 고장나게 되어 부득이 비상착륙을 시도하였다.

당시 항공기의 고도, 속도, 거리 등 사정상 라과디아 공항으로는 회항하기 어렵다고 판단하고 기장이 선택한 방법은 뉴욕을 흐르는 허드슨강에 비상착륙하는 것이었다. 다행히 강 위에 무사히 착륙하였고 단 한 명의 사망자도 발생되지 않은 기적이 일어났다.

영화 포스터.
(출처: 네이버영화)

영화는 영웅으로 칭송받던 기장이 과실을 범한 조종사로 반전되는 갈등을 다루고 있다. 항공조사반의 시뮬레이션 결과 및 엔진 데이터에 따르면 기장은 공항으로 충분히 회항할 수 있었던 것으로 나타난다. 그럼에도 불구하고 허드슨강에 착륙한 잘못이 있다는 것이다.

그러나 기장은 자신이 영웅이

라는 칭송도, 과실이 있었다는 사실도 거부하고, 오로지 자신이 기장으로서의 책임을 다했음을 주장한다. 그리고 시뮬레이션 결과 처음에는 불리했으나, 그 시뮬레이션이 몇 번의 연습 끝에 나온 결과라는 점을 제기하여 책임 없음이 밝혀진다. 시뮬레이션은 '보통의 상황에서 인간이 취할 수 있는' 것이어야 하는데, 항공조사반의 시뮬레이션은 수많은 연습 끝에 수행된 결과라는 것이다.

이 영화는 기장이 주어진 상황에서 최선의 판단을 하고, 그 결과 사고를 예방하는 자세를 보여준다. 그리고 강 위에 비상착륙한 이후에도 마지막 승무원까지 하선(下船)하는 것을 모두 확인하고 최종적으로 하선하는 등 책임자의 임무를 다하고 있다. 세월호 침몰사고 시 선장이 승객도 구하지 않은 채 제일 먼저 탈출한 것과 너무나 대조되는 모습이다. 이처럼 이 영화는 세월호 사건의 아픈 기억이 있는 우리에게 기장 또는 선장이 어떤 책임을 다하여야 하는지를 보여주는 영화로서 의의가 있다.

▌기장 · 선장의 승객 구호의무

기장이 비상시에 승객을 구호할 의무의 근거는 무엇인가. 도덕적 · 윤리적 의무인가 아니면 법적인 것인가. 이에 대하여는 「항공안전법」 등 법률의 규정과 승객과의 계약상 근거에 따르는 것으로 본다.

계약상의 권한과 의무는 여객운송의무의 이행과 관련이 있다. 승객과 여객운송계약을 체결한 항공사 소속의 기장 또는 선박회사의 선장으로서 그 계약상의 의무를 이행하여야 한다. 항공여객운송계약의 목적은 승객을 안전하게 목적지에 운송하는 것을 내용으로 한다. 이를 위하여 승객은 운송료를 지불하고, 항공사 및 선박회사는 항공기 및 선박의 운행을 제공한다. 계약의 당사자는 승객과 항공사이고, 항공사에서는 실제 계약을 이행하는 자가 조종을 하는 기장, 부기장, 승무원이 해당된다. 이러한 경우 승객과 항공사를 계약자라고 하고, 기장 등 승무원을 항공사의 이행보조자라고 한다.

기장의 승객 구호의무는 「항공안전법」 제62조가 상세하게 규정하고 있다. 기장은 항공기나 여객에 위난이 발생하였거나 발생할 우려가 있다고 인정될 때에는 항공기에 있는 여객에게 피난방법과 그 밖에 안전에 관하여 필요한 사항을 명할 수 있다. 또한 운항 중 그 항공기에 위난이 발생하였을 때에는 여객을 구조하고, 지상 또는 수상에 있는 사람이나 물건에 대한 위난 방지에 필요한 수단을 마련하여야 하며, 여객과 그 밖에 항공기에 있는 사람을 그 항공기에서 나가게 한 후가 아니면 항공기를 떠나서는 아니 된다. 기장이 이를 위반하여 항공기를 떠난 기장은 5년 이하의 징역에 처하는 것으로 규정되어 있다(제143조). 즉, 기장은 최후로 항공기를 떠나야 한다고 명문으로 규정하고 있는 것이다.

세월호 사건과 관련하여 선장의 책임을 알아보면 대개 기장의 책임과 유사하게 규정되어 있다. 선장의 구호의무를 규정하고 있는 법률은 「선원법」이다. 「선원법」에는 선장은 지휘명령권, 출항 전의 검사·보고의무 등, 항로에 의한 항해, 선장의 직접 지휘, 재선의무, 선박 위험 시의 조치, 선박 충돌 시의 조치, 조난 선박 등의 구조, 기상 이상 등의 통보, 비상배치표 및 훈련 등, 항해의 안전 확보, 수장, 유류품의 처리, 재외국민의 송환, 서류의 비치, 선박 운항에 관한 보고, 징계권 등이 권한과 의무로 규정되어 있다. 특히 선박 위험 시의 조치에 대하여, 선장은 선박에 급박한 위험이 있을 때에는 인명, 선박 및 화물을 구조하는 데 필요한 조치를 다하여야 하고, 선장은 인명구조 조치를 다하기 전에 선박을 떠나서는 안되는 것으로 규정되어 있다(제11조). 이를 위반한 경우에는 처벌을 하는 것으로 규정되어 있다(제161조). 즉, 인명을 구조하는 데 필요한 조치를 다하지 아니하였거나 필요한 조치를 다하지 아니하고 선박을 떠나 사람을 사망에 이르게 한 선장은 무기 또는 3년 이상의 징역(제1호), 인명을 구조하는 데 필요한 조치를 다하지 아니하였거나 필요한 조치를 다하지 아니하고 선박을 떠나 사람을 사망에 이르게 한 해원은 3년 이상의 징역(제2호), 인명을 구조하는 데 필요한 조치를 다하지 아니하였거나 필요한 조치를 다하지 아니하고 선박을 떠나 사람을 상해에 이르게 한 선원은 1년 이상 5년 이하의 징역(제3호), 선박 및 화물을 구조하는 데 필요한 조치를 다하지 아니하여 선박 또는 화물에 손상을 입힌 선원은 1년 이하의 징역 또는 1천만 원 이하의 벌금(제4호)에 각 처한다.

세월호 침몰 사진.
(출처: 한국일보)

이러한 규정을 보면, 기장과 선장은 모든 승객이 비행기나 선박에서 탈출할 때까지 나가지 않고, 마지막으로 직접 확인하고 비행기에서 탈출한다. 모든 승무원을 포함하더라도 최후의 마지막 탈출이다. 영화에서도 155명의 승객 등의 모든 안전이 확인될 때까지는 '구호 진행 중'임을 선언한다. 이는 계약상의 의무의 성실한 이행임은 물론이고, 「항공안전법」 등 법령상의 의무의 완전한 이행에 해당된다.

이는 세월호의 선장이 좌초한 여객선의 승객을 놔둔 채 먼저 탈출하는 모습과는 완전히 다르다. 세월호 사건에서 대법원은 선장에 대하여 미필적 고의에 의한 부작위 살인죄를 인정하여 무기징역을 선고한 원심을 확정하였는데, 위 「선원법」상 의무미조치에 대한 것이 아니라 일반 형법상의 살인죄를 적용한 것으로써 이례적이다. 좌초한 여객선의 승객을 구호하지 아니하고 선장이 탈출한 것이라면 이는 과실이라고 보기 어렵다는 의미이다.

세월호 선장의 형사책임(대판 2015. 11. 12. 선고 2015도6809)

선장의 권한이나 의무, 해원의 상명하복체계 등에 관한 해사안전법 제45조, 구 선원법(2015. 1. 6. 법률 제13000호로 개정되기 전의 것) 제6조, 제10조, 제11조, 제22조, 제23조 제2항, 제3항은 모두 선박의 안전과 선원 관리에 관한 포괄적이고 절대적인 권한을 가진 선장을 수장으로 하는 효율적인 지휘명령체계를 갖추어 항해 중인 선박의 위험을 신속하고 안전하게 극복할 수 있도록 하기 위한 것이므로, 선장은 승객 등 선박공동체의 안전에 대한 총책임자로서 선박공동체가 위험에 직면할 경우 그 사실을 당국에 신고하거나 구조세력의 도움을 요청하는 등의 기본적인 조치뿐만 아니라 위기상황의 태양, 구조세력의 지원 가능성과 규모, 시기 등을 종합적으로 고려하여 실현가능한 구체적인 구조계획을 신속히 수립하고 선장의 포괄적이고 절대적인 권한을 적절히 행사하여 선박공동체 전원의 안전이 종국적으로 확보될 때까지 적극적·지속적으로 구조조치를 취할 법률상 의무가 있다.

또한 선장이나 승무원은 수난구호법 제18조 제1항 단서에 의하여 조난된 사람에 대한 구조조치의무를 부담하고, 선박의 해상여객운송사업자와 승객 사이의 여객운송계약에 따라 승객의 안전에 대하여 계약상 보호의무를 부담하므로, 모든 승무원은 선박 위험 시 서로 협력하여 조난된 승객이나 다른 승무원을 적극적으로 구조할 의무가 있다.

따라서 선박침몰 등과 같은 조난사고로 승객이나 다른 승무원들이 스스로 생명에 대한 위협에 대처할 수 없는 급박한 상황이 발생한 경우에는 선박의 운항을 지배하고 있는 선장이나 갑판 또는 선내에서 구체적인 구조행위를 지배하고 있는 선원들은 적극적인 구호활동을 통해 보호능력이 없는 승객이나 다른 승무원의 사망 결과를 방지하여야 할 작위의무가 있으므로, 법익침해의 태양과 정도 등에 따라 요구되는 개별적·구체적인 구호의무를 이행함으로써 사망의 결과를 쉽게 방지할 수 있음에도 그에 이르는 사태의 핵심적 경과를 그대로 방관하여 사망의 결과를 초래하였다면, 부작위는 작위에 의한 살인행위와 동등한 형법적 가치를 가지고, 작위의무를 이행하였다면 결과가 발생하지 않았을 것이라는 관계가 인정될 경우에는 작위를 하지 않은 부작위와 사망의 결과 사이에 인과관계가 있다.

항공사고의 책임

엄격한 사고조사와 합리적 판단 구조

사고 조사 장면.
(출처: 네이버영화)

영화 전반에 흐르는 합리적인 의사처리 구조를 확인할 수 있다. 기장의 완벽한 대처에 대하여는 영웅적 찬사를 받는 반면에, 항공사고 조사반의 태도는 까칠하기 그지 없다. 이런 사정에서 기장은 각자 자신의 임무를 수행할 뿐이라며 그 태도를 존중하고 있다. 비행기의 강 착륙을 칭송하는 일반인의 흐름이 있다고 하여, 항공사고의 발생원인을 엄격하게 조사하여야 하는 항공조사반까지 이에 휩쓸려서는 안된다. 기장의 조종과실, 기체불량, 관제실수 등 그 사고의 원인의 다양한 점이 감안되어야 하고, 이후에 책임의 소재를 결정하게 된다. 항공사고 조사반의 원인조사는 존중받아야 한다. 철저한 사고분석으로 차후의 사고발생을 방지하는 것이 조사반의 임무이기 때문이다.

영화에서는 사고조사반의 시뮬레이션 결과가 공항 착륙이 어려웠다는 기장의 변명이 틀렸음을 증명한다. 50번의 수행결과가 동일하다고 한다. 이에 기장은 시뮬레이션 과정을 영상으로 보여줄 것을 요구하고, 그 과정에서 훈련된 조종사들이 '이미 예측이 된 상태'에서의 대응으로 실험이 이루어졌음을 밝힌다. 이를 기장은 '인간적 여지 또는 인간 행동'이 없다고 한다. 그 사고가 발생할 당시에는 예측되지 않은 상태이기 때문에 시뮬레이션처럼 정확하고 신속하게 결정하여 행동할 수 없다고 한다. 세상에 처음 일어나는 일은 선례가 없고, 선례가 없는 상황에서의 대처는 선례 이후의 대처방법과는 차이가 있을 수밖에 없는 것이다. 그러면서 기장은 조사반 측에 시뮬레이션 운영 조종사들은 해당 실험을 몇 번을 하고 공항에 무사히 착륙하는 결과가 나왔는지 묻는다. 이에 사고조사반이 확인한 결과 17번의 실험만에 성공적인 착륙이 일어났다고 밝힌다. 또한 양측의 엔진이 모두 꺼진 것이라는 기장의 변명에 대하여도 데이터는 한쪽만 꺼지고 한쪽은 살아있었다고 반박한다. 나중에 강에서 인양한 엔진을 분석한 결과 이 부분도 데이터의 오류임이 확인된다. 데이터가 반드시 진리를 말하는 것이 아니라는 것을 알 수 있다. 물리적 데이터가 인간 데이터보다 항상 믿을 수 있다는 것도 아닌 셈이다.

이해관계자의 복잡성과 피해구제

항공사고의 경우 그에 따라 발생되는 법률관계는 원인만큼이나 복잡하게 얽혀있다. 항공조사의 목적이 단지 원인의 분석에만 있을까. 그렇지 않다. 원인 여하에 따라 다양한 책임관계가 형성된다. 보험회사 입장에서는 여객기 추락사고가 '보험사고'가 되지 않아야 한다. 항공기 추락사고 시에 보험 적용이 되는 보험사고가 어떤 것인지는 보험계약의 내용에 따라 다르겠지만, 사고의 원인에 따라 보험책임의 존부 또는 범위가 달라진다. 이 영화의 경우에도 보험사고의 여부가 사고 조사의 중요한 목적이 될 것이다. 영화 속에서도 보험 얘기가 나온다.

또한 관제당국의 관제실수인지, 기체의 결함, 특히 원래 결함인지 정비결함인지, 조종사의 조종과실인지 여부에 따라 항공사, 보험사, 관제당국, 항공기 제작사 등 다양한 이해관계가 발생된다. 2013년 아시

아나항공기의 샌프란시스코 공항 불시착 사고의 경우에는 항공기 기체 결함, 정비불량, 조종불량, 관제불량 등 발생 가능한 모든 사고원인이 제기되었다.

항공사고에 대한 원인이 다양한 만큼 피해자의 구제방법도 다양하다. 원래 승객은 여객운송계약에 따라 상대방인 항공사 측에 손해배상을 청구하면 충분하지만, 해당 항공사고의 발생원인에 따라 항공기 제작사, 관제 당국도 손해배상의 주체가 될 수 있다. 이러한 원인이 각각 독립적으로 발생할 수도 있고, 복합적으로 발생할 수도 있다. 그 원인이 단독으로 발생하는 경우에는 각자를 상대로 손해배상청구를 하면 충분하지만, 원인이 복합적으로 발생하게 되면 모든 관련자를 상대로 연대하여 손해배상을 청구할 수 있다. 후자의 경우를 특별히 '부진정 연대책임'이라고 한다.

항공사고는 불법행위에 의한 손해가 발생한 경우이기 때문에, 사고발생지에서도 손해배상청구를 제기할 수 있다. 손해액의 산정은 항공료, 치료비 등 물적 손해, 정신적 위자료 등으로 구성되는데, 징벌적 손해를 인정하는 미국이 우리나라보다 손해배상액이 높은 편이다. 아시아나의 샌프란시스코 공항 사고의 경우에 한국 승객도 그 피해소송을 미국법정에서 청구하는 예가 그와 같다. 예전의 괌 대한항공 여객기 추락 사고의 경우에도 미국에서 손해배상청구소송을 제기한 사례가 있다.

아바타 _인간의 확장-인간과 기계

Avatar, James Cameron, 2009

▌영화 소개

영화 포스터.
(출처: 네이버영화)

몸이 불편한 제이크는 전직 해병대원으로 판도라 행성에 용병으로 투입되고 원주민인 나비족과 전투를 하는 임무를 맡는다. 스토리는 뻔한 내용으로 전개된다. 제이크의 아바타는 제이크와 달리 건강한 모습으로 탄생되어 제이크의 원격조정으로 임무를 수행하고, 전투 과정에서 나비족의 여인과 사랑에 빠지고 자신의 행위가 부당하다는 점을 깨닫고는 오히려 회사에 대응한다는 내용이다. 회사에 대응하는 것이 선의 모습으로 그려지고, 회사의 나비족 탄압이 악으로 그려지고 있다.

그럼에도 이 영화는 자연풍경, 아바타, 전투장면 등 화려한 영상미와 뛰어난 상상력으로 관객에게 최고의 몰입도를 선사하고 있다. 비주얼의 3D 입체영화로 만들어 재미를 더하고 있다.

이 영화는 자원이 고갈된 미래의 지구가 우주 행성을 개척하는 과정을 그리고 있다. 자원이 고갈된 미래의 지구 모습을 그린 영화이고, 한편으로 판도라 행성의 입장에서는 다른 행성의 군인들이 침입하여 생명을 앗아가고 자원을 약탈해 간다는 점에서 재난에 해당된다.

원주민의 터전을 빼앗고 죽이는, 지구인에게 너무나도 익숙한 얘기를 볼 수 있는데, 인간의 역할을 대신하는 아바타를 통하여 이야기가 전개된다. 아바타의 모습은 기계라기보다는 유기적 생명체로 묘사되지만 결국 인간과는 구분되는 기계의 속성을 가진다. 아바타에 사람의 뇌와 컴퓨터를 연결하여 움직이도록 한다. 사람과 기계를 연결한다는 점에서 영화 〈트랜센던스, 월리 피스터〉, 〈공각기동대, 루퍼트 샌더스〉를 연상시키는 작품이지만 인간을 대체하는 유기적 기계라는 점에서 구분된다.

이 영화는 인간이 아바타를 통하여 행동하는 미래의 모습도 보여주고, 한편으로는 미래의 지구에서는 자원고갈 문제로 우주에 식민지를 개척한다는 상상도 보여 준다. 아바타를 통한 행위는 현재도 사이버공간에서 가능한 모습이고, 우주를 개척하는 것도 언젠가는 가능한 일일 것으로 보인다. 공상과학영화이지만 충분히 실현 가능한 것을 묘사하고 있다.

이 영화는 두 번 개봉하였다. 처음 개봉한 영화가 공전의 히트를 치자, 감독은 감독판을 또 한 번 개봉하게 되었는데, 이때 문제가 발생되었다. 전 세계에 동시에 개봉하면서 한국에서 영화등급분류를 마치지 않은 채 개봉하였다. 극장에서 상영을 하려면 등급분류를 받아야 하고 그러지 않은 채 상영을 하게 되면 「영화 및 비디오물진흥에 관한 법률」위반으로 3년 이하의 징역 또는 3천만 원 이하의 처벌을 받는다(제94조 제1호). 비록 〈아바타〉가 등급분류를 받은 것은 사실이지만 '감독판 에디션'은 등급분류를 받지 않은 채 상영하게 되었다. 이에 따라 한국의 영화법을 위배한 것으로 상영이 금지되고 영비법 위반으로 형사고발까지 되었다.[6]

외계행성으로 이주를 다룬 영화로는 〈마션, 리트리 노콧〉이 화성에서의 거주를 탐색하고 있고, 2021년 2월 넷플릭스에서 개봉한 〈승리호, 조성호〉도 지구를 떠나 외계에서 생활하는 모습을 그리고 있다.

▌아바타의 속성: 사람과 기계의 만남

제이크와 제이크의 아바타의 모습.
(출처: 네이버영화)

아바타는 사람의 모습을 띤 기계이다. 그런데 일반적인 기계와 다른 점은 인간의 생명을 닮은 유기체의 모습을 띤다는 점이다. 만들어진 아바타가 성장하는 모습에서는 태아의 성장과 비슷한 느낌을 준다. 미래사회에서 사람과 기계를 연결한다는 개념은 새삼스러운 것이 아니다. 몸과 정신으로 이루어지는 인간이, 보다 강하게 영속적으로 존재하기 위한 것으로 선택한 기계를 이용하지 않을 수는 없는 것이다.

아바타의 행위는 누구의 책임으로 돌아가는가. 아바타는 분신이다. 직접 행위를 하는 것 같지만, 사실 엄밀히는 인간 그 자체는 아니다. 이와 같은 아바타의 행위에 대하여 누가 책임을 지게 되는가. 아바타가 책임을 지는가 아니면 아바타의 조종자가 책임을 지는가. 마치 자율주행차의 사고 시 자율주행차가 책임을 지는지 문제 같은 논리가 전개될 수 있겠다.

이 문제는 1993년 Julian Dibbell이 "A rapes in the cyberspace"라는 글을 발표함으로써 사이버 세계에서의 아바타 행위와 조종자 책임의 관계에서 이미 논의가 되었다. 이 얘기는 온라인 게임에서 발생된 사실을 다루고 있다. 게임 속의 아바타를 통하여 플레이어가 다른 아바타를 성적으로 공격하는 행위에 대하여 그것을 범죄로 볼 수 있는지, 그리고 범죄로 본다면 누구에게 책임을 물어야 하는지 문제가 사이버 세계에서의 초창기에 큰 화두를 던졌다.[7] 이 사안에서 가해자는 온라인 게임의 이용을 정지당하는 제재를 받았다.

형법에는 어느 행위로 인하여 처벌되지 아니하는 자 또는 과실범으로 처벌되는 자를 교사 또는 방조하여 범죄행위의 결과를 발생하게 한 자는 교사 또는 방조의 예에 의하여 처벌한다는 간접정범 법리가 있다(제34조 제1항). 이것은 우월한 의사에 의한 지배와 조정이 있는 경우 일반 교사범과 달리 취급하겠다는 것이다.

그러나 사람이 아닌 경우에는 간접정범이 성립되지 않는다. 예를 들어 잘 길들어진 동물을 조종하여 타인에게 상해를 입게 한다면 이는 고의에 의한 상해죄에 해당될 뿐 간접정범의 법리가 적용되지 않는다. 영화 속에서 아바타가 하는 범죄가 이러한 경우이다. 아바타의 범죄는 당연 직접정범이 성립되는 것이지 간접정범이 성립되는 것이 아니다. 아바타는 사람이 아닌 기계에 불과하기 때문이다. 그러나 영화 속의 아바타처럼 생각하고, 행동하는 거의 인간에 유사한 것이라면 이를 단순한 기계로만 취급할 수 있을까. 향후 로봇, 인공지능과 인간의 관계에 대한 법리를 미리 경험케 하는 영화이다.

▌외계행성의 개척과 원주민 학살

우주 탐사의 법률

지구공간의 확장은 지구의 자원고갈로 인하여 다른 행성으로 이주를 말하고, 이주 과정에서 자연파괴가 수반되기 마련이다. 이 영화에서는 특수한 자원을 들고 있으나, 인간의 삶에 중요한 자원, 이를테면 물이나 에너지에 대한 욕구는 근원적이라고 하겠다. 최근 타계한 스티븐 호킹 박사는 기후변화와 인공지능(AI)의 위험성, 소행성 충돌, 핵전쟁, 변종 바이러스, 인구폭발 등의 잠재적 위협으로 인류가 멸종위기에 처할 것이고 이를 타개하기 위하여 인류는 100~200년 내에 외계행성으로 이전하여야 한다고 말하고 있다.[8] 천재 물리학자의 상상이긴 하지만 머지않은 미래에 외계행성으로 이주를 하는 것은 허황된 것은 아니라고 할 것이다.

영화에서는 판도라 행성에서 희귀광물을 특정한 회사가 채취하는 것으로 설명이 되는데 미래의 일만은 아니다. 현재에도 국가가 아닌 민간기업인 테슬라, 버진그룹 등이 우주 자원 개발 등을 위해 우주로 로켓을 발사하는 우주산업에 관심을 가지고 있다. 그러면 우주에서 자원개발은 허용되는가. 1967년 우주조약(Outer Space Treaty)에 의하면 외기권의 탐색과 이용은 모든 국가의 이익을 위하여 전 인류가 자유롭게 행할 수 있으며(제1조), 천체를 포함한 외기권에 대하여 모든 국가는 영유권을 주장할 수 없는 것으로 되어 있다(제2조). 이처럼 특정한 국가나 회사가 특정한 행성을 배타적으로 소유하고 광물을 채취하는 것은 허용되지 않는 것으로 조약을 체결하고 있으므로, 영화 속 얘기는 현행조약에 의하면 실현가능성이 없긴 하다. 그러나 훗날 특정 국가나 회사의 외계 행성에 대한 탐사와 점유가 허용될지도 모를 일이다. 지구상의 자원이 고갈되고, 새로운 지구의 탐사가 필요한 시점이 오면 현행 우주조약은 그 필요성에 걸맞는 방향으로 개정될 수도 있다.

원주민의 삶터를 공격하는 용병들.
(출처: 네이버영화)

원주민 학살의 책임

새로운 곳에 대한 개척은 항상 그곳에서 오랫동안 살고 있는 원주민의 삶과 충돌할 수밖에 없다. 지구의 자원고갈에 대한 대책으로 판도라 행성에 진입하여 개발한다는 것은 바로 원주민의 모든 것을 빼앗는 것을 의미한다. 영화는 원주민을 무자비하게 살해하고 정복한다는 스토리로 전개된다. 이방인이 원주민을 학살하는 애기는 익숙하다. 1492년 콜럼버스가 미국에 도착한 이후 유럽인들의 정복에 원주민들이 하나씩 스러져간 역사를 기억한다. 원주민을 대하는 이주민의 태도는 처음 무력으로 시작한다. 낯선 곳에 대한 두려움과 정복 욕구가 맞물려 총칼을 앞세운 무력으로 정복하고 통치하는 것이 역사의 모습이다.

영화도 개발을 위하여 무자비한 원주민 탄압이 이루어진다. 대개 무력진압이 완성되면 그 다음 단계에서는 연착륙을 위하여 제도와 법, 타협에 의하여 이해관계를 조정하려고 한다. UN은 2007년 '원주민의 권리에 대한 선언'(United Nations Declaration on the Rights of Indigenous Peoples)을 채택하였는데, 여기에는 원주민의 자결권, 관습,

언어 등 문화를 보호할 권리, 경제문제, 소유권 등이 포함되어 있다. 이 선언은 원주민에 대한 차별을 시정하고 원주민을 보호하기 위한 목적으로 UN이 채택한 것이다.

원주민에 대한 침탈과 차별은 과거의 문제가 아니라 여전히 진행 중에 있다. 미국에서는 2009년에 19세기 조성된 인디언 신탁기금 운영에 대한 책임으로 14억 달러를 인디언 측에게 지급하기로 합의하기도 하였고,[9] 1980년 연방대법원은 수우족 인디언들이 자신들의 터전인 블랙힐스를 미국정부에 양도한 계약이 무효이지만 이를 반환하는 대신에 총 1억 600만 달러를 지불받도록 하는 판결을 선고하였으나, 수우족이 보상금 수령을 거부하고 있는 사례도 있다.[10]

▌상관의 위법한 명령과 군인의 복종의무

이 영화 속의 군인은 용병이다. 판도라 행성을 개척하기 위한 기업에 소속된 군인이다. 주인공은 상관의 위법한 명령에 복종하지 않는 것으로 묘사된다. 현실에서 이러한 행위는 어떻게 평가받을 것인가. 상관이나 조직의 명령이나 지시에는 복종할 의무가 있다. 그것이 일반적인 법리이다.

그러나 그 명령이나 지시가 위법한 것이라면 복종하지 않을 수도 있다. 특히 군인이나 공무원의 경우에는 공익에 봉사하는 것이 임무이기 때문에 위법한 지시나 명령을 거부할 의무도 있다. 다만 용병과 같이 특정한 단체나 집단의 이익을 위하여 존재하는 경우에는 과연 그 임무를 공익적인 것으로 이해할 수 있을지는 의문이 남는다. 따라서 군인이나 공무원의 위법한 상관의 명령 불복종과는 관계가 없다고 할 것이다. 영화에서는 주인공이 조직(군)을 이탈하여 적에 가담하여 대응하는 모습을 보이고 있는데 이러한 행위까지 정당한 것으로 보기는 어렵다.

옥자_동물의 권리와 복지

봉준호, 2017

▌영화 소개

　　강원도 두메산골에 미자는 할아버지, 옥자 셋이 함께 살고 있는데 옥자는 사람이 아니라 돼지이다. 옥자는 보통의 돼지보다 덩치가 엄청나게 크고, 지능이 높아서 미자와는 친구처럼 지내고 있다. 어느 날 외지에서 온 사람들이 옥자를 강제로 데리고 간다. 미자가 옥자를 찾아 서울, 뉴욕으로 가는 이야기를 그리고 있다.

　　옥자는 사실 '미란도 코퍼레이션'이라는 다국적회사가 수행하는 '슈퍼돼지 프로젝트'의 일환으로 미자의 할아버지가 키우고 있는 돼지이다. 유전자 변형을 통하여 슈퍼돼지로 만들어져 인류의 식량난을 해결하기 위한 프로젝트의 대상이다.

　　옥자는 동물이자 가축이자 또한 미자의 친구이다. 식량 목적의 유전자변형식품으로 만들어진 생명체이지만 미자와의 사이에 교감을 하는 사람친구와 같은 친구이다. 여기서 인간에게 적용되는 주체성이 있는지, 생명체로서 「동물보호법」의 적용을 받는지도 궁금해진다. 축산

영화 포스터.
(출처: 네이버영화)

물 또는 가축으로 키워지는 옥자에게 도축은 법적으로 허용되는 것인가의 쟁점도 있다. 즉 이 영화는 옥자라는 유전자변형돼지를 통하여 동물복지논쟁, 가축도살, 생명권 등 생명체에 대한 본질적인 질문을 던진다.

인간이 유전자변형식품을 만들게 된 계기는 결국 식량난이라고 할 수 있는데, 식량난은 지구온난화, 기후변화, 인구증가, 도시화 등 재난 수준의 지구 변화에 따른 것이다. 식량난의 도래는 결국 인간에게는 재난과 같다.

이 영화는 OTT 사업자인 넷플릭스가 자신의 플랫폼에서 방영하기 위하여 제작한 것으로 유명하다. 원래 영화란 극장에서 상영을 하기 위하여 제작되고 그 후 방송, VOD플랫폼, 비디오 등 다매체로 활용되었고, 그것이 전통적인 제작방식이었다. 이 영화는 전통적인 영화제작 및 소비 시스템이 다르다는 점을 부각시킨 것으로써 화제가 된 작품이다.

▌영화의 개념을 바꾼 영화

영화란 무엇인가. 이 영화는 이러한 영화의 개념에 대한 근본적인 질문을 던지는 계기가 되었다. 한 마디로 영화의 개념을 바꾼 기념비적인 작품이라고 할 수 있다. 영화가 발명된 이후 오랫동안 영화는 극장의 상영을 전제로 만든 동영상물을 말하는 것으로 정의하여 왔다.

우리나라 영화법도 다르지 않다. 즉 「영화 및 비디오물의 진흥에 관한 법률」 제2조에서 "영화란 연속적인 영상이 필름 또는 디스크 등의 디지털 매체에 담긴 저작물로서 영화상영관 등의 장소 또는 시설에서 공중(公衆)에게 관람하게 할 목적으로 제작한 것"으로 정의되어 있다. 이에 비하여 비디오물은 "연속적인 영상이 테이프 또는 디스크 등의 디지털 매체나 장치에 담긴 저작물로서 기계·전기·전자 또는 통신장치에 의하여 재생되어 볼 수 있거나 보고 들을 수 있도록 제작된 것"이라고 한다.

이 영화는 영화의 전통적인 개념에 물음표를 던진 작품으로 유명하다. 넷플릭스가 자신의 플랫폼에서 '재생'하기 위하여 자체 제작한 것일 뿐 '상영관에서 공중에게 관람할 목적'으로 제작된 것이 아니기 때문에 기존의 법적 정의에 의하면 영화가 아니라 비디오물에 해당된다. 이러한 문제점에서 옥자는 프랑스의 칸 국제영화제 출품 당시부터 논란을 빚었다. 극장에서 볼 수 없는 영화를 황금종려상 수상으로 심사하는 것은 불가하다거나 극장상영을 거부하는 등의 논란이 발생하였다.[11] 우리나라에서도 기존의 배급사가 배급을 거부하는 바람에 일부 독립상영관에서만 상영할 수 있도록 하는 유사한 논란이 발생하였다.[12] 부득이 이 영화가 일부 상영관에서 상영을 하고 있다지만, 실질적으로는 기존의 영화와 달리 넷플릭스의 자체 상영목적으로 제작된 것은 틀림없는 사실이다.

과학기술의 발달은 사회에 많은 변화를 가져온다. 반드시 영화관람을 극장에서만 하여야 하는가. 극장관람은 넓은 화면과 좋은 음향이라는 장점이 있지만 정해진 장소와 시간, 작품이라는 선택의 한계를 가진다. 시간과 장소에 구애받지 않는 정보사회에 있어서 시간과 장소, 작품이 제한되는 극장관람 방식을 고집할 때는 아니다. 새로운 접근과 시도를 통하여 이용자의 편익을 증진시킬 수 있다면, 영화의 개념은 변경될 수 있다. 디지털 영상물의 장점은 쉽게 복제가 가능하기 때문에 굳이 같은 자리, 같은 시간에 모여서 관람할 필요가 없다. 화면이나 음향의 단점은 과학기술로 충분히 극복이 가능하다. 지금 영화 소비에 있어서 전통과 혁신의 변곡점에 와 있고, 이 영화가 선두에 선 것이다. 영화 개념의 법적 정의도 개정할 필요가 있다.

▌유전자변형식품의 규제

옥자는 유전자조작으로 만들어진 돼지이다. 오로지 인간의 식량을 위하여 고기생산 목적의 우량종으로 조작되어 좁은 울타리에서 양육되고 마지막은 도살장에서 생을 마치게 된다. 옥자를 유전자변형생물

(GMO, Genetically Modified Organism)이라고 하는데 생물체의 유전자 중 유용한 유전자를 취하여 그 유전자를 갖고 있지 않은 다른 생물체에 삽입, 유용한 성질을 나타나게 한 것을 통칭하는 개념이다. GMO에는 유전자변형농수산물, 유전자변형미생물, 유전자변형동물 등이 있고, 이를 식품화한 것이 유전자변형식품이다. 결국 옥자를 유전자변형식품으로 본다면 불가능한 상상은 아니다.

미자와 옥자가 함께하는 모습.
(출처: 네이버영화)

GMO에 대한 규율는 금지가 아니라 승인을 통한 안전한 관리방식으로 이루어진다. 1994년 미국에서 펙티나아제 발현을 억제한 유전자변형 토마토의 상업화를 승인한 것이 최초이다. 우리나라에서도 GMO를 규율하는 다양하는 법을 가지고 있다. 「식품위생법」에서는 유전자변형식품임을 식품에 표시하도록 하고 있으며(제12조의2), 유전자변형식품 등을 식용(食用)으로 수입·개발·생산하는 자는 최초로 유전자변형식품 등을 수입하는 경우 등에는 식품의약품안전처장에게 해당 식품등에 대한 안전성 심사를 받도록 규정하고 있다(제18조). 「농수산물 품질관리법」은 유전자변형농수산물에 대한 규율을 하고 있다. 이 법에서 유전자변형농수산물을 인공적으로 유전자를 분리하거나 재조합하여 의도한 특성을 갖도록 한 농수산물로 정의하고 있다(제2조). 법에서는 유전자조작을 직접적으로 금지하기보다는 이를 식품에 표시토록 하는 방법으로 규제하고 있다. 즉 유전자변형농수산물을 생산하여 출하하는 자, 판매하는 자, 또는 판매할 목적으로 보관·진열하는 자는 대통령령으로 정하는 바에 따라 해당 농수산물에 유전자변형농수산물임을 표시하도록 하고 있다 (제56조 이하).

▌동물의 보호와 복지

옥자의 친구 미자.
(출처: 다음영화)

옥자는 GMO이긴 하지만 식량 생산의 용도로 사육되는 동물이다. 좁은 공간에서 오로지 인간의 식량으로 쓰이기 위하여 일평생 사육되고 도축되는 운명이다. 좁은 공간, 운동 부족, 과다 영양, 잔인한 도살 등 동물이 생명체로 가져야 하는 기본적인 가치가 전연 고려되지 못하고 있다. 동물에게 생명체로서 존중받아야 할, 또는 가져야 할 기본적인 가치는 있는가. 있다면 그것은 무엇인가.

사실 동물이란 법에서는 인간과 물건 중의 물건에 해당된다. 즉 권리의무의 주체인 인격을 갖추지 못한 물건으로 본다. 물건이면 권리의 객체 내지 대상이 되어 소유, 매매, 임차가 가능하다. 이웃집 반려동물이 시끄럽다는 이유로 해치더라도 형법상 물건손괴죄(재물손괴죄)에 해당될 뿐 사람에 대한 상해죄로 의율할 수는 없다. 민사상 손해배상액수도 터무니없이 작다. 어떤 경우에도 여전히 동물은 물건일 뿐이다.

그러나 동물을 옷이나 가방, 자동차, 집 등과는 다른 취급을 하여야 하는데 이는 생명체이기 때문이다. 생명체란 점에서 식물도 마찬가지이다. 동물과 식물이 생명체라고 하여 사람과 같은 권리능력을 부여할 수 있는가. 권리능력이 있어야 물건을 소유할 수 있고, 자신의 재산을 상속할 수 있다.

1972년 미국 연방대법원에서는 시에라네바다 산맥 소재 미네랄 킹 지역의 개발허가와 관련하여 그 계곡에 있는 나무가 소송을 제기할 수 있는 당사자적격이 있는가가 문제가 되었으나 이를 부인하였다(Sierra Club v. Morton, 1972). 우리나라에서도 대법원은 2004년 천성산 일원에 서식하는 도롱뇽이 고속철도사업의 공사착공금지가처분을 신청한 사안에서 도롱뇽은 양서류로서 자연물 또는 자연 그 자체로서 소송을 수행할 당사자능력이 없다고 한 사례도 있다(대결 2006. 6. 2. 선고 2004마 1148). 이러한 판례의 취지는 동물이나 식물이 생명체인 것은 분명하지만, 그렇다고 인간과 동일한 권리주체성을 인정할 수는 없다는 것이다.

다음은 동물이 생명체인 점에 착안하여 동물의 생명권 또는 생명윤리, 동물보호, 동물복지에 관한 논의이다. 동물의 생명권 내지 동물 생명윤리는 실험동물을 중심으로 논의되고, 동물보호는 동물에 대한 학대행위의 방지 등 동물을 적정하게 보호·관리하기 위한 것으로서 「동물보호법」에 규정되어 있다.

동물복지란 동물의 복지를 말하고, 이는 동물에게 기본적인 욕구가 충족되고 고통이 최소화되는 행복한 상태를 제공할 인간의 책무로 이해된다. 주로 농장에서 사육하는 동물의 복지로 이해된다. 동물복지 정책은 EU가 동물복지 관련 지침을 통하여 선도하고 있는데, 1979년 영국의 농장동물복지자문위원회가 제정한 동물의 5대 자유가 유명하다. 첫째 배고픔과 갈증으로부터의 자유, 둘째 불쾌감으로부터의 자유, 셋째 고통 부상 및 질병으로부터의 자유, 넷째 통상의 행위를 표현할 수 있는 자유, 다섯째 공포와 고통으로부터의 자유가 그것이다.[13]

옥자는 동물이자 가축이다. 동물에 대하여는 동물보호의 관점에서 「동물보호법」이 제정되어 있는데, 동물을 고기나 가죽, 털 취득의 목적으로 이용하는 것은 불가피하므로 이러한 경우에도 「동물보호법」을 적용할 수는 없다. 이와 같이 인간의 이용에 제공되는 동물을 가축이라고 하여 축산법이 규율하고 있다. 축산법 등 가축에 해당되는 경우에는 동법의 허용범위 내에서 도살 등이 예외적으로 인정되는데, 이 경우에는 「동물보호법」이 적용되지 않는다. 따라서 안타까운 일이지만 축산물로서 옥자에 대한 도축은 허용된다.

구분	내용
동물 (동물보호법)	△ "동물"이란 고통을 느낄 수 있는 신경체계가 발달한 척추동물로서 다음 각 목의 어느 하나에 해당하는 동물을 말한다. 가. 포유류 나. 조류 다. 파충류 · 양서류 · 어류 중 농림축산식품부장관이 관계 중앙행정기관의 장과의 협의를 거쳐 대통령령으로 정하는 동물
가축 (축산법)	△ "가축"이란 사육하는 소 · 말 · 면양 · 염소(유산양을 포함한다. 이하 같다) · 돼지 · 사슴 · 닭 · 오리 · 거위 · 칠면조 · 메추리 · 타조 · 꿩, 그 밖에 농림축산식품부령으로 정하는 동물(동물) 등을 말한다. △ 농림축산식품부령 → 노새 · 당나귀 · 토끼 및 개 / 꿀벌 / 그 밖에 사육이 가능하며 농가의 소득증대에 기여할 수 있는 동물로서 농림축산식품부장관이 정하여 고시하는 동물 △ 고시 → 짐승(1종): 오소리 / 관상용 조류(15종): 십자매, 금화조, 문조, 호금조, 금정조, 소문조, 남양청홍조, 붉은

| | 머리청홍조, 카나리아, 앵무, 비둘기, 금계, 은계, 백한, 공작 / 기타(1종): 지렁이 |

[표] 동물과 가축의 비교

법정에서 영화보기 🎞

제2장 인권의 가치

🎬 언플랜드_태아의 생명권과 여성의 자기결정권

Unplanned, Carry Solomon, 2020

▌영화 소개

영화 포스터.
(출처: 네이버영화)

이 영화는 낙태가 태아의 생명을 침해하고 임신여성의 건강을 해치기 때문에 허용되어서는 안된다는 낙태반대론의 입장을 취하고 있다. 영화는 애비라는 낙태반대운동을 하는 활동가의 개인적 경험을 통하여 낙태반대가 충분히 과학적이고 설득적임을 증명하고자 한다.

낙태 또는 임신 중단의 문제는 우리 사회의 그 어떤 주제보다도 논쟁적이다. 태아의 생명권과 임신여성의 자기결정권 중 어느 하나도 중요하지 않은 것이 없다.

이 영화는 애비가 처음에는 '가족계획연맹'이라는 낙태를 도와주는 기관에서 직원으로 활동하다가 낙태반대운동기관인 '생명을 위한 40일'에서 낙태반대운동을 하는 과정을 보여준다.

애비는 자신의 경험을 통하여 낙태가 얼마나 위험한지 알려준다. 애비는 대학 시절 처음 가족계획연맹의 자원봉사자로 시작해서 졸업 후

연맹에 정식 직원으로 들어와 최연소 지역센터 책임자로 승진하게 된다.

변곡점이 된 사건은 영화의 첫 장면이다. 원래 수술실에 들어가는 것은 애비의 임무가 아니었지만, 그날 우연히 수술을 도와주던 과정에서 낙태수술의 생생한 과정을 보고 충격을 받는다.

이 영화는 철저하게 낙태의 불법성을 묘사하는 데 집중한다. 낙태가 태아의 생명을 침해하고 산모의 건강을 해치는 다양한 장면을 나열하고, 그러면서 철저하게 애비의 경험을 통하여 관객을 설득하고 있다. 태아의 생명권, 산모의 건강권, 연맹의 사업 형태 등에 대한 개인적 경험을 토대로 낙태반대운동의 정당성을 강변하고 있다. 결국 애비는 이런 개인적 경험을 통하여 낙태수술이 결코 임신여성을 도와주는 것이 아님을 깨닫고 생명 존중을 위한 낙태반대운동에 헌신하게 되었음을 애기한다.

이 영화는 미국에서의 낙태반대운동을 다루고 있지만 우리나라에서도 2019년 4월 자기낙태죄에 대한 헌법불합치결정 이후 입법 논의가 진행 중인 상황이라 많은 관심을 불러일으키고 있다. 낙태논쟁의 일방의 입장을 지지하는 것이긴 하지만 낙태의 위험이나 실태를 적나라하게 고발하는 의미도 있다.

▌낙태죄를 둘러싼 논쟁

낙태죄의 위헌 논쟁은 종종 태아의 생명권과 임신한 여성의 자기결정권 사이의 갈등 또는 기본권 충돌 문제로 접근되어왔다. 그러나 헌법재판소는 태아의 생명권은 낙태죄가 보호하려는 입법목적으로, 자기결정권을 제한되는 기본권으로 보고 자기결정권 침해 여부만을 판단하였으며, 이를 두 기본권 사이의 기본권 충돌 문제로 해결하지는 않았다.

다만 낙태죄와 관련된 태아의 생명권에 관하여 보면, 태아는 비록 그 생명의 유지를 위하여 모(母)에게 의존해야 하지만 그 자체로 모(母)

와 별개의 생명체이고, 특별한 사정이 없는 한 인간으로 성장할 가능성이 크므로 헌법상 생명권의 주체로 인정되며, 국가에게는 헌법 제10조 제2문에 따라 태아의 생명을 보호할 의무가 인정된다(헌재 2008. 7. 31. 2004헌바81; 헌재 2008. 7. 31. 2004헌마1010등; 헌재 2010. 5. 27. 2005헌마346; 헌재 2012. 8. 23. 2010헌바402 참조).

낙태를 반대하는 활동가들의 낙태된 태아에 대한 기도 모습.
(출처: 네이버영화)

한편 자기결정권이란 인간의 존엄성을 실현하기 위한 수단으로서 인간이 자신의 생활영역에서 인격의 발현과 삶의 방식에 관한 근본적인 결정을 자율적으로 내릴 수 있는 권리를 말하는데, 인간의 존엄성 및 일반적 인격권을 보장하는 헌법 제10조 제1문 "모든 국민은 인간으로서의 존엄과 가치를 가지며, 행복을 추구할 권리를 가진다"에서 파생되는 권리이다(헌재 1991. 4. 1. 89헌마160; 헌재 2003. 6. 26. 2002헌가14 참조). 즉, 자기결정권에는 임신한 여성이 자신의 신체를 임신상태로 유지하여 출산할 것인지 여부에 대하여 결정할 수 있는 권리가 포함되어 있는 것이므로 낙태죄는 자기결정권을 제한하게 된다.

나아가 태아는 수정된 순간부터 무엇과도 바꿀 수 없는 생명권의 주체가 되므로 극히 예외적인 경우 외에 사회적·경제적 이유로는 이를 제한할 수 없다는 종교계 입장, 낙태가능기간을 정하여야 한다면 의학적으로 태아가 독자적으로 생존할 수 있는 시점이 언제인지, 낙태죄가 전면 비범죄화될 경우에 독자적 생존시기를 넘은 시점에 인공임신중절술을 실시하는 것에 대한 의학적 위험성 및 윤리와 관련된 인공임신중절술 거부 문제 등이 복합적으로 얽혀있다.

▋외국에서의 낙태 논쟁

미국은 주(州)별로 규제가 다르나, 1973년 연방대법원은 로 대 웨이드(Roe v. Wade)판결에서 여성의 낙태권리는 수정헌법 제14조에 의해 보호되는 사생활의 권리에 내포되어 있다고 판단하여 미국 내 낙태를 합법화하는 결정적인 계기를 제공하였다. 그 이후 종전 하와이주 및 뉴욕주에서만 합법이었던 낙태가 점차 확대되어 왔으며, 현재는 50개 주중 18개 주가 22주(週)까지, 20개 주가 임신 24~28주(週)까지를 낙태가능기간으로 정하여 낙태를 허용하고 있다. 다만 태아의 생존력이 생긴 기간 이후부터는 신체, 정신 건강을 포함하여 모체가 급박한 생명에의 위험이 있어 임신을 지속할 수 없는 불가피한 사유가 발생한 경우에만 낙태를 허용하거나, 의사의 진단 요부, 태아의 생존능력 판단하는 기준 등에 대하여는 주별로 달리 정하고 있다.[14]

또한 일정한 요건을 갖춘 낙태를 비범죄화한 대륙법계 유럽 대다수 나라는 '기간 방식'과 '적응사유 방식'을 병행하고 있는 경우가 많다. 기간 방식은 대체로 마지막 생리기간의 첫날부터 14주 이내의 일정한 요건을 갖춘 낙태를 형사처벌 대상에서 제외하는 것이다. 영국은 마지막 생리기간의 첫날부터 24주 이내의 일정한 요건을 갖춘 낙태를 형사처벌 대상에서 제외하고 있다.

이외에 국제연합(UN)이 이른바 선진국 권역(Developed Regions)으로 분류하는 유럽 전 지역, 북미, 호주, 뉴질랜드, 일본에서의 각 사유별 낙태 허용국가의 비율을 조사한 결과, 2013년을 기준으로 '임신한 여성의 생명구조'는 96%, '임신한 여성의 신체적 건강보호'는 88%, '임신한 여성의 정신적 건강보호', '강간 또는 근친상간' 및 '태아의 장애'는 각각 86%, '사회적·경제적 사유'는 82%, '임신한 여성의 요청'은 71%로 나타났다고 한다. 이는 1996년과 비교하여 위 일곱 가지 사유 중 여섯 가지 사유에서 낙태 허용국가의 비율이 상승한 것이고, 나머지 한 가지 사유인 '임신한 여성의 신체적 건강보호'에서는 그 비율이 동일하게 나타난 것이다. 국제연합이 이른바 개발도상국 권역(Developing Regions)으로 분류한 나머지 국가들에서도 위 일곱 가지 사유 중 여섯 가지 사유에서 낙태 허용국가의 비율이 상승하였고, 한 가지 사유인 '임신한 여성의 생명 구조'에서만 그 비율이 소폭 감소하였다고 한다.

▌한국에서의 낙태 논쟁

낙태죄 관련 법률

낙태를 도와주는 일을 하다가 반대운동으로 돌아선 애비.
(출처: 네이버영화)

낙태죄에 대한 법률로는, 형법 제269조 제1항 '부녀가 약물 기타 방법으로 낙태한 때에는 1년 이하의 징역 또는 200만 원 이하의 벌금에 처한다.' 및 제270조 제1항 '의사, 한의사, 조산사, 약제사 또는 약종상이 부녀의 촉탁 또는 승낙을 받아 낙태하게 한 때에는 2년 이하의 징역에 처한다.'가 존재하였다.

다만 「모자보건법」 제14조 제1항으로 정한 예외적인 경우에는 본인과 배우자(사실상의 혼인관계에 있는 사람을 포함)의 동의를 받아 인공임신중절수술을 허용하였는데, 그 사유로는 본인이나 배우자가 대통령령으로 정하는 우생학적 또는 유전학적 정신장애나 신체질환이 있는 경우(1호), 본인이나 배우자가 대통령령으로 정하는 전염성 질환이 있는 경우(2호), 강간 또는 준강간에 의하여 임신된 경우(3호), 법률상 혼인할 수 없는 혈족 또는 인척 간에 임신된 경우(4호), 임신의 지속이 보건의학적 이유로 모체의 건강을 심각하게 해치고 있거나 해칠 우려가 있는 경우(5호)를 각 규정하였다. 다만 이러한 경우에도 「모자보건법 시행령」 제15조에 따라 임신 24주일 이내일 것을 요구하였다.

헌법재판소의 2012년 합헌 결정
[헌재 2012. 8. 23. 선고 2010헌바402]

헌법재판소는 2012. 8. 23. 재판관 4(합헌) 대 4(위헌)의 의견으로, 자기낙태죄 조항이 임신한 여성의 자기결정권을 침해하지 않는다는 합헌 결정을 하였다. 결정의 요지는 태아는 모(母)와 별개의 생명체이고 특별한 사정이 없는 한 인간으로 성장할 가능성이 크므로 태아에게도 생명권이 인정되어야 하며, 낙태를 처벌하지 않으면 낙태가 만연하게 되어 자기낙태죄 조항의 입법목적을 달성할 수 없게 되며, 예외적인 경우에는 임신 24주 이내의 낙태를 허용하여(모자보건법 제14조, 동법 시행령 제15조), 불가피한 사정이 있는 경우에는 태아의 생명권을 제한할 수 있도록 하고 있어, 임부의 자기결정권에 대한 과도한 제한이라고 보기 어렵다는 것이었다.

헌법재판소의 2019년 형법 제269조 제1항 헌법불합치 결정
[헌재 2019. 4. 11. 선고 2017헌바127]

헌법재판소는 2019년 재판관 4인의 헌법불합치 의견, 3인의 단순위헌 의견에 따라 임신한 여성의 자기낙태를 처벌하는 법률(형법 제269조 제1항)이 임신한 여성의 자기결정권을 침해한다고 판단하여, 법적 공백에 대한 우려와 입법자가 결정가능기간과 사회적·경제적 사유를 구체적으로 어떻게 조합할 것인지 등에 대하여 입법재량을 가진다는 이유로 입법개정시한을 2020. 12. 31.으로 하는 헌법불합치결정을 선고하였다. 그러나 국회는 위 개정시한까지 개정입법을 하지 않아 2021. 1. 1.부터 낙태에 대한 법적 공백이 발생하게 되었다.

위 심판에서 헌법재판소는 자기낙태죄 조항을 임신한 여성의 자기결정권과 태아의 생명권의 직접적인 충돌을 해결해야 하는 사안으로 보는 것은 적절하지 않다는 입장을 취하며, 자기낙태죄 조항이 「모자보건법」이 정한 예외를 제외하고는 임신기간 전체를 통틀어 모든 낙태를 전면적·일률적으로 금지하고, 이를 위반할 경우 형벌을 부과함으로써 임신의 유지·출산을 강제하고 있으므로, 임신한 여성의 자기결정권을 침해하는지 여부만을 검토하였다.

헌법불합치의견에서 자기낙태죄 조항은 태아의 생명을 보호하기 위한 것으로서, 정당한 입법목적을 달성하기 위한 적합한 수단임을 인정하고, 다만 다음과 같은 이유로 자기낙태죄 조항의 침해의 최소성 및 법익균형성의 원칙을 위반하였으므로, 과잉금지원칙을 위반하여 임신한 여성의 자기결정권을 침해한다고 판단하였다.

첫째, 임신한 여성이 임신을 유지 또는 종결할 것인지 여부를 결정하는 것은 전인적(全人的) 결정이므로, 태아가 모체를 떠난 상태에서 독자적으로 생존할 수 있는 시점인 임신 22주 내외에 도달하기 전이면서 동시에 임신 유지와 출산 여부에 관한 자기결정권을 행사하기에 충분한 시간이 보장되는 시기(결정가능기간)까지의 낙태에 대해서는 국가가 생명보호의 수단 및 정도를 달리 정할 수 있다고 봄이 타당하다.

둘째, 낙태 갈등 상황에서 형벌의 위하가 임신종결 여부 결정에 미치는 영향이 제한적이며, 실제로 형사처벌되는 사례도 매우 드물다는 현실에 비추어 보면, 자기낙태죄 조항이 낙태 갈등 상황에서 태아의 생명보호를 실효적으로 하지 못하고 있다고 볼 수 있다.

셋째, 낙태 갈등 상황에 처한 여성은 형벌의 위하로 말미암아 임신의 유지 여부와 관련하여 필요한 사회적 소통을 하지 못하고, 정신적 지지와 충분한 정보를 제공받지 못한 상태에서 안전하지 않은 방법으로 낙태를 실행하게 된다.

넷째, 「모자보건법」상의 정당화사유에는 다양하고 광범위한 사회적·경제적 사유에 의한 낙태갈등 상황이 전혀 포섭되지 않고, 예외 없이 전면적·일률적으로 임신의 유지 및 출산을 강제하고, 이를 위반한 경우 형사처벌하고 있다. 예컨대, 학업이나 직장생활 등 사회활동에 지장이 있을 것에 대한 우려, 소득이 충분하지 않거나 불안정한 경우, 자녀가 이미 있어서 더 이상의 자녀를 감당할 여력이 되지 않는 경우, 상대 남성과 교제를 지속할 생각이 없거나 결혼 계획이 없는 경우, 혼인이 사실상 파탄에 이른 상태에서 배우자의 아이를 임신했음을 알게 된 경우, 결혼하지 않은 미성년자가 원치 않은 임신을 한 경우 등이 이에 해당할 수 있다.

따라서, 자기낙태죄 조항은 입법목적을 달성하기 위하여 필요한 최소한의 정도를 넘어 임신한 여성의 자기결정권을 제한하고 있어 침해의 최소성을 갖추지 못하였고, 태아의 생명보호라는 공익에 대하여만 일방적이고 절대적인 우위를 부여함으로써 법익균형성의 원칙도 위반하였으므로, 과잉금지원칙을 위반하여 임신한 여성의 자기결정권을 침해한다.

한편, 재판관 이석태, 재판관 이은애, 재판관 김기영은 단순위헌의
견을 제시하며, 임신한 여성이 임신의 유지 또는 종결에 관하여 한 전
인격적인 결정은 그 자체가 자기결정권의 행사로서 원칙적으로 보장되
어야 하므로 '임신 제1삼분기(14주 무렵까지)'에는 어떠한 사유를 요구함
이 없이 낙태할 수 있도록 하여야 한다고 설시하였다.

방가?방가! _외국인 노동자의 삶

육상효, 2010

▌영화 소개

태식이 외국인노동자에게 강의하는 장면.
(출처: 네이버영화)

방태식은 취직을 하지 못하여 백수 생활을 전전하는 한국 청년이다. 그러던 중 우연히 동남아인의 외모를 닮은 것을 이용하여 외국인 노동자로 위장취업을 하면서 의도하지 않은 외국인 노동자의 삶을 살게 된다. 태식은 국내에 거주자가 많지 않은 부탄인 행세를 하면서 국내에 부탄 국적자는 대사하고 자신뿐이라고 얘기를 한다. 사실 부탄은 전세계에서 행복지수 조사에서 1위를 차지할 정도의 행복의 나라인데 그런 국적자가 한국에 와서 고생한다는 설정이다.

처음부터 의도한 것은 아니지만, 같은 공장의 외국인 노동자들이 태식을 외국인으로 알고 이런저런 상담을 한다. 태식은 고용주의 노동착취, 임금착취, 차별을 보고 노동자를 대표하여 항의하고 싸우기도 한다. 마치 노동 투쟁을 위하여 위장취업한 활동가처럼, 외국인 노동자를 위한 노동운동을 한다.

이 영화는 국내 취업목적으로 이주한 외국인의 삶을 '위장취업한 한국인'을 통하여 코믹하게 풀어내고 있는 수작이다. 외국인 노동자가 외국에서 살아가는 것은 쉬운 일이 아니다. 언어의 장벽, 문화의 차이로 인한 차별을 벗어나기 어렵고, 그로 인하여 인간으로서의 존엄까지 침해당하는 것을 우리는 종종 목격한다.

한국은 동남아를 위시한 전 세계에서 취업을 하기 위하여 많은 노동자들이 입국하는 나라이다. 그중에는 합법적으로 입국하여 노동을 하는 사람이 대부분이지만 체류기간의 도과 등 여러 이유로 불법체류하는 사람도 많다. 불법체류자에게는 노동착취, 임금체불, 차별 등의 인권침해가 더 많이 발생되는 것으로 보고되고 있다.

이 영화는 태식의 외국인 위장취업을 통하여 외국인 노동자의 어려운 삶을 다루고 있지만, 한편으로는 청년의 실업문제까지 코믹하게 터치하고 있다. 향후 남북통일이 되면, 이러한 이주노동자나 결혼이주여성에 대한 차별 문제는 남북의 주민 간에 그대로 나타날 것으로 예상된다.

▌외국인의 증가와 한국 사회의 다양성 제고

한국사회는 더 이상 단일민족 국가도 아니고 폐쇄된 사회도 아니다. 법무부 통계에 따르면 국내 체류 외국인은 2010년 126만 명, 2016년 205만 명, 2018년 237만 명, 2019년 252만 명으로 증가하다가 2020년(9월)은 코로나 영향으로 210만 명으로 감소하였으나 국내에

200만 명 이상의 외국인이 체류하고 있는 것으로 나타난다. 국적별로는 중국, 베트남, 태국, 미국 순으로 많다(법무부 출입국·외국인 정책 통계). 이 중 불법체류율은 2017년 11.5%에서 2018년 15%로 계속 증가하여 2019년 말을 기준으로 불법체류자는 39만 명에 이른다. 법무부는 불법체류자를 줄이기 위해 범칙금 면제, 재입국기회 부여 등 자진 출국을 유도하는 파격 혜택을 마련하고 있다.[15] 이는 국적 중심으로 잡은 통계이지만 외국인으로 이주하여 온 후 한국 국적을 취득한 경우도 상당한 정도라고 할 것이므로 외국인 또는 외국에서 이주해온 국민은 이제 양적으로 한국 사회의 주요 구성원이라고 하여도 과언이 아니다.

외국인의 입국목적은 다양하지만, 대개는 비싼 임금을 찾아 이주해 온 이주노동자, 결혼목적의 이주여성, 기타 이주민 등으로 구분할 수 있다. 특히 문제가 되는 것은 이주노동자와 결혼이주여성이다. 개발도상국 등에서 이주해 온 외국인은 주로 근로환경이 열악한 공장 노동자, 병원 간병인 등 3D업종에 종사하는 것이 대부분일 것으로 짐작이 된다.

외국인이 한국에 입국하여 체류하기 위하여 적용받는 법률은 「출입국관리법」이다. 「출입국관리법」은 외국인의 입국, 체류, 출국 등을 단계별로 규율하고 있다. 각 단계는 상호 관련이 있어 입국목적에 한하여 체류할 수 있으며 입국목적이 달성되면 바로 출국하는 것으로 체계가 구성되어 있다. 입국하기 위하여는 입국목적에 따른 입국허가를 받아야 하는데 이를 입국사증이라고 하며, 입국사증을 받기 위하여는 입국목적을 증명하기 위한 증빙자료를 필요로 한다.

그런데 입국사증 허가 여부에 대하여는 폭넓은 재량이 있는 것으로 보고 있다. 즉 외국인의 입국의 자유가 헌법상 국민의 거주이전의 자유만큼 보장되는 것은 아니고 국가의 광범위한 입국정책의 소산이라는 것이 판례의 입장이다. 우리나라 「출입국관리법」의 실무나 판례 경향상 입국정책은 경직된 것으로 평가되고, 특히 난민정책에 대하여는 매우 소극적인 것으로 알려져 있다. 그에 비하여 우리나라가 선진국이 되면서 입국수요는 매년 증가하고 있어 출입국정책이 입국수요를 따라가지 못한다는 비판이 증가하고 있다. 출생률 저하 등으로 인한 급격한 인구감소에 대비하여 입국의 문호를 넓히는 정책 전환이 필요한 시점이 되었다. 외국으로부터의 이주민의 수용은 국내 인구의 증가나 다양한 이주민으로 인한 사회, 경제 발전에 기여도 도모할 수 있을 것으로 예상한다.

출입국관리법령에 의하면 입국 이후 체류 단계에서는 입국목적에 맞는 정당한 체류인지를 출입국 당국에서 엄격히 관리·감독하도록 되어 있다. 예를 들어 방송프로그램에 출연하는 외국인 대학생, 실제 취업 목적으로 입국한 외국인 유학생, 필리핀 출신 여성 가수들이 관광호텔 등에서 가수활동을 하기 위하여 예술흥행비자(E-6)로 들어와서 유흥업소로 취업하는 사례는 입국목적을 위반한 사례이다. 특히 여성 노동자가 입국하여 유흥업소에 취업하는 경우에는 국제적인 문제를 발생시키기도 한다.

구분	내용
국적	국적은 대한민국의 국민이 되는 자격을 말한다. 국적 취득은 출생, 인지, 귀화에 의하여 이루어지며 이는 국적법이 규정하고 있다. 외국인이 국적을 취득하기 위하여는 주로 귀화절차에 의하게 된다. 우리나라는 1998년부터 부 또는 모 중 어느 한쪽이 대한민국 국민이면 그 자녀에게 대한민국 국적을 부여하는 부모양계혈통주의를 채택하고 있는데, 오늘날 이와 같은 출생주의를 고수하는 것은 문제가 있다. 서구 각국이 채택하고 있는 완전한 출생주의를 도입하여 한국 영토에서 출생하기만 하면 부모가 외국인이든 아니든 국적을 부여하는 것으로 변경하는 것을 검토하여야 한다. 북한주민의 경우에는 다른 절차가 있다. 우리 헌법상 북한은 대한민국의 영토 범위 내의 지역이므로 헌법에 의하면 북한지역에 거주하는 주민도 당연히 별도의 절차 없이 대한민국의 국적자가 되어야 한다. 다만 현실적으로 북한주민이 대한

	민국 국적을 행사하여야 할 필요성이 크지 않으므로 북한 지역 내의 주민에 대하여는 별도의 구정을 두지 않고 북한 지역을 이탈한 주민에 대한 국적규정을 두고 있다. 「북한이탈주민의 보호 및 정착지원에 관한 법률」에서는 북한이탈주민을 '군사분계선 이북지역에서 벗어나 대한민국의 보호를 받으려는 군사분계선 이북지역의 주민'이라고 정의하고(제1조), 특별한 국적 취득절차가 없이 주민등록 발부절차로 대한민국의 실질적인 국민 및 거주자가 되도록 규정하고 있다.
영주권	영주권은 국적에 준하는 자격으로 인정된다. 영주권자는 국내인과 동등한 법적 지위를 가진다. 「재한외국인 처우기본법」에 의하면 국가 및 지방자치단체는 대한민국에 영구적으로 거주할 수 있는 법적 지위를 가진 외국인을 영주권자라고 하며, 영주권자에 대하여는 대한민국의 안전보장·질서유지·공공복리, 그 밖에 대한민국의 이익을 해치지 아니하는 범위 안에서 대한민국으로의 입국·체류 또는 대한민국 안에서의 경제활동 등을 보장할 수 있는 것으로 규정하고 있다(제13조).
난민	난민이란 인종, 종교, 국적, 특정 사회집단의 구성원인 신분 또는 정치적 견해를 이유로 박해를 받을 수 있다고 인정할 충분한 근거가 있는 공포로 인하여 국적국의 보호를 받을 수 없거나 보호받기를 원하지 아니하는 외국인 또는 그러한 공포로 인하여 대한민국에 입국하기 전에 거주한 국가로 돌아갈 수 없거나 돌아가기를 원하지 아니하는 무국적자인 외국인을 말한다(난민법 제2조).

[표] 국적과 영주권, 난민의 개념

▌외국인의 인권보호

이주 노동자의 인권

외국인이 한국에 입국하면 그때부터는 특별한 규정이 없는 한 국내법이 외국인에게도 그대로 적용된다. 외국인은 국적 이전에 인간이기 때문이다. 선거나 병역과 같이 대한민국 국민에게만 적용되는 법률도 있지만, 대개의 법률은 한국 거주자에게 적용되는 것이므로 외국인 노동자라고 하여 달라지는 것이 아니다. 심지어 불법체류자의 경우에도 국내법의 보호를 받는다.

취업에 실패하는 태식.
(출처: 다음영화)

영화는 이주 노동자의 인권 문제를 잘 보여주고 있다. 인권 문제로는 임금 체불, 폭행, 차별 등 다양하게 나타나고 있으며, 그 원인은 한국사회의 타인이나 약자에 대한 무관심과 무배려에서 찾을 수 있고 여기에 외국인의 한국어 소통의 어려움 등이 가중된 것으로 보인다. 임금 체불은 수시로 발생하고, 직장 내의 폭행, 무시 등도 예사가 아니고, 한국인 노동자와 차별하는 행태도 새삼스러운 것이 아니다. 외국인 노동자도 당연히 노동법상 노동자에 해당되기 때문에 고용주가 노동법을 위반한 경우에는 노동부에 고소하거나 노동위원회에 문제를 제기하는 등 법적 보호의 대상이 된다.

외국인 노동자는 한국인이 취업하지 않는 틈새시장에 주로 취업을 하고 있지만, 한편으로는 한국인의 일자리를 빼앗는다는 비난도 받고 있다. 특히 일자리가 없어 취업을 하지 못하는 상황에서 외국인 노동자가 한국인 노동자의 생계를 위협한다는 인식이 있다. 그러나 외국인 노동자들이 주로 한국인이 취업하지 않는 3D업종에 집중되고 있는 현실을 보면 사실에 근거한 비난이라고 하기 어렵다.

방가는 불법취업자인가. 불법취업의 정의를 어떻게 할 것인가에 달려있지만, 취업의 문제는 고용주와 고용자 사이의 고용계약이라고 할 것인만큼 고용계약상의 조건을 기망하여 취업하는 것은 일단 불법취업에 해당된다고 보인다. 만일 방가가 취업하려고 하는 직종 또는 대상이 외국인만을 위한 것이라면 한국인의 국적을 숨기고 취업한 것은 불법취업에 해당될 수도 있다. 그러나 외국인 노동자가 한국인보다 적은 임금을 받는 것을 감안하면 취업계약상 한국인임을 숨기고 취업하였다고 하여 실질적으로 근로제공이나 임금상의 부당한 행위를 한 것이라고 보기는 어려우므로 일반적인 위장취업은 아니다. 예컨대 대학졸업자가 고졸자 직업에 취업하기 위하여 위장취업한다고 하여, 근로제공이 미흡하거나 임금을 더 받는 것이 아니기 때문에 단지 학업을 숨겼다는 이유만으로 계약위반이라고 단정할 수는 없다.

영화에는 불법체류를 이유로 부당노동행위, 착취 등 인권을 유린하는 장면이 자주 등장한다. 불법체류자가 당국에 적발될 경우에는 강제로 출국당할 수 있는 약점이 있어서 법에 호소하지 않는다는 점을 노린 행위이다. 공무원이 단속을 나오자 뿔뿔이 도망가는 장면 등은 외국인 노동자 중에서 불법체류 노동자의 지위가 얼마나 열악한지 알려준다.

불법체류자에 대한 고용주의 차별 말고도 현행 「출입국관리법」의 문제점도 많이 있다. 현행법에 의하면 불법체류자는 강제퇴거의 대상이 되는데, 이 경우 외국인보호소 등에 최장 20일 이내에서 보호될 수 있다 (제51조). 출입국관리법령은 외국인을 보호한다는 용어를 사용하고 있으나 실질은 구금이고 신체의 구속에 해당된다. 신체를 구속하는 경우 「인신보호법」은 그 구금의 적법 여부에 대하여 법관이 심사를 하는 구제절차를 규정하고 있는데 「출입국관리법」에 의한 보호의 경우에는 이 법을 적용하지 않도록 규정되어 있다(제2조). 「출입국관리법」에서는 불법체류자의 보호에 대한 이의신청심사를 법무부장관이 하도록 하고 있는데, 「인신보호법」상 법관에 의한 구제절차와는 상당한 차이가 있다. 향후 불법체류자의 인권, 외국인의 인권 보호를 위하여 법관에 의한 구제심사를 할 수 있도록 법률을 개정할 필요가 있다.

방가가 여자친구 장미를 바라보는 모습.
(출처: 네이버영화)

이주결혼여성의 인권

베트남, 필리핀 등 동남아의 여성들이 한국의 남성들과 결혼하기 위하여 많이 이주하는데, 입국하는 여성들은 어린 나이에 고향을 떠나 낯선 한국으로 이주하여 오는 경우가 대부분이다. 이에 비하여 한국의 남성은 비교적 연령대가 높고 경제적·사회적으로 좋은 환경에 있지 않은 경우가 많다. 외국 여성들이 한국에 결혼을 하러 오는 이유 중 가장 중요한 것은 경제적 사정 때문으로 알려져 있다. 결혼지참금을 받아서 고향의 형제, 부모를 도와주고, 나중에 한국으로 초청할 수 있다는 기대 때문이다. 그래서 잘 진행이 되면 결혼생활도 함께 원만하게 흘러가게 된다.

그러나 남녀 간의 결혼이 사랑을 전제로 맺어지는 일생의 결연임에도 불구하고, 두 사람 사이에는 결혼 전의 교제기간도 없고 결혼 후에도 언어소통 문제로 부부 간의 친화의 기회를 충분히 확보하지 못하는 문제가 있다. 이러한 이유가 쌓이고 폭행과 폭언, 무시가 점철되어 부부 사이의 애정이 쌓이지 못한 채 살아가다가, 특정한 계기를 만나면 헤어지고 이혼을 하게 된다. 결혼이주여성의 인권 문제는 이와 같이 사랑이 전제되지 않고, 교제도 없었으며, 부부 간의 상호 신뢰가 채 형성되지 않은 상태에서 이국에서 결혼생활이 시작된다는 점에서 출발한다.

밀크_동성애 사회운동

MILK, Gus Van Sant, 2010

▌영화 소개

영화 포스터.
(출처: 네이버영화)

이 영화는 동성애 운동가이자 미국에서 최초로 공직자로 선출된 '하비 밀크'의 실화를 다루고 있다. 하비 밀크는 동성애자로서 동성애자의 정치적, 사회적 지위 향상을 위한 선구적인 운동가로 평가되는데, 이 영화는 밀크가 샌프란시스코에서 카메라 가게를 운영하면서 전 세계의 동성애자들과 함께 운동을 하는 장면을 생생하게 보여준다.

그의 가게는 동성애자들의 모임장소가 되고, 밀크는 그 과정에서 이를 막는 기성권력의 편견과 차별에 대응하여 싸우게 된다. 그는 이 싸움을 보다 효과 있게 하기 위하여 정치운동을 하기로 하고 시의원에 출마하여 몇 번의 실패 끝에 당선된다.

시의원이 된 이후에는 동성애자 차별금지 철폐와 동성애자 권리를 제한하는 내용의 조례 제정을 저지하였다. 그러나 반대자에게 살해당한

후 샌프란시스코 전역이 그를 추모하는 촛불행진을 하는 장면으로 영화
는 막을 내린다.

　이 영화는 밀크의 사망 전 몇 년을 다룬 것이긴 하지만, 동성애가
미국에서 어떻게 취급되었는지, 어떤 과정을 거쳐 차별이 철폐되고 정
당한 지위를 획득하게 되었는지 등의 역사를 보여준다.

　이 영화는 2009년 아카데미 남우주연상과 각본상을 수상하는 등
많은 상을 받은 작품이다.

　동성애를 다룬 영화로 우리나라에서는 〈친구사이?, 김조광수〉가
유명하다. 동성애 인권운동목적으로 제작된 이 영화는 영상물등급위원
회의 청소년관람불가등급이 동성애 소재를 이유로 한 것인지 등이 문제
가 되어 소송이 제기되었으며 대법원에서 원고 승소판결을 받았다.

▌동성애의 법적 지위 향상

　동성애의 정치적, 사회적 운동의 종착점은 결국 동성애를 법적으
로 어떻게 평가할 수 있는가의 문제이다. 동성애를 대하는 사회적·윤
리적·종교적인 평가는 사회의 전통이나 개인의 가치관에 따라 다르지만
현대 민주주의국가에 있어서 법적 평가는 인권의 차원에서 접근한다. 동
성애자에 대한 일체의 사회적 차별을 철폐하고 혐오표현을 금지하는 등
의 소극적 권리보장에서부터, 동성혼의 인정 여부, 동성애자의 입양 허
용 문제 등 적극적 권리 실현으로 다양한 측면에서 논의가 된다.

동성애에 대한 차별금지

　이 영화에서도 밀크가 시의원이 된 후 동성애자의 차별금지를 철
폐하는 조례에 반대하다가 성공을 거두었지만 그 여파로 살해당하는 내
용이 나온다. 그만큼 동성애의 사회적 편견이나 차별금지는 동성애의
법적 지위 향상의 기본이 되는 주제이다. 「대한민국헌법」 제11조에서는

사람은 성별, 종교 또는 사회적 신분에 의하여 차별을 받지 아니한다고 규정되어 있는데, 동성애라는 성적 지향으로 인한 차별은 당연히 평등권의 침해 문제가 됨이 분명하다. 이에 차별금지법 제정이 오래전부터 논의가 되고 2007년에는 정부가 차별금지법안을 발의하기도 하였으나 아직 제정되지 않은 실정이다.

민간 자율규제에서는 차별금지를 중요한 기준으로 제시하고 있다. 국내 포털사업자의 자율규제기구인 한국인터넷자율정책기구(KISO)의 정책규정에 의하면 회원사는 지역·장애·인종·출신국가·성별·나이·직업 등으로 구별되는 특정 집단을 대상으로 모욕적이거나 혐오적인 표현방식을 사용하여 해당 집단이나 그 구성원들에게 굴욕감이나 불이익을 현저하게 초래하는 게시물이 유통되고 있음을 신고 등을 통해 알게 된 경우 이를 해당 집단이나 그 구성원들에 대한 차별적 표현으로 보아 삭제 등 필요한 조치를 취할 수 있도록 하고 있다(제21조). 이처럼 법률의 명문의 규정은 없지만, 오늘날 성적 지향의 차이로 인한 차별이 합리화되지 않음은 당연하다고 할 것인바 동성애에 대한 차별금지가 명문의 규정이 없지만 법적으로 확립된 것이라고 보는 것이 타당하다.

선서하는 밀크의 모습.
(출처: 다음영화)

동성혼과 입양 등 법적 제도 도입 여부

동성애에 대한 법적 평가는 동성결혼을 인정할 수 있는가 하는 점과 직결된다. 혼인은 가정생활의 시작이기 때문에 동성 간의 혼인을 인정하지 못한다면 가정 구성의 자유를 제한하는 결과가 된다. 이는 동성 간의 사랑과 결혼으로 인한 행복추구권을 침해하는 문제이다. 이에 반하여, 전통적인 가족관의 입장에서는 동성 간의 혼인은 혼인의 본질이라고 할 수 있는 가족의 확대와 계승, 즉 자손의 생산을 불가능하게 하는 것이므로 혼인으로 받아들이기 어렵다. 동성혼의 인정 여부는 입양제도와도 관련이 있다. 동성혼을 찬성하는 입장에서는 입양을 통하여 후손의 승계가 가능하다고 하지만, 반대하는 입장에서는 입양되는 당사자 관점에서 생물학적 성별이 다른 부모가 아닌 동성의 부모를 만나게 되는 것은 입양자의 인권을 침해할 소지도 있다고 한다.

국제적으로는 네덜란드 등 상당수의 국가가 동성애자의 결혼을 인정하고 있지만, 동성애 부부의 입양의 인정은 신중하게 접근하고 있다. 이는 입양되는 아이의 선택이 아닌 동성애 부모의 선택에 의하여 양부모를 결정하는 불합리가 있기 때문이다.

우리나라에서는 혼인의 당사자에 관하여 남녀라고 명백하게 정하고 있지 않다. 민법에서는 "성년에 달한 자는 자유로 약혼할 수 있다(제800조)", "만18세가 된 사람은 혼인할 수 있다(제807조)" 규정하고 있을 뿐, 그 사람의 성별을 규정하고 있지는 않다. 또한 근친혼등의 금지(제809조), 중혼의 금지(제810조) 규정만 있을 뿐, 동성 간의 혼인을 금지하는 규정이 법률에는 없다. 그러나 헌법 제36조에 의하면 "혼인과 가족생활은 개인의 존엄과 양성(兩性)의 평등을 기초로 성립되고, 유지되어야 하며, 국가는 이를 보장한다"(제1항)고 규정하고 있어, 양성 간의 혼인을 예정한 것으로 보인다. 따라서 우리나라에서 동성애의 결혼을 인정하는 것은 위헌의 논란이 있다. 다만 "양성의 평등을 기초로"라는 규정은 양성 간의 결혼인 경우에만 적용될 것이지, 동성 간의 결혼을 금지하는 규정이라고 할 수는 없다는 해석도 가능하다.

또한 군대 내 동성애 처벌의 문제가 논란이 되고 있다. 우리나라는 「군형법」 제92조의6에서 처벌규정을 두고 있어 지속적으로 위헌 또는 폐지 논란이 제기되고 있으며, 외국에서도 유사한 논의가 전개되고 있다. 헌법재판소는 군이라는 공동사회의 건전한 생활과 군기를 고려하여 위 처벌규정에 대하여 합헌결정을 내려왔다(헌재 2016. 7. 28. 선고 2012헌바258).

군형법

제92조의6(추행) 제1조제1항부터 제3항까지에 규정된 사람에 대하여 항문성교나 그 밖의 추행을 한 사람은 2년 이하의 징역에 처한다.

*제1조 제1항부터 제3항: 군형법 적용대상자인 군인, 군무원, 군적(軍籍)을 가진 군(軍)의 학교의 학생·생도와 사관후보생·부사관후보생 및 「병역법」 제57조에 따른 군적을 가지는 재영(在營) 중인 학생을 말함

판례

△ 헌법재판소는 헌재 2002. 6. 27. 2001헌바70 결정 및 헌재 2011. 3. 31. 2008헌가21 결정에서, "구 군형법 제92조의 '기타 추행'은 군이라는 공동사회의 건전한 생활과 군기의 확립을 입법목적으로 하는데, 동성 군인 사이의 성적 만족행위를 금지하고 형사처벌하는 것은 이러한 입법목적을 달성하기 위한 적절한 수단이며, 우리나라의 안보상황과 징병제도 하에서 단순한 행정상의 제재만으로는 동성 군인 간의 추행행위를 효과적으로 규제하기 어려우므로, 위 조항은 과잉금지원칙에 위배되지 아니한다."라고 판단하였다. 위 조항은 이후 심판대상조항으로 개정되면서 2년 이하의 징역으로 법정형이 상향되었으나, 여전히 다른 법률에 규정된 추행 관련 범죄와 비교하여 그 법정형이 지나치게 무겁다고 단정하기 어렵고, 구체적 사정에 따라 선고유예 또는 집행유예가 가능하다는 점을 고려하면, 이 사건에서 위 선례의 판단을 변경할 만한 특별한 사정변경이 있다고 보기 어렵다. 따라서 심판대상조항은 과잉금지원칙을 위반하여 군인의 성적자기결정권, 사생활의 비밀과 자유, 신체의 자유를 침해하지 아니한다(헌재 2016. 7. 28. 선고 2012헌바258).

△ 군형법 제92조의 추행죄는 군 내부의 건전한 공적생활을 영위하고, 이른 바 군대가정의 성적 건강을 유지하기 위하여 제정된 것으로서, 주된 보호법익은 '개인의 성적 자유'가 아니라 '군이라는 공동사회의 건전한 생활과 군기'라는 사회적 법익이다. 형법이나 성폭력범죄의 처벌 및 피해자보호 등에 관한 법률에서 규정하고 있는 추행 관련 범죄와 달리 군형법 제92조의 추행죄는 구성요건적 수단이나 정황 등에 대한 제한이 없고 대표적 구성요건인 '계간'을 판단지침으로 예시하고 있을 뿐이며, 법정형도 일괄적으로 1년 이하의 징역형으로 처벌하도록 규정하고 있다. 따라서 개인적 성적 자유를 주된 보호법익으로 하는 형법 등에서 말하는 '추행'의 개념과 달리 군형법 제92조에서 말하는 '추행'이라 함은 계간(항문 성교)에 이르지 아니한 동성애 성행위 등 객관적으로 일반인에게 혐오감을 일으키게 하고 선량한 성적 도덕관념에 반하는 성적 만족 행위로서 군이라는 공동사회의 건전한 생활과 군기를 침해하는 것을 의미하고, 이에 해당하는지 여부는 행위자의 의사, 구체적 행위태양, 행위자들 사이의 관계, 그 행위가 공동생활이나 군기에 미치는 영향과 그 시대의 성적 도덕관념 등을 종합적으로 고려하여 신중히 결정하여야 한다(대판 2008. 5. 29. 선고 2008도2222).

▌동성애 소재 영화에 대한 판결

우리나라에서 영화를 상영하기 위해서는 반드시 사전에 등급분류를 받아야 하고 등급분류를 받지 아니한 영화는 상영할 수 없으며 만일 상영할 경우에는 형사처벌을 받게 된다(영화 및 비디오물의 진흥에 관한 법률 제94조 제1호). 현행법상 등급은 연령별 등급(전체, 12세, 15세, 청소년)과 제한상영가등급으로 구분되고, 그 분류기준으로는 주제 및 내용, 폭력성, 선정성, 공포, 약물, 대사, 모방 위험이 제시된다.

동성애 표현의 영화는 위 기준 중에서 주제, 내용 또는 선정성과 관련이 있다. 동성애 소재라고 하여 바로 선정성의 정도를 높이는 것은 아니고 여전히 익숙하지 않은 소재를 다룬다는 점이 주목받을 뿐이다. 남녀 간의 이성애의 표현에 비하여 동성애 표현이 생소하고 눈에 띄는 것이 틀림없으나 양자를 차별하는 것도 헌법상 허용되지 않는다. 당연히 영화등급분류기준에는 동성애와 이성애를 차별하는 심의기준이 존재

영화 포스터.
(출처: 네이버영화)

하지 않는다. 그러나 동성애와 이성애를 받아들이는 우리 사회의 인식이 어느 정도 반영되지 않는다고 할 수는 없다.

대법원은 2013년 〈친구사이?, 김조광수〉에 대한 영상물등급위원회의 청소년관람불가등급결정이 청소년관람불가 등급분류기준에 해당되지 않아 위법하다고 판단하면서 원심 판결의 동성애 관련 판시사항을 인용함으로써 동성애 소재와 표현이 이 사건의 중요한 쟁점임을 인정하였다. 대법원이 인용한 원심 판결은 동성애 소재 영화의 교육적 효과가 있고, 동성애에 대한 수용상 문제가 없으며, 일부 동성애 표현은 영화의 전개상 불가피하며, 동성애 표현을 유해한 것으로 규제하는 것은 기본권을 침해하여 위법하다고 보고 있다(대판 2013. 11. 14. 선고 2011두11266).

<친구사이?, 김조광수> 등급분류취소사건

원심은 제1심판결을 인용하여, 원고가 20대 초반 남성들의 동성애를 다룬 "○○○○"라는 제목의 영화를 제작하여 2009. 12. 12. 피고에게 '15세 이상 관람가'의 상영등급분류 신청을 한 사실, 이 사건 영화에는 두 남자주인공이 여관에서 어머니와 함께 잠을 자게 된 후 잠든 어머니 곁에서 서로의 성기에 손을 대고 키스를 하려다가 어머니의 잠꼬대에 멈추는 장면이 있고, 이어서 다음날 어머니가 자리를 비운 사이 두 주인공이 여관방으로 돌아가 키스를 하고 서로 옷을 벗기면서 가슴을 비롯한 상체를 혀로 애무하는 장면이 있으며, 많은 사람들이 모여 있는 광장에서 두 남자주인공이 키스를 하는 장면이 있는 사실, 피고는 2009. 12. 4. 이 사건 영화에 대하여 '영상의 표현에 있어서 신체노출과 성적 접촉 등의 묘사가 구체적이고 직접적이어서 청소년에게 유해'하다는 이유로 '청소년 관람불가'의 등급분류결정을 한 사실을 인정한 다음, 선정성에 관한 청소년 관람불가 기준은 신체 부분 노출이 있고 성적 행위에 대한 묘사가 구체적이라는 것만 가지고는 충족되지 않고, 신체 노출 및 성적 행위에 대한 묘사가 지나치게(성적 욕구를 자극할 정도로) 구체적이고 직접적이며 노골적이어야만 충족된다 할 것인데, 이 사건 영화가 동성애를 다루고 있지만, 동성애를 직접 미화·조장하거나 성행위 장면을 구체적으로 표현한 장면은 없고, 원고는 이 사건 영화와 메이킹 필름을 함께 제작·상영함으로써 20대 초반 남성 동성애자들이 겪는 현실 문제를 공유하고자 하는 감독의 제작 의도를 분명히 밝히고 있으므로 이 사건 영화를 관람하는 청소년들에게 성적 소수자에 대한 이해와 성적 자기정체성에 대한 성찰의 계기를 제공하는 교육적인 효과도 제공하고 있는 점, 동성애를 내용으로 한 영화라는 이유만으로 청소년의 일반적인 지식과 경험으로는 이를 수용하기 어렵다고 단정할 수 없고, 이 사건 영화의 내용과 표현 정도에 비추어 동성애에 관한 정보의 제공이 다수의 청소년들에 있어서 성적 상상이나 호기심을 불필요하게 부추기고 조장하는 부작용을 야기하여 인격형성에 지장을 초래한다고 보기는 어려운 점, 이 사건 영화에서 나타나는 키스나 애무 장면 등은 동성애를 주제로 한 영화의 특성상 영화감독이 그 주제와 전개상 필요하다고 판단하여 배치한 것으로 보이고, 그 표현에 있어서 성행위를 직접적이고 노골적으로 묘사하지는 않은 점, 또한 위와 같은 장면을 영화에서 비중 있게 집중적으로 묘사한 것도 아니어서 그러한 묘사만으로는 청소년의 성적 욕구를 지속적으로 자극할 정도로 선정적이라거나 모방위험의 요소가 지나치게 구체적이라고 보기는 어려운 점, 동성애에 관하여는 이를 이성애와 같은 정상적인 성적 지향의 하나로 보아야 한다는 주장이 있고, 사회적인 분위기 역시 동성애를 비롯한 성적 소수자에 대한 이해와 관심이 높아져 가고 있으며, 동성애를 유해한 것으로 취급하여 그에 관한 정보의 생산과 유포를 규제하는 경우 성적 소수자인 동성애자들의 인격권·행복추구권에 속하는 성적 자기결정권 및 알 권리, 표현의 자유, 평등권 등 헌법상 기본권을 지나치게 제한할 우려가 있는 점 등을 종합하여, 이 사건 영화는 '청소년 관람불가'의 등급분류기준에 해당한다고 보기 어렵다고 판단하였다.

원심판결 이유를 앞서 본 법리에 비추어 살펴보면, 원심이 선정성에 관한 청소년 관람불가의 등급분류기준은 청소년의 성적 욕구를 자극하는 경우에만 충족된다고 전제한 것은 선정성에 관한 청소년 관람불가의 등급분류기준에서 청소년에게 성적 불쾌감·혐오감 등을 유발하는 경우를 누락한 것이어서 그 이유 설시에 적절하지 않은 부분이 있다. 그러나 사회의 일반적인 통념에 따라 객관적이고 규범적으로 이 사건 영화를 평가하여 보더라도 그 영상표현이 청소년에게 성적 욕구를 자극하거나 성적 불쾌감·혐오감 등을 유발할 정도로 지나치게 구체적이고 직접적이며 노골적이라고 볼 수 없으므로, 원심이 이 사건 영화가 선정성에 관한 청소년 관람불가의 등급분류기준에 해당하지 아니한다고 판단한 것은 그 결론에 있어서 정당하여 수긍할 수 있다(대판 2013. 11. 14. 선고 2011두11266).

*밑줄은 필자가 추가함.

위플래쉬_경쟁과 체벌

Whiplash, Damien Chazelle, 2014

▌영화 소개

　　뉴욕에 있는 세이퍼 음악학교에 입학한 앤드류가 최고의 교수인 플랫처의 악단에 드러머로 발탁되면서 이야기가 시작된다. 음악인이라면 타고난 재능이 중요한 것이지만, 그에 못지않게 끊임없는 연습이 성공을 보장해준다는 메시지를 담고 있는 영화이다. 영화 제목인 '위플래쉬(Whiplash)'는 채찍질의 의미가 있고, 영화 속에서 밴드가 연주하는 재즈곡의 이름이기도 하여 중의적으로 사용된다.

　　연습 과정에서 플랫처 교수는 악단의 학생들에게 가혹할 정도의 폭력, 압박을 행사한다. 교육 또는 성공이라는 이름 하에 자행되는 폭력이 정당성을 가지는지 의문이 생긴다. 영화는 근본적으로 선생과 학생 사이는 어떻게 관계가 설정되어야 하는지에 대해 계속 질문한다.

플랫처 교수의 훈련을 받으며 드럼 연주를 하는 앤드류.
(출처: 네이버영화)

교사의 빗나간 열정을 보여주면서 성공지상주의의 문제점을 지적하고 있다. 가혹한 채찍질로 성취를 이루어 내지만 이것이 과연 교육의 목표인지 그리고 그를 위하여 체벌 등의 수단이 정당화될 수 있는지 관객이 자문하는 영화이다.

이 영화는 먼저 단편으로 제작되었는데 호응을 크게 얻자 장편으로 하여 성공한 것이며, 플랫처 역할의 J.K. 시몬스는 이 영화로 아카데미 남우조연상을 수상하기도 하였다.

▌학교제도와 교육의 목표

교육의 목표

교육의 목표는 인격도야인가 성공인가. 「교육기본법」은 교육의 이념에 대하여 "교육은 홍익인간의 이념 아래 모든 국민으로 하여금 인격을 도야하고 자주적 생활능력과 민주시민으로서 필요한 자질을 갖추게 함으로써 인간다운 삶을 영위하게 하고 민주국가의 발전과 인류공영의 이상을 실현하는 데에 이바지하게 함을 목적으로 한다."고 설명하고 있다(제2조). 이를 풀이하면 인격도야가 첫째이고, 자주적 생활능력, 필요한 자질을 갖추게 하는 것이 그 다음 목표로 이해된다.

그렇지만 이와 같은 이상적인 교육의 목표에도 불구하고, 오늘날 교육은 성공을 위한 수단, 즉 좋은 직업과 직장을 가지도록 하는 교육을 목표로 하는 것으로 보인다. 교육의 이념 중에서 인격도야 또는 민주시민의 양성보다 자주적 생활능력을 갖추도록 하는 것에 치우치고 있다는 아쉬움이 있다.

특히 영화 속의 음악교육과 같이 특정 분야의 전문가를 양성하는 데 있어서 교육의 목표는 '직업성 내지 전문성'의 함양에 보다 치중되는 것으로 보인다. 법에서도 학문·예술 또는 체육 등의 분야에서 재능이 특히 뛰어난 자의 교육을 '영재교육'이라고 하여 특별한 개념을 인정하고 있다(교육기본법 제19조). 앤드류는 최고의 음악인이 되기 위하여 학교의 가혹한 교육환경을 받아들이고 있다.

앤드류의 피가 묻어 있는 악기.
(출처: 다음영화)

학교제도

학교는 인류가 창안한 최고의 교육제도이고 오늘날 교육의 주체와 방법상 가장 일반적인 형태로 인정된다. 우리나라 「교육기본법」이 정하고 있는 바와 같이, 교육은 인류공영 및 민주국가의 발전에 공헌을 하게 되는데, 대부분의 교육은 학교교육을 통하여 이루어진다. 우리 법제상 일정 연령에 달한 때에는 반드시 의무교육을 하여야 하고, 학교가 이를 담당한다. 그 외에도 가정, 학원, 사회 등 다양한 교육주체가 있겠지만 교육기회의 균등, 실효 차원에서 보면 학교교육만큼 뛰어난 것은 없다. 교육은 법률에 의한 교육, 즉 제도로서의 교육과 구체적인 계약에 따른 교육으로 근거를 구분할 수 있다.

제도로서 교육은 현행법상 학교교육과 평생교육으로 구분된다. 헌법이 예정하는 교육은 권리와 의무로서의 교육을 말한다(제31조). 또한 의무교육, 평생교육 등을 규정하고 있다. 의무교육은 헌법과 「교육기본법」 및 「초·중등교육법」에 의하여 보호자 및 국가에게 부여되는 법정의무이다. 학교교육은 유아교육, 초등교육, 중등교육, 고등교육으로 나뉘고, 평생교육은 사회교육의 형태로 이루어진다.

교사와 학생의 관계

교사와 학생의 관계에 대하여는 「교육기본법」이 규정하고 있다. 「교육기본법」에 의하면 교사는 전문성, 경제적·사회적 지위의 우대, 신분이 보장되는 등 지위와 권리에 대한 보장을 받는 반면, 교육자로서 갖추어야 할 품성과 자질을 향상시키기 위하여 노력할 의무, 교육자로서의 윤리의식을 확립하고, 이를 바탕으로 학생에게 학습윤리를 지도하고 지식을 습득하게 하며, 학생 개개인의 적성을 계발할 수 있도록 노력할 의무가 있다. 교사는 교육상 권리·의무 이외에 학생에 대한 징계의 권리가 있다.

학생의 교육상 권리 내지 의무는 학생의 기본적 인권이 학교교육 또는 사회교육의 과정에서 존중되고 보호되어야 하며, 교육내용·교육방법·교재 및 교육시설은 학습자의 인격을 존중하고 개성을 중시하여 학습자의 능력이 최대한으로 발휘될 수 있도록 마련되어야 하는 등의 권리가 보장된다(교육기본법 제12조 제1항 제2항). 한편 학생은 학습자로서의 윤리의식을 확립하고, 학교의 규칙을 준수하여야 하며, 교원의 교육·연구활동을 방해하거나 학내의 질서를 문란하게 하여서는 아니 된다고 규정되어 있다(동조 제3항). 이처럼 학생은 교육받을 의무가 있는데, 이는 위 법 및 계약에 근거하는 것이고, 징계수인의무도 특수한 신분관계를 창설하는 법 및 계약에 근거하는 것이다.

▌학교 내 체벌의 규제

플랫처는 앤드류의 능력을 발현시키기 위하여 직접적으로 폭언과 폭력을 행사한다. 이러한 교육목적의 체벌은 정당할까. 이는 현실에서도 익숙한 얘기이다. 예체능계 학교의 경우 전문직업인 양성의 성격상 가혹한 교육사례가 나타나고 있는데 법의 규율 대상이 됨은 물론이다. 교사의 학생에 대한 체벌은 불법행위로서 교사는 손해배상책임이나 형사상 책임을 질 수도 있다. 다만 체벌이 교육상의 필요가 있고 다른 교육적 수단으로는 교정이 불가능하여 부득이한 경우에 한하는 것이어야 하며, 뿐만 아니라 그 체벌의 방법과 정도에는 사회관념상 비난받지 아니할 객관적 타당성이 있는 경우에는 징계권의 행사로서 정당행위가 되어 책임이 없다는 것이 판례의 입장이다(대판 1991. 5. 28. 선고 90다17972).

플랫처는 폭언과 폭력을 교육방식으로 사용한다.
(출처: 네이버영화)

대표적인 학교 내 체벌 규제법이 학생인권조례이다. 예컨대 「서울특별시 학생인권 조례」에 의하면 그 제정 목적을 "이 조례는 「대한민국헌법」, 「교육기본법」 제12조 및 제13조, 「초·중등교육법」 제18조의4 및

「유엔 아동의 권리에 관한 협약」에 근거하여 학생의 인권을 보장함으로써 모든 학생의 인간으로서의 존엄과 가치를 실현하며 자유롭고 행복한 삶을 이루어나갈 수 있도록 하는 것을 목적으로 한다"(제1조)라고 규정하고 있다. 체벌과 관련해서는, 학생은 체벌, 따돌림, 집단 괴롭힘, 성폭력 등 모든 물리적 및 언어적 폭력으로부터 자유로울 권리를 가지고, 학생은 특정 집단이나 사회적 소수자에 대한 편견에 기초한 정보를 의도적으로 누설하는 행위나 모욕, 괴롭힘으로부터 자유로울 권리를 가지며, 교육감, 학교의 장 및 교직원은 체벌, 따돌림, 집단 괴롭힘, 성폭력 등 모든 물리적 및 언어적 폭력을 방지하여야 한다고 규정하고 있다(제6조). 학생이 인권을 침해당하였거나 침해당할 위험이 있는 경우에는 학생인권옹호관에게 구제신청을 하고, 학생인권옹호관은 사건을 조사후 가해자나 관계인등에게 인권침해행위의 중지나 인권회복 등 필요한 구제조치 등을 권고할 수 있다(제49조).

또한 학생과 학생 사이의 폭력에 대하여는 학교 내 설치된 학교폭력위원회 제도를 운영하고 있다. 이는 「학교폭력예방 및 대책에 관한 법률」에 따라 설치된 것인데, 동법이 상세한 내용을 규정하고 있다. 학교폭력 등이 발생하면 교육지원청에 설치된 '학교폭력대책심의위원회'에서 피해학생의 보호, 가해학생에 대한 교육, 선도 및 징계, 피해학생과 가해학생 간의 분쟁조정을 한다(제12조). 위원회가 취할 수 있는 가해학생에 대한 조치로는 피해학생에 대한 서면사과, 피해학생 및 신고·고발 학생에 대한 접촉, 협박 및 보복행위의 금지, 학교에서의 봉사, 사회봉사, 학내외 전문가에 의한 특별 교육이수 또는 심리치료, 출석정지, 학급교체, 전학, 퇴학처분이 있다(제17조). 교육장의 조치에 대하여는 피해학생, 가해학생 및 그 보호자는 행정심판을 제기할 수 있다(제17조의2).

그러나 학교폭력위원회 제도는 몇 가지 문제점이 있다. 첫째, 이법은 교육현장에서 발생한 폭력에 대한 교육적 해결을 포기하고 법적인 해결을 추구하는 전형적인 '법만능주의'의 소산이라는 점이다. 학생의 싸움이 학부모의 싸움으로 확대되고 거기에 경찰, 검찰 등 수사기관, 법원, 행정심판기관, 변호사 등 법률전문가까지 가세하는 '법률분쟁의 장'으로 변화되었다. 이 법이 제정되기 전까지 학교에서 발생된 폭력 등에 대하여는 교사의 훈계 등 교육적인 방법으로 문제를 해결하였으나, 교육의 자주성에 따른 교육적 해결을 포기하고 법을 학교 내로 끌어들였다는 점에서 좋은 법이라 할 수 없다. 다만, 2019년 개정에서 피해학생 및 그 보호자가 심의위원회 개최를 원하지 않는 경우에는 학교의 자율을 확대하기 위하여 학교장의 제체해결제도를 도입하였다. 둘째, 이 법에서 의율하고 있는 폭력의 범위가 지나치게 넓다는 점이다. 즉 "학교폭력"이란 학교 내외에서 학생을 대상으로 발생한 상해, 폭행, 감금, 협박, 약취·유인·명예훼손·모욕·공갈, 강요·강제적인 심부름 및 성폭력, 따돌림, 사이버 따돌림, 정보통신망을 이용한 음란·폭력 정보 등에 의하여 신체·정신 또는 재산상의 피해를 수반하는 행위를 말하고(제2조 제1호), "따돌림"이란 학교 내외에서 2명 이상의 학생들이 특정인이나 특정집단의 학생들을 대상으로 지속적이거나 반복적으로 신체적 또는 심리적 공격을 가하여 상대방이 고통을 느끼도록 하는 일체의 행위를 말하며(제1호의2), "사이버 따돌림"이란 인터넷, 휴대전화 등 정보통신기기를 이용하여 학생들이 특정 학생들을 대상으로 지속적, 반복적으로 심리적 공격을 가하거나, 특정 학생과 관련된 개인정보 또는 허위사실을 유포하여 상대방이 고통을 느끼도록 하는 일체의 행위를 말하는 것으로 정의하고 있다(제1호의3). 이 규정에 의하면 학교폭력에 해당되지 않는 것을 찾기가 쉽지 않다. 학교 내 폭력은 학교 울타리 내에서 자율적으로 해결할 수 있도록 법의 개입을 최소할 수 있는 방향으로 정책 전환이 있어야 한다.

청년경찰 _차별과 편견?

김주환, 2017

▌영화 소개

영화 포스터.
(출처: 네이버영화)

이 영화는 경찰대학교 재학생이 외출 중 범죄를 목격하고 직접 범인을 검거한다는 이야기를 다룬다. 아직 정식 경찰관이 아닌 학생들이 학교에서 배운 지식을 총동원하여 범인을 추격하는 수사드라마이지만 묵직하고 긴장되는 일반적인 영화와는 다르다. 오히려 상영 내내 웃음을 안겨주는 코믹 장르에 속한다.

기준과 희열은 한 여성이 납치되는 장면을 목격하여 경찰에 신고하였으나 수사절차상 진행이 여의치 않자 직접 수사에 나선다. 마치 학교 교과목인 범죄수사연습의 실습시간처럼 배운대로 익힌대로 행동을 한다. 아직 익숙하지 않아 좌충우돌 시행착오의 연속이지만, 범인을 검거하고 피해자를 구출하겠다는 일념만은 여느 현직 경찰관보다 진지하다.

이 영화는 영화 자체보다는 영화를 둘러싼 조선족 혐오표현과 관련하여 더 유명세를 탔다. 대림동 주변을 배경으로 한 여성납치범행을 스토리로 하는데, 여기서 중국 조선족이 많이 거주하는 대림동을 무대로 하고 하필 범인으로도 중국인 또는 조선족을 등장시킴에 따라 조선족에 대한 편견을 조장하는 차별·혐오적 표현이라는 문제 제기가 있었다. 이에 한국 거주 조선족 61명이 영화 제작사를 상대로 손해배상소송을 제기하였으나 1심에서 서울중앙지방법원은 2018년 11월 감독이 영리적 목적 이외에 원고들에 대하여 악의적 의도를 가지고 제작한 증거가 없다는 이유로 원고패소판결을 선고하였다. 항소심에서는 조선족 동포에 대한 부정적 묘사로 인한 불편함에 대한 사과 등을 내용으로 한 화해권고결정으로 마무리되었다.[16]

▌조선족에 대한 차별과 편견·혐오의 표현

한국에 거주하는 중국 조선족들은 이 영화가 범죄무대를 대림동 주변으로 정하고, 또 범죄인 집단을 조선족으로 묘사하는 것은 국적이나 민족, 인종을 차별하는 혐오표현이라고 주장하며 제작사를 상대로 상영금지 및 손해배상을 청구하였다. 1심 법원은 이를 인정하지 않았지만, 한국 사회에서 외국인 특히 중국인 또는 조선족에 대한 차별이 전혀 없다고 할 수 있는지는 논란이 있을 수 있는 사안이다.

특정인이나 특정집단에 대한 혐오적, 차별적 취급은 헌법상 용인되지 않는다. 우리나라 헌법은 성별, 종교 또는 사회적 신분에 따라 정치·경제·사회·문화 등 전 생활 영역에서의 차별을 금지하고 있는데(제11조 제1항), 물론 외국인이라고 하여 달라지는 것은 아니다.

차별적 표현 또는 혐오표현은 그 특정 집단의 구성원 각 개인에 대한 침해이며, 나아가 사회적으로 공동체의 분열과 사회적 갈등을 조장하는 폐해를 가져온다. 이를 어떻게 규제할 것인지에 대하여 많은 논의가 있어왔다. 그러나 무엇이 차별적 표현이고 혐오표현인지에 대하여 정의하기 쉽지 않고, 이미 명예훼손이나 모욕 행위 등을 규제하는 법제도가 존재하고 있어서 새로운 입법이 필요한지에 대하여도 여전히 의문이 제기되고 있다. 그런 이유로 우리나라에서 차별금지법의 제정이 오래전부터 논의되고 있지만 제정이 여의치 않았다. 차별금지법의 제정이 오히려 표현의 자유에 대한 위축을 가져오는 부작용도 우려하고 있는 실정이다. 그러나 차별적 표현, 혐오적 표현이 법적으로 허용되지 못한다는 점에 대하여는 이견이 있을 수 없다.

또한 표현만 법적 규제대상이 되고 의견은 제외되는 이른바 '표현 –의견 이분법'에 의한 장애도 존재한다. 사실(fact)에 대하여 표현하여야만 명예훼손이나 모욕으로 처벌 등 규제가 가능하다. 차별적 표현이라고는 하지만 실제는 의견에 불과한 경우도 많다. 2018년 12월 30일 대법원은 언론사가 특정 정치인에 대하여 '종북', '주사파'라고 지칭하여 보도한 것은 표현이라기보다는 의견표명에 해당될 수 있다는 판결을 선고하여 차별적 표현 내지 혐오표현이라는 피해자의 주장을 받아들이지 아니한 적이 있다(대판 2018. 10. 30. 선고 2014다61654). 특정 집단을 차별하는 표현이 실제 법적용의 단계로 진입하기는 쉽지 않다는 것을 보여준다.

그런데 이러한 법적 시도와 별도로, 인터넷 참여자에 의한 자율규제가 시도되고 있는 점은 긍정적으로 평가할 수 있다. 오늘날 표현의 자유와 규제가 충돌하는 최고의 현장은 역시 인터넷이라고 할 것인데, 한국인터넷자율정책기구(KISO)는 정책규정에서 특정 집단에 대한 혐오적 표현 또는 차별적 표현에 대하여 삭제 등 필요한 조치를 취할 수 있는 근거를 마련하고 있다(제21조).

어느 나라이든지 그 나라로 이주한 외래인에 대한 차별적 시선이 있게 마련이다. 일본사회에서 재일한국인에 대한 차별, 세계 각국에서 유태인에 대한 차별, 한국사회에서 이주민인 동남아인, 중국인에 대한 차별이 있음을 부인하기 어렵다. 그러나 이것을 소재로 하여 영화나 소설을 창작하는 것이 바로 차별적 표현이라고 쉽게 단정해서는 안된다.

표현의 자유 내지 예술의 자유를 침해할 수 있기 때문이다. 영화가 어떤 의도를 가지고 창작되었는지, 그 속에서 어떤 차별적인 표현을 사용하고 있으며 그것이 영화 전체의 전개상 반드시 필요한 것인지 등을 종합적으로 판단하여야 한다.

이 영화는 조선족 입장에서 보면 중국인이나 조선족이 많이 거주하는 대림동 주변을 배경으로 중국인, 조선족을 범인으로 등장시킨 것은 충분히 차별적 표현이라는 오해의 소지가 있다. 그러나 이 영화도 중국 조선족의 범죄를 소재로 하고 있다고 보기보다는 경찰관 교육을 받고 있는 학생들에 불과한 청년들이 범죄현장을 목격하고 범인을 추적하는 어설픈 모습을 보여주는 단순한 오락적, 교훈적 영화에 불과한 것으로 생각된다.

▌경찰의 직무와 경찰관 임용

최근 검경수사권 조정, 국가정보원의 대공수사권 이양 등 경찰의 수사권이 크게 확대되고 강화됨에 따라 시민의 경찰의 수사작용에 대한 관심이 증대되고 있다. 경찰관은 국민의 생명·신체 및 재산의 보호,

경찰대학의 훈련 모습.
(출처: 네이버영화)

범죄의 예방·진압 및 수사, 범죄피해자 보호, 경비, 주요 인사(人士) 경호 및 대간첩·대테러 작전 수행, 치안정보의 수집·작성 및 배포, 교통단속과 교통 위해(危害)의 방지, 외국 정부기관 및 국제기구와의 국제협력, 그 밖에 공공의 안녕과 질서 유지 등의 직무를 수행하는 것으로 폭넓게 규정되어 있다(경찰관 직무집행법 제2조). 범죄 수사는 경찰의 임무 중에서 극히 일부분임을 알 수 있는데, 그럼에도 불구하고 국민의 입장에서 보면 범죄의 예방과 단속에 밀접한 범죄수사가 경찰의 주된 임무로 인식하고 있다는 것이 중요하다.

이 영화의 두 주인공 기준과 희열은 경찰대학 재학생으로 나온다. 경찰대학은 1981년 군사관학교를 모델로 하여 만든 경찰의 초급간부 양성 목적의 특수대학으로 설립되었다. 경찰대 학생은 전액 국비로 수학을 하고 졸업 이후에는 경위 계급으로 임용된다. 경찰의 계급이 최고 치안총감으로부터 최하 순경까지 11개의 계급으로 구분되는데 그중 경위는 아래로부터 4번째로 상당히 높은 계급에 해당된다.

경찰대는 전액 국비로 교육을 하고 경찰간부로 임용이 보장되기 때문에 입학 경쟁이 치열하고 우수한 학생이 지원하는 것으로 알려져 있다. 2018년 5월 기준 총경 총원 583명 중 320명(54.9%), 경무관은 총원 76명 중 51명(67.1%)이 경찰대 출신으로 채워져 있어[17] 상위계급을 독점하는 문제가 있고, 또 오늘날 설립 당시와 비교하여 경찰대가 아니더라도 초급간부 유치에 어려움이 없다. 이런 이유로 경찰대학의 폐지 문제가 지속적으로 논의되어 왔고, 경찰은 자체 개혁방안으로 대학은 유지하되 입학정원 축소 및 편입학제도를 제시하고 있다.[18] 그러나 검경 수사권 조정, 대공수사권 이양 등 우수 수사인력의 보강이 요청되는 만큼 우수하고 전문적인 경찰 채용이라는 목표에 충실하기 위한 근본적인 개혁이 필요하다. 현재의 양성 방식에서 외부충원 방식으로 전환하여야 하고, 현재 로스쿨체제가 이를 충분히 뒷받침할 수 있을 것으로 본다.

검경수사권 조정과 경찰개혁 과제

△ 검경수사권 조정

2020년 2월 4일 우리나라 범죄수사체계에 큰 변혁을 가져오는 법률 개정이 있었다. 이는 검경수사권 조정이라고 하는「형사소송법」개정 및「검찰청법」개정을 말한다. 종전의「형사소송법」에서는 경찰관의 수사권을 규정한 제196조에서 경찰관은 모든 수사에 관하여 검사의 지휘를 받도록 하여 검사에 종속된 경찰관의 수사 구조를 유지하여 왔다. 이러한 수사 구조는 1954년 형사소송법 제정 이후 한 번도 바뀌지 않은 원칙이었고, 역사를 따져보면 일제 강점기의「조선형사령」에서 기원한다. 범죄수사의 대부분을 경찰이 담당하고 있는 현실에서 검사와 경찰이 대등한 관계에서 수사권을 행사하여야 한다는 것은 경찰의 오랜 염원이었고, 현정부가 이를 추진하게 된 것이다.

검경수사권 조정의 주요 내용은 다음과 같다. 첫째 검사의 직접 수사의 대상을 부패범죄, 경제범죄, 공직자범죄, 선거범죄, 방위사업범죄, 대형참사 등 대통령령으로 정하는 중요범죄, 경찰공무원이 범한 범죄, 송치 사건과 관련해 인지한 직접 관련성 있는 범죄로 제한하였다. 둘째 검사와 경찰은 협력관계로 변경하였는데, 다만, 검사가 경찰에게 보완수사와 시정조치를 요구할 수 있도록 하고, 보완수사요구 불응 시에는 직무배제 및 징계요구를 가능하도록 하였다. 셋째 경찰에게 수사종결권을 부여하였는데, 그 대신에 사법적 통제를 위해 불송치 사건의 경우 사건기록 원본을 검사에 송부하고 검사는 불송치가 위법·부당한 경우 재수사를 요청할 수 있도록 하였다. 넷째 국민의 방어권을 보장하고 공판 중심주의를 구현하기 위해 검사가 작성한 피의자신문조서의 증거능력을 경찰과 동일하게 변경하였다. 다섯째 경찰이 신청한 구속영장을 검사가 청구하지 않을 경우 경찰이 영장심의위원회에 심의 신청을 할 수 있도록 하였다.

△ 경찰개혁 과제

검경수사권 조정은 단지 검찰의 비대한 권한을 축소하는 것에 그치는 것이 아니라 반대로 막강한 경찰권력도 합리적으로 나누고 분산하여야만 종결되는 작업이다. 검찰권력의 축소만으로 검경수사권 조정이 완성되는 것처럼 보는 것은 수사권력에 대한 이해의 부족이다.

개정한 법률에 의하면 경찰을 통제할 수 있는 장치가 전혀 없다. 특히 불기소 결정을 한 경우에는 검사의 통제장치가 미약하다. 수사 관련한 상당수의 민원이나 불만이 개인적 법익에 대한 고소·고발에서 빚어진다고 보면, 고소·고발 사건에 대하여 경찰이 불기소 결정할 경우 이를 뒤집기는 매우 어려울 것으로 보인다. 물론 「형사소송법」상 재정신청 등의 제도를 이용할 수 있지만, 사실 초동 수사결과를 뒤집기는 어려운 것이 현실이다. 이런 점에서 경찰의 수사에 대하여 변호인 선임 등을 통한 전문적 대응이 대폭적으로 증가할 것으로 전망된다.

다음 문제는 「형사소송법」과 「검찰청법」의 개정으로 막강한 권한을 갖게 된 경찰을 견제할 기관이 없다는 점이다. 검찰공화국을 견제하기 위하여 수사권조정을 이루어내니 이제는 '경찰공화국'이 되어버린 형국이다. 경찰관은 2017년 기준으로 124,498명에 이르러 군인을 제외하고는 공무원 중 가장 많은 인원을 가지고 있다. 이 엄청난 인원의 경찰관이 수집한 정보를 이용한 수사를 강행할 경우에 이를 견제할 세력이 보이지 않는다. 또 경찰조직은 행정안전부의 외청인 경찰청장을 정점으로 한 조직으로서 대통령이나 정부로부터 독립성이 보장되지 않는다. 경찰국가의 위험이 도사리고 있다.

더욱이 「국가정보원법」 개정으로 대공수사권을 국가정보원으로부터 이양받게 되었다. 검경수사권 조정과 더불어, 그야말로 수사권이 경찰로 집중된 경찰의 시대가 도래되었다고 할 수 있다.

새롭게 변화된 수사환경에서 경찰조직의 개혁을 위하여 2020년 12월 22일 「국가경찰과 자치경찰의 조직 및 운영에 관한 법률」을 개정하여 2021년 1월 1일부터 시행하고 있다. 주요 내용은 비대해진 경찰권을 분산하여야 한다는 취지에서 경찰사무를 국가사무와 자치사무로 구분하여 자치경찰제를 도입하고(제4조, 제18조 이하), 수사업무를 관장하는 국가수사본부를 경찰청에 두도록 하고 있다(제16조). 그러나 자치경찰이 국가경찰로부터 완전히 분리, 독립되어 있는지 의문이고, 새롭게 신설된 국가수사본부 조직도 그 소속이 경찰청에 그대로 남아 있고, 수사관도 경찰청 소속으로 되어있는 만큼 비대해진 수사권을 효율적으로 분산하여야 한다는 입법목적을 달성하기는 어려울 것으로 예상된다. 향후 실질적인 자치경찰제의 도입 및 독립적인 국가수사조직의 창설이 되도록 개선이 필요하다.

아이엠 샘_장애인의 능력

I Am Sam, Jessie Nelson, 2001

▌ 영화 소개

이 영화는 7살 정도의 지적 수준의 장애를 가진 아빠 샘이 어린 아이의 친권자 능력을 가지고 있는지에 대한 가정법원의 재판을 그리고 있다. 부모와 자식 간의 친권관계는 생래적인 것으로써 이를 박탈하는 조치는 예외적인 것이므로 법원의 재판 등 엄격한 절차에 의하여야 한다는 것이 일반적이다. 우리 민법도 그러하다. 아동의 복지를 직무로 하는 사회복지기관과 아버지의 친권을 지키기 위한 변호사의 치열한 사실과 법리 다툼, 증인 신문 등 마치 법정드라마를 보는 듯하다.

샘과 딸 루시.
(출처: 네이버영화)

샘은 노숙자를 만나 하룻밤 사랑을 나누고 루시를 얻는다. 출산 후 병원에서 나온 애기 엄마 레베카는 아이 아빠와 어린 아이를 두고 '그냥 하룻밤 잘 곳이 필요했던 거야'라면서 떠나버린다.

샘은 지적 수준이 낮지만 사랑으로 루시를 키우는데, 루시는 커가면서 자신이 곧 아빠의 지적 수준을 뛰어넘을지도 모른다는 걱정을 하고, 급기야는 자신의 성장을 정지시키려는 시도에서 일부러 학교 수업을 불충실하게 따라간다. 이런 사정을 모르는 사회복지기관은 루시의 교육을 위하여 샘의 친권을 상실시키는 재판을 청구한다.

샘은 자신의 아이를 지키기 위하여 유명한 변호사 리타를 찾아가 사건을 의뢰하고 리타의 도움으로 아기를 지킨다는 이야기이다.

이 영화는 비록 지적 장애를 가진 아빠이지만 아이를 양육하고 사랑하는 데에는 아무런 장애가 없다는 것을 보여준다. 장애를 가진 부모라고 하여 당연히 부모로서의 양육권 행사까지 장애가 있는 것은 아니다. 장애인과 친권, 자녀 양육권 행사를 어떻게 설정할 것인가를 묻는 영화이다.

▌장애인의 인간적 능력과 법적 능력

샘은 7살 정도의 지적 능력을 가진 사람이다. 장애인의 법적 개념을 보면, 신체적·정신적 장애로 오랫동안 일상생활이나 사회생활에서 상당한 제약을 받는 자를 말하고, 여기에서 신체적 장애란 주요 외부 신체기능의 장애, 내부기관의 장애 등을 말하며 정신적 장애란 발달장애 또는 정신질환으로 발생하는 장애를 말하는 것으로 정의하고 있다 (장애인복지법 제2조). 샘은 우리 법상 정신적 장애를 가진 사람이다.

장애인이 신체적, 정신적 장애로 생활의 제약은 있지만 인간다운 생활을 하는 것까지 제약을 받아서는 안 되는 것이 장애인복지의 기본 취지이다. 샘은 장애인이지만 아버지로서의 친권을 행사할 수 있는지 여부를 이 영화는 묻고 있다. 비록 정신적 장애가 있지만, 자녀를 돌보는 것에 아무런 문제가 없음을 재판에서 증명하고 있다. 이처럼 장애인이 의식주 등 일반생활은 물론이고 법적인 생활을 할 수 있는 '능력'이 있는지 여부를 보여준다.

법에서는 장애인에게 일정 부분 법적 능력을 제한한다. 사람의 능력에 대하여는 「민법」이 권리능력, 의사능력, 행위능력을 규정하는데, 자연인이라면 권리능력이 있고 의사능력은 자신의 행위의 의미나 결과를 정상적인 인식력과 예기력을 바탕으로 합리적으로 판단할 수 있는 정신적 능력을 말한다. 의사능력이 없는 경우에는 그 행위는 법적으로 아무런 의미가 없다. 행위능력은 단독으로 유효한 법률행위를 할 수 있는 능력을 말한다.

구분	내용
권리능력	권리능력이란 권리, 의무의 주체가 될 수 있는 지위 또는 자격을 말하는데, 자연인은 살아있는 동안 권리능력이 있고 법인도 권리능력을 가진다(민법 제3조, 제34조).
의사능력	의사능력이란 자신의 의사를 결정하고 그에 따른 행위의 의미와 결과를 판단할 수 있는 정상적인 정신적 능력을 말한다. 예컨대 유아, 만취나 정신질환으로 인한 심신상실자는 의사능력이 없다.
행위능력	행위능력은 법적인 주체가 단독으로 유효하게 법률행위를 할 수 있는 법적 능력을 말한다. 민법은 행위능력이 제한되는 자(제한능력자)를 규정하고 있다. 제한능력자의 경우 후견제도로 보호하고 있다. 제한능력자의 종류는 다음과 같다. ▷ 미성년자: 만19세 미만자 ▷ 피한정후견인: 사무처리능력이 부족한 자 ▷ 피성년후견인: 사무처리능력이 지속적으로 결여된 자 ▷ 피특정후견인: 일시상 후원이 필요한 자

[표] 사람의 능력

샘과 같이 7세 정도의 지적 능력을 보유하고 있다고 한다면, 이는 지속적으로 사무를 처리할 능력이 결여된 것으로 볼 여지도 있어 우리 법에서는 피성년후견인에 해당될 수 있다. 그러나 이러한 설명은 장애인에 대한 법적 생활에 대한 것일 뿐이다. 영화처럼 일상생활을 하는 것이 가능할 수도 있고, 이성교제를 할 수도 있으며 자식을 양육할 수도 있다. 사랑은 법률상 능력으로 제한되지 않는다.

장애인을 「민법」이나 각종 법규가 능력이 없거나 부족한 것으로 규정하는 것은 장애인에 대한 보호취지가 우선이겠지만, 그 부작용도 만만찮다. 법이 규율하는 법률행위는 매우 광범위하여 구체적인 사정을 고려하지 않는 획일적인 개념이다. 그로 인한 구체적인 타당성을 기하기 어렵다. 수년 전 염전에서 10여년 이상 노동착취를 당한 3급 지적장애인 사건이 있었다. 고용주는 「근로기준법」 위반, 폭행 등으로 실형을 선고받았는데, 문제는 손해배상청구 사건에서 불거졌다. 법원은 장애인으로서의 노동능력의 40%가 상실된 것을 전제로 손해배상을 인정하였다.[19] 법원은 장해판정기준에 따른 것이라고 하지만, 이 경우 지적장애인이지만 육체적 노동을 하는 데 지장이 있는지 구체적인 검토를 했어야 한다.

▌부모의 자녀에 대한 친권

　　샘은 루시의 친권자이다. 친권은 미성년인 자녀를 보호하고 교양할 부모의 권리이자 의무이다. 친권은 자녀가 출생하면 당연히 발생되는 것이 원칙이고, 양자에 대하여 양부모도 친권자가 된다. 친권은 부모가 공동으로 행사하는 것이 원칙이다.

　　친권상실 제도는 부모가 친권을 남용하여 자녀의 복리를 현저히 해치거나 해칠 우려가 있는 경우, 가정법원이 자녀, 자녀의 친족, 검사 또는 지방자치단체장의 청구가 있는 때 재판에 의하여 결정하고, 특정사항에 대하여도 가능하다(민법 제924조, 제924조의2). 그러나 친권상실은 자연적으로 형성된 인륜을 단절시키는 것이고, 한편으로 친권상실 시 아동에 대한 보호가 친권자보다 나을 것인가라는 점도 고려하여야 하기 때문에 매우 신중하게 판단하여야 한다. 그래서 친권상실의 선고는 친권의 일시정지, 친권의 일부 제한, 대리권·재산관리권의 상실선고 또는 그 밖의 다른 조치에 의해서는 자녀의 복리를 충분히 보호할 수 없는 경우에만 할 수 있도록 판단기준을 엄격하게 규정하고 있다(민법 제

925조의2). 즉 친권상실은 아동보호를 위한 보충적인 수단의 의미가 강하다. 아동에 대한 친권이 상실되면, 아동이 미성년자이므로 아동에 대한 후견인을 정하여 한다.

친권상실 선고 시 고려하여야 할 요소

친권은 미성년인 자의 양육과 감호 및 재산관리를 적절히 함으로써 그의 복리를 확보하도록 하기 위한 부모의 권리이자 의무의 성격을 갖는 것으로서, 민법 제924조에 의한 친권상실선고사유의 해당 여부를 판단함에 있어서도 친권의 목적이 자녀의 복리보호에 있다는 점이 판단의 기초가 되어야 하고, 설사 친권자에게 간통 등의 비행이 있어 자녀들의 정서나 교육 등에 악영향을 줄 여지가 있다 하더라도 친권의 대상인 자녀의 나이나 건강상태를 비롯하여 관계인들이 처해 있는 여러 구체적 사정을 고려하여 비행을 저지른 친권자를 대신하여 다른 사람으로 하여금 친권을 행사하거나 후견을 하게 하는 것이 자녀의 복리를 위하여 보다 낫다고 인정되는 경우가 아니라면 섣불리 친권상실을 인정하여서는 안 된다(대결 1993. 3. 4.자 93스3).

영화에서 샘이 지적 수준이 낮은 상태에서 딸인 루시의 복리를 현저히 해칠 우려가 있다고 보고, 사회복지단체가 친권상실 재판을 청구한 것으로 나온다. 대체로 우리 법제와 유사하다. 이 영화는 객관적인 징표인 지능이 낮은 수준의 부모가 양육책임을 다할 수 있는가를 다루

샘의 친권상실 재판 장면.
(출처: 네이버영화)

고 있는데, 정성적인 문제, 즉 사랑과 열정이 있으면 가능할 것이라는 영화적 메시지를 전하고 있다. 재판에서 친권을 상실시키는 것이 샘뿐만 아니라 루시에게도 이로운 것인지는 다시 생각해보아야 한다.

▌변호사의 프로보노 활동

이 영화는 샘의 친권을 상실시키는 재판을 배경으로 한다. 하루 아침에 루시를 빼앗긴 샘은 유명한 변호사 리타를 찾아가게 된다. 처음에 리타는 돈도 없는 샘의 사건을 맡기를 꺼려하지만 결국 맡고 최선을 다한다는 얘기이다. 재판에서 샘의 친권 능력에 대하여 증인들의 신문, 샘에 대한 신문, 루시의 증언이 이루어진다. 지적 능력은 떨어지지만 사랑, 인내, 지속성, 얘기를 들어주는 것이 좋은 아버지의 조건이라는 진술도 나온다.

영화에서 변호사로 등장하는 이는 아마도 프로보노(Pro Bono) 활동을 하는 것으로 보인다. 프로보노 활동은 변호사로서 공익활동을 하는 것을 말하고, 대개의 경우 무료 또는 저렴한 비용을 받고 변호사를 필요로 하는 약자 등에 대한 법률적 업무를 도와주는 행위를 말한다. 국선변호인 제도가 프로보노의 대표적인 사례이고, 법률구조를 위한 대리인제도나 각종 공익소송을 돕는 것도 프로보노의 일종이다. 변호사의 프로보노는 「변호사법」 제1조와 관련이 있는데, 변호사는 기본적 인권을 옹호하고 사회정의를 실현함을 사명으로 한다고 규정하여 단순한 영리사업자가 아님을 천명하고 있다.

제3장 현대사회의 구조

기생충 _기생충과 숙주의 대결

봉준호, 2019

▌영화 소개

　기택은 반지하방에서 아내, 아들, 딸 세 식구와 함께 사는 평범한 가장이다. 반지하방은 비가 오면 침수되고 환기도 제대로 되지 않으며 와이파이도 잘 터지지 않는 최악의 주거공간이다. 주거공간은 거주인의 신분과 지위를 표상한다. 그들은 마땅한 직업도 없이 그럭저럭 살아가고 있다. 그러던 중 아들이 명문대생으로 위장하여 부잣집 딸의 과외선생으로 일자리를 얻게 된다. 이때부터 기생충과 같은 삶이 시작된다.

영화 포스터.
(출처: 네이버영화)

아들은 여동생을 과외교사로, 딸은 아버지를 운전기사로, 아버지는 어머니를 가정부로 각각 소개하여 부잣집으로 들어간다.

　이 영화는 세 가족을 중심으로 얘기가 진행된다. 반지하에 거주하며 지상으로 올라가기 원하는 기택 가족, 큰 저택에 살고 있는 사장 가족, 지하실에 갇혀 살고 있는 가정부 가족이 그것이다. 이 세 가족은 각각 다른 가족에게 기생하며 살아가는 모두 기생충이다. 현대인은 이래저래 모두 기생충이다.

영화는 기생충과 숙주(宿主)의 관계를 그리고 있다. 원래 기생충의 삶이 온전하려면 숙주가 건강하여야 한다. 기생충이 과도하게 접촉하게 되면 숙주의 건강을 해치게 되고 그러면 기생충도 온전한 삶을 보장받을 수 없다. 기택의 온 가족이 사장집에 기생하게 되면서 기생충과 숙주 사이의 균형관계가 무너진다. 사장이 마련한 아들 생일 파티에서 살인사건이 발생하고 숙주뿐만 아니라 기생충까지 삶이 무너지는 결말이 그것이다.

이 영화는 현대 자본주의의 빈부격차 문제를 지상의 대저택, 반지하, 지하실이라는 주거공간의 대비를 통하여 선명하게 보여준다. 이러한 대비만으로도 빈부격차가 얼마나 우리의 일상생활로 자리잡고 있는지 알려준다. 빈자를 기생충으로 비유함으로써 기생충은 언제든 숙주의 처분에 달려 있는 것일뿐 독립적이고 독자적인 삶을 살 수 없음을 상기시킨다. 영화의 결말은 기생충은 절대 숙주가 될 수 없다는 암울한 미래를 보여준다.

이 영화에는 주인공의 입을 통하여 '계획'이라는 단어가 자주 등장한다. 기택의 '너는 계획이 다 있구나'라는 대사는 여러 곳에서 패러디될 정도로 유명하다. 그들의 행동과 결과는 우연이 아니라 모두 계획에 의한 것임을 말한다.

이 영화는 한국 최초로 2020년 아카데미 작품상, 감독상 등 4개 부문, 2019년 칸 영화제 황금종려상 등 각종 영화제에서 수상을 하는 등 한국 영화사상 최고의 작품으로 평가받고 있다.

▌빈부격차: 주거·교육·정보 격차

영화는 빈부격차의 문제를 다각도로 제기한다. 우선 대저택과 지하주택을 대비함으로써 주거격차를 제시하고, 명문대 과외교사라는 키워드로 교육이 부자를 지탱하는 중요한 수단이자 결과임을 보여줌으로써 교육격차를 강조하고, 또한 지하방에서 터지지 않는 와이파이(Wi-Fi)를 보여주면서 정보접근의 격차도 설명하고 있다.

주거격차

기택의 반지하주택.
(출처: 다음영화)

영화의 주 무대는 사장집인 대저택과 기택 가족의 집인 반지하주택이다. 빈부격차를 주택으로 비교하여 선명하게 드러낸다. 빈부격차를 보여주는 다양한 생활영역 중 가장 실감할 수 있는 것은 주거생활이다. 주거격차 문제는 단순히 주거의 가격 차이를 말하는 것이 아니라 그 주거공간이 쾌적하고 안정적인 주거 환경으로써 '인간다운 주거생활을 할 권리'를 보장받을 수 있는가 하는 점이다.

사실 우리나라는 다른 나라와 달리 아파트 생활이라는 평균적인 주거생활을 특징으로 하여 주거의 격차가 그리 크지 않다. 물론 여전히 높은 담장으로 둘러싸인 대저택도 있고 지하주택도 있다. 반지하주택은 처음에는 전쟁에 대비한 방공호 용도로 개발되었다가 열악한 주택 사정을 해결하기 위하여 주거로 사용되었다고 한다. 반지하주택은 일정한 일조(日照)를 보장하면서도 가격이 상대적으로 저렴하다는 장점이 있어서 저소득층의 주거로 불가피한 점이 있다. 그러나 침수, 위생 문제, 사생활 침해와 같은 물리적, 사회적 위험을 제거하지 못한다면 쾌적하고 인간다운 주거생활을 보장하기는 어려울 것으로 보인다.

우리 헌법은 국가에게 국민이 쾌적한 주거생활을 할 수 있도록 노력할 의무를 부과하고 있으며(제35조), 「주거기본법」은 '물리적·사회적 위험으로부터 벗어나 쾌적하고 안정적인 주거환경에서 인간다운 주거생활을 할 권리'를 주거권으로 정의하여 이를 보장하고 있다(제2조). 이에 따라 주거공급, 임대주택, 주거환경 정비 등 다양한 주거정책을 수립, 추진하고 있다. 2020년 12월 21일 모 국회의원이 '1세대 1주택'을 주거정책의 기본원칙으로 하는 주거기본법 개정안을 제출하였는데 이것도 주거격차 해소정책에 해당된다. 그러나 구체적인 내용이나 처벌조항이 없는 선언적인 것이라고 하더라도 이러한 선언만으로도 자유시장경제에 반하는 위헌 논란이 있다고 보인다.

> **주거기본법상 주거정책의 기본원칙**
> 제3조(주거정책의 기본원칙) 국가 및 지방자치단체는 제2조의 주거권을 보장하기 위하여 다음 각 호의 기본원칙에 따라 주거정책을 수립·시행하여야 한다.
> 1. 소득수준·생애주기 등에 따른 주택 공급 및 주거비 지원을 통하여 국민의 주거비가 부담 가능한 수준으로 유지되도록 할 것
> 2. 주거복지 수요에 따른 임대주택의 우선공급 및 주거비의 우선지원을 통하여 저소득층 등 주거취약계층의 주거수준이 향상되도록 할 것
> 3. 양질의 주택 건설을 촉진하고, 임대주택 공급을 확대할 것
> 4. 주택이 체계적이고 효율적으로 공급될 수 있도록 할 것
> 5. 주택이 쾌적하고 안전하게 관리될 수 있도록 할 것
> 6. 주거환경 정비, 노후주택 개량 등을 통하여 기존 주택에 거주하는 주민의 주거수준이 향상될 수 있도록 할 것
> 7. 장애인·고령자 등 주거약자가 안전하고 편리한 주거생활을 영위할 수 있도록 지원할 것
> 8. 저출산·고령화, 생활양식 다양화 등 장기적인 사회적·경제적 변화에 선제적으로 대응할 것
> 9. 주택시장이 정상적으로 기능하고 관련 주택산업이 건전하게 발전할 수 있도록 유도할 것

교육격차

이 영화는 교육격차를 통하여 빈부격차를 설명한다. 부자는 높은 교육열을 통하여 공고한 학벌사회를 지탱하는데 반하여 빈자는 가난 때문에 학벌사회로 진입하지 못한다. 영화 속의 모든 사건은 기우가 과외선생으로 들어가면서 시초가 되었다. 부잣집 딸과 아들의 과외선생, 명문대생으로 위장한 기우와 기경, 모두 명문대라는 공통된 키워드로 설명된다. 명문대 입학을 위하여 명문대 출신의 과외선생에게 교육을 맡기는 구조를 설정하고 있다.

한국이 얼마나 학력과 학벌에 민감한지는 21대 총선거의 후보자 약력을 보면 잘 드러난다. 후보자 팜플렛을 보면 학력이 제일 윗칸을 차지하고 있다. 국회의원이라면 그동안의 경력을 통하여 의정활동을 잘할 수 있는지가 중요할텐데 왜 경력이 아닌 학력을 먼저 드러내고 과시하는 것일까.

과외선생에게 배우는 것은 빈부격차의 또 하나의 징표이다. 과외선생에게는 많은 비용이 들어가므로 그런 여유가 없는 사람은 학원에서 집단적인 교육을 선택하게 되거나, 처음부터 그런 학교교육 외 과외를 받지 못하게 된다. 1974년 고교평준화 이후 사교육의 열풍이 심해지자 전두환 대통령은 1980년 7·30교육조치를 통해 과외를 전면 금지하기도 하였다. 이처럼 과외는 가진 자에게 해당되는 사교육의 전유물이다. 이 에피소드는 봉준호 감독의 개인적인 경험을 반영한 것이라고 한다. 봉준호 감독도 본인이 친구의 소개로 부잣집 과외선생을 하였고 또 다른 친구를 소개하여 주기도 하였다고 한다.

이 영화는 기택의 딸이 대학의 졸업증명서를 위조하고 이를 이용하여 아들이 부잣집 과외선생으로 들어가면서 시작된다. 이는 사문서위조와 행사의 범죄를 저지른 것을 의미하는데, 문서위조는 권한 없이 타인 명의의 문서를 만드는 것에 그치는 것이 아니라 그 문서를 행사하는 것을 목적으로 한다. 부잣집 과외선생을 하기 위하여 명문대학교를 다니는 것이 필요하여 졸업증명서를 위조하게 된 것이다. 대사 중에 기택은 자신의 딸이 감쪽같이 위조한 문서를 보고 '서울대학교 문서위조학과 수석입학 하겠다'라고 말하는 등 영화에서 명문대학에 대한 언급이 빠지지 않고 있다.

2019년 하반기를 뜨겁게 달구었던 전 법무부장관 사태에서 국민들을 가장 허탈하게 한 것도 자신의 아들딸의 대학 또는 대학원 입학을 위하여 각종 서류를 위조하였다는 공소사실이었다. 우리 사회에서 교육의 불공정문제는 탈세, 위장전입이나 부동산 부당거래 등 어떤 비위보다 민감하게 받아들인다. 영화 속에서 기택의 딸과 아들이 벌이는 대학 졸업증명서의 위조나 명문대생의 행세는 우리 사회가 가지는 명문대 내지 학벌에 대한 집착이 얼마나 대단한지 보여준다. 영화는 명문대생을 사칭하고 졸업증명서를 위조하는 행동을 통하여 학벌사회가 사실은 간단한 컴퓨터 조작만으로도 쉽게 뛰어넘을 수 있는 것으로 조롱을 한다.

정보격차

오늘날 정보사회에서 정보에의 접근은 필수조건에 해당되고 정보격차의 해소는 정보사회의 중요한 정책이 되고 있다. 정보격차가 빈부격차를 확대하고 고착화하고 있음을 알고 있기 때문에 국가는 다양한 정책을 마련하고자 한다.

누구든지 24시간, 장소를 불문하고 인터넷에 접속이 가능한 것을 당연히 여기는 시대가 되었다. 영화에서는 딸과 아들이 지하방에서 와이파이 신호를 잡기 위하여 온 방을 돌아다니다가 결국 변기 근처에서 신호를 잡아 인터넷을 이용하는 장면이 나온다. 이것은 유료서비스를 받지 못하여 근처의 와이파이 신호를 무료로 사용하는 장면, 즉 와이파이 구걸행위이다.

인터넷에 유료로 접속하거나 아니면 데이터를 사용하기 위하여는 상당한 비용을 지불하여야 한다. 기본적인 의식주 생활도 어려운 저소득층에게 인터넷접속비용의 지출은 후순위로 밀리기 마련이다. 그러나 오늘날 정보의 취득은 인터넷을 통하는 방법이 가장 손쉽다고 할 것이므로 비용이 없다고 하여 인터넷 이용을 하지 않을 수는 없다. 생활의 필수 공공재로 인식되는 인터넷접속서비스를 모든 사람이 이용할 수 있도록 제공하여야 한다는 논의가 바로 정보격차 해소를 위한 '보편적 서비스' 개념이다.

와이파이를 찾아 지하방 여기저기를 찾아다니다 변기 근처에서 접속하는 장면.
(출처: 네이버영화)

정보격차의 해소에 대하여는 「지능정보화 기본법」이 상세한 규정을 하고 있다. 먼저 정보격차의 개념을 "사회적, 경제적, 지역적 또는 신체적 여건으로 인하여 정보통신서비스에 접근하거나 정보통신서비스를 이용할 수 있는 기회에 차이가 생기는 것"이라고 정의하고(제2조), 이러한 정보격차를 해소하기 위한 장애인·고령자 등 정보 접근 및 이용 보장, 교육 등 다양한 시책을 마련하고 있다.

오늘날 정보격차의 해소 문제는 인터넷접속을 전제로 하기 때문에 영화처럼 인터넷접속 자체를 할 수 없는 경우의 문제를 해결하기는 어렵다. 물론 지하철이나 버스 등 공공장소에서의 인터넷접속은 가능하지만, 자신의 주거나 생활공간에서는 이와 같은 공적 와이파이의 혜택을 받지 못하는 문제가 있다. 이를 위하여 고안된 개념이 '통신의 보편적 서비스'이다. 이것은 예전의 공중전화처럼 누구든지 쉽게 이용할 수 있도록 한 것에서 나온 개념이다. 이러한 보편적 서비스 개념은 오늘날 인터넷접속서비스에도 확장되고 있다. 장애인·저소득층 등에 대하여 인터넷접속서비스, 휴대인터넷서비스의 요금감면 서비스의 제공이 그런 예이다(전기통신사업법 시행령 제2조 제2항 제3호). 영화와 같이 저소득층이 인터넷접속서비스에 가입하지 못하는 경우라면 요금감면을 통하여 해결할 수 있다. 바람직한 것은 주민센터, 복지시설, 전통시장, 시내버스 등 공공장소는 물론이고 도시 골목 곳곳에서 공공 와이파이를 실시하여 인터넷의 보편적 서비스를 실질화시키는 것이다.

▌범죄에 무감각한 사회

영화에는 각종 범죄가 쏟아지고 있다. 크게 부잣집에 기생하기 위하여 저지르는 사기죄가 주된 범죄이다. 왜냐하면 자신들은 대학생이나 외국에서 교육을 받은 사실이 없음에도 불구하고 부잣집을 기망하여 위장취업을 하였고, 그런 방법으로 운전기사와 가정부로 취업하게 되었는데, 결국 사장집 부부를 기망하여 이득을 취한 것이므로 사기의 책임이 있다. 영화는 이러한 사기범죄를 비난의 시각으로 바라보지 않는다. 가난한 자가 약간의 속임수를 사용하여 부자의 주머니를 터는 애교 정도로 묘사한다. 기택이 자신의 아들딸이 대학증명서를 완벽하게 위조하는 것을 보고 그 위조 솜씨에 대하여 '서울대학교 문서위조학과' 학생처럼 잘한다고 칭찬하는 것이 그런 언사이다. 그리고 부잣집 가족이 캠핑을 떠난 저녁, 기택 가족은 파티를 열면서 자신의 집인 것처럼 행세한다.

영화 어디에서도 범죄자들은 도덕적인 가책의 모습을 보여주지 않는다. 마치 이런 모든 행동이 '생계형 범죄'에 해당되는 것처럼 말이다. 생계형 범죄란 며칠 동안 굶어 배고픈 나머지 자기도 모르게 불 꺼진

가게에 들어가서 딱딱하게 굳어버린 빵 한 조각을 훔치는 정도를 말한다. 이 영화는 반지하의 가족이 부잣집의 술을 훔쳐 마시고, 월급을 사취하는 것이 무슨 범죄가 되는지 반문하고 있다. 이 영화를 계급투쟁적 관점으로 보는 일부의 시각은 여기에서 유래한다.

그러나 범죄가 살인에 이르러서는 생계형 범죄의 시각도 유보될 수밖에 없다. 생계를 위하여, 계급투쟁을 위하여 인간의 생명까지 빼앗은 살인이 정당화될 수는 없다. 영화를 보면 최근 우리 사회에서 벌어지는 다양한 사건을 생각하지 않을 수 없다. 정치인, 장차관 등 고위공직자의 뻔뻔한 거짓말과 비위행위를 보면 무감각한 것인지 무시하고 있는 것인지 분간이 되지 않지만, 영화를 보면서 우리 사회가 이를 닮아가고 있지는 않은지 두려운 생각마저 든다.

🎬 마이너리티 리포트_범죄예방과 감시사회

Minority Report, Steven Spielberg, 2002

▌영화 소개

2054년 워싱턴 D.C.에서는 범죄 발생의 예언을 통하여 미리 범죄자를 체포하여 처벌하는 범죄예방시스템, 즉 프리크라임(Pre-Crime)이 운용되고 있다. 이는 3명으로 구성된 예지자의 예언을 영상으로 환원하여, 범죄자, 범죄 장소 및 시간 등 사실을 예측하여 범죄자를 미리 체포하는 것인데, 이 시스템이 시행된 이후에는 단 한 건의 살인사건도 발생되지 않은 성과를 거두었다.

이 시스템에서는 3명 중 과반수 의견에 따라 예지가 이루어지며 그 중 한 명(주로 여자)의 의견은 마이너

영화 포스터.
(출처: 네이버영화)

리티 리포트(Minority Report, 소수의견)가 되는데, 이는 프리크라임 시스템의 공식 보고서와 다른 견해라는 것을 의미한다. 원래 마이너리티 리포트란 판결이나 결정 등 재판결과에서 법정의견인 다수의견과 다른 견해로서 법적 효력은 없으나 다양성을 나타나는 징표로서 인정된다.

이 시스템의 실무책임자가 존 앤더튼이다. 이 제도를 전국에 확대

하기에 앞서, 법무부에서 감찰이 진행되는 와중에 실무책임자 존이 살인자로 지목되는 예언이 나타난다. 존은 자신이 살인하지 않을 것이라는 마이너리티 리포트의 존재의 확인을 위하여 사건을 추적하지만, 만일 그 존재가 확인된다면 이는 그동안 자신이 처리한 업무를 부정하는 것이 될 것이니 딜레마가 된다.

존은 그 내막을 파헤치기 위하여 예지자를 만나게 되고 이 시스템에서 마이너리티 리포트는 삭제되어 의견을 낸 사람의 몸속에 저장된다는 사실을 알게 된다. 존은 자신의 살인사건에 대하여도 마이너리티 리포트가 있는지를 보기 위하여 예지자를 만나면서, 이 모든 것이 국장이 본인의 살인사건을 덮기 위하여 꾸민 일임이 밝혀진다.

국장은 여자 예지자로 시스템을 구축하기 위하여 그녀의 어머니를 유인하여 살해하면서 그 영상을 다른 사건의 영상에 덮어씌워 잔상으로 처리한다. 예지자가 그 영상을 존에게 보여주자 그 살인사건이 밝혀지는 것을 두려워 한 국장이 존의 살인사건을 만들게 되었다. 그 국장의 욕심은 이 시스템을 전국적인 시스템으로 만드는 일이었다. 결국 사건이 모두 밝혀져 이 시스템은 폐기되었으며 그 시스템으로 수감된 범죄자들은 모두 석방되고 그중 일부에 대하여는 경찰이 계속적으로 감시상태를 유지하였다는 것으로 영화가 막을 내린다. 이 영화는 필립 K. 딕이 1956년에 발표한 동명의 단편소설을 영화화한 작품이다.

▌범죄예방과 법치주의

영화는 범죄를 미리 예측하고 대응한다는 시나리오이다. 과연 범죄예측은 가능한가. 국가는 범죄의 예측과 예방을 위하여 많은 노력을 기울여 왔으나 쉽지 않은 일이다. 범죄의 예측은 실현되지 않은 미래를 예단하여 범죄를 확정하는 만큼, 필연적으로 억울한 사람의 희생이 뒤따를 수밖에 없다. 물론 전과자라고 하여 앞으로도 범죄를 저지를 것으로 단언할 수 없다. 전과가 있는 경우 실제 형벌이 엄해질 수는 있으나 미래

프리크라임 시스템에서 범죄를 예측하는 장면.
(출처: 네이버영화)

에 저지를 범죄를 예상하여 엄벌하는 것이 아니라 전과가 있음에도 반성하지 않고 다시 범죄를 저질렀다는 양형요소가 참작된 결과일 뿐이다.

국가는 범죄 예방 또는 예측을 위하여 전과자관리, 순찰강화, 불심검문 등의 경찰작용을 행한다. 이는 현실화되지 않은 위험에 대한 인권의 감시, 통제라는 문제가 있기 때문에 엄격한 법적 통제 하에서 이루어진다. 법을 위반할 개연성이 있다는 점만으로 처벌할 수는 없다. 법은 발생된 역사적 사실에 대하여만 적용되고, 미래의 사실에 대하여 사전적으로 적용하지 못하는 것이 원칙이기 때문이다. 다만 예외적으로 발생가능성이 높은 경우에는 미리 사전에 예방책을 강구할 수 있으나 최소한의 요건 아래 발생개연성이 높은 경우에 소극적으로 인정이 될 뿐이다.

프리크라임 시스템과 같이 범죄를 저지를 것이 예상이 된다고 하여 처벌하는 것은 현대 죄형법정주의나 인권보호정신에 위반된다. 죄형법정주의는 범죄와 형벌은 국민의 대표기관인 의회가 제정하는 법률에 규정되어야 하고, 그 처벌이 법관에 의한 재판 등 적법절차에 의하여 이루어짐을 말한다. 그러므로 아직 범죄를 저지르지 않은 자를 처벌할 수는 없다. 다만 범죄 발생이 상당한 정도로 예상이 되는 경우, 즉 범죄 발생의 우려가 상당한 경우에는 강제수사를 통하여 범죄 발생을 억제하거나 예방하는 기법이 동원되기도 한다.

이 영화는 범죄의 발생을 예방하기 위한 프리크라임 시스템을 보여준다. 예지자에 의하여 발생되는 범죄를 미리 보여주고, 그 범죄자를 체포함으로써 범죄를 예방하는 것이다. 범죄를 예보하는 것은 어쩌면 신의 영역이 될 것이다. 구름을 보고 날씨를 예보하는 문제와는 근본적으로 차이가 있다. 다만 범죄 발생을 예보할 수는 없지만 발생가능한 범죄에 대한 범죄예방 시스템은 이름은 다르지만 존재한다.

우리나라에도 영화 정도는 아니지만 범죄예방 시스템이 전혀 없는 것은 아니다. 국가는 범죄 없는 사회를 만들기를 소망하고, 또한 범죄가 발생된 뒤에도 범죄자 처벌을 통한 위하효과(威嚇效果)를 기대하면서 미리 범죄발생을 방지할 수 있는 시스템을 계속적으로 개발하여 왔다. 제도 중에는 범죄발생이 목전에 임박한 경우에서부터 장래의 재범방지 목적을 위한 것 등 다양한 내용을 가지고 있다. 그러나 이런 제도만으로 범죄를 완벽하게 예방할 수는 없고 범죄자의 교화제도(교도소), 교육 등을 통하여 보완하여야 한다. 그러나 어떠한 경우에도 영화와 같은 '범죄예보'시스템을 갖추는 것은 가능하지도, 타당하지도 않다.

현행법상 범죄예방시스템

△ 「통신비밀보호법」상 통신제한조치

범죄예방 또는 국가안보를 위한 통신제한조치를 취할 수 있다. 즉 수사기관은 범죄를 계획 또는 실행하고 있거나 실행하였다고 의심할만한 충분한 이유가 있고 다른 방법으로는 그 범죄의 실행을 저지하거나 범인의 체포 또는 증거의 수집이 어려운 경우에 한하여 통신제한조치를 시행할 수 있다(제5조). 또한, 정보수사기관은 국가안전보장에 상당한 위험이 예상되는 경우 또는 「국민보호와 공공안전을 위한 테러방지법」 제2조제6호의 대테러활동에 필요한 경우에 한하여 그 위해를 방지하기 위하여 이에 관한 정보수집이 특히 필요한 때에는 통신제한조치를 할 수 있다(제7조).

△ 「국민보호와 공공안전을 위한 테러방지법」상 정보의 수집

테러위험인물에 대한 정보 수집을 할 수 있는 근거를 규정하고 있다. 즉 국가정보원장은 테러위험인물에 대하여 출입국·금융거래 및 통신이용 등 관련 정보를 수집할 수 있고, 정보 수집 및 분석의 결과 테러에 이용되었거나 이용될 가능성이 있는 금융거래에 대하여 지급정지 등의 조치를 취하도록 금융위원회 위원장에게 요청할 수 있으며, 테러위험인물에 대한 개인정보와 위치정보를 개인정보처리자와 위치정보사업자에게 요구할 수 있고, 대테러활동에 필요한 정보나 자료를 수집하기 위하여 대테러조사 및 테러위험인물에 대한 추적을 할 수 있다(제9조).

△ 「보안관찰법」상 보안관찰처분

보안관찰처분은 특정범죄(보안관찰해당범죄)를 범한 자에 대하여 재범의 위험성을 예방하고 건전한 사회복귀를 촉진하기 위한 법무부장관의 처분을 말한다. 보안관찰처분대상자는 보안관찰해당범죄 또는 이와 경합된 범죄로 금고 이상의 형의 선고를 받고 그 형기합계가 3년 이상인 자로서 형의 전부 또는 일부의 집행을 받은 사실이 있는 자를 말한다.

▌현대사회의 감시자와 예지자

이 영화는 영험한 예지자의 능력으로 범죄를 예보하는 것을 보여주지만, 미래사회에서 예지자는 각종 정보 시스템, 감시 시스템이 아닌가 생각된다. 시민에 대한 감시와 관리는 국가와 사회의 근본적인 욕구이다.

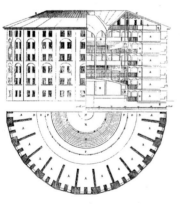

제러미 벤덤의 파노티콘 청사진.
(출처: 위키백과)

영국의 공리주의 철학자 제러미 벤담(Jeremy Bentham)이 1791년 고안한 원형감옥 '파놉티콘(Panopticon)'에 의하면 중앙감시탑에서 감옥의 모든 방을 감시할 수 있다. 오늘날 '파놉티콘'은 CCTV, 블랙박스 등 각종 영상장치로부터 수집되는 정보와 이를 인공지능기술로 분석하여 제공하

는 시스템이다. 오늘날 개인별 1일 CCTV 노출횟수가 130~150회에 이른다고 한다.[20] 적어도 이러한 정보를 분석하면 과거의 행동을 숨김없이 감시할 수 있으며, 경우에 따라서는 특정인의 행동을 예측하는 것이 가능할지도 모른다.

이 사회는 모든 매체가 인간과 연결되어 있다. 영화 속에서는 인간의 홍채를 통하여 정보의 공유가 이루어지기 때문에 거리, 상점을 가면 언제, 무엇을 구매하였는지, 관심이 있는지 그대로 드러난다. 사생활, 정보결정권이 정보매체에 의하여 철저하게 유린되고 있다. 편익만으로 포기하여야 하는 인간의 가치가 지나치게 크다고 느껴진다.

이 영화가 제작된 2002년으로부터 십수 년이 지난 오늘날, 홍채·지문 등 인간 생체를 통한 감시체제는 더 이상 미래의 일이 아니다. 중국은 2019년 12월부터 모든 휴대폰 가입자에게 스캔을 통하여 안면 인식의 등록을 의무화함으로써 안면인식을 통한 통제와 전국에 설치된 감시카메라를 통한 감시가 가능하게 되었다고 한다.[21] 이는 중국만의 일이 아니라 모든 국가에 해당된다. 이에 대한 인권침해 우려도 제기되고 있지만 시민을 통제하려고 하는 국가의 유혹은 절대 줄어들지 않을 것이다.

과학기술은 완벽하지 않아 오류가 있기 마련이다. 나아가 인간이 운영하는 한 조작가능성도 상존한다. 정보과학기술을 토대로 발전한 정보사회가 시민의 신뢰를 받아 계속적으로 발전하기 위하여는 과학기술의 작동에 대한 믿음은 물론이고, 그 운영인력에 대한 믿음이 전제되어야 한다. 이 영화에서도 그 가능성을 비춰주고 있다. 국장이 자신의 범죄를 숨기기 위하여 영상을 조작하는 장면이 나오는데, 결국 신뢰성의 문제는 기계가 아니라 인간이라는 점이 부각된다. 한편 영화는 미래의 정보사회, 감시사회 또는 인공지능의 오류와 그로 인한 두려움도 보여주고 있다. 정보과학기술의 신뢰성 보장 특히 그로 인한 개인정보의 분실 등을 방지하기 위하여 그 안전성 확보에 필요한 기술적·관리적 및

물리적 조치를 할 법적 의무를 인정하는 이유이다(개인정보 보호법 제29
조 참조).

▮ 감시체계에 대한 인권보호장치

국가의 시민에 대한 감시는 오랜 역사를 가지고 있으며 과학기술
이 발달하면 할수록 보다 효율성을 높이는 작업으로 진행되어 왔다. 한
편 중국이 도입한 안면인식기술로 대규모 공연장에서 수배 중인 범죄자
를 찾아내거나 건물이나 공항 등의 출입수단으로 이용되는 등 지나친
감시로 인한 인권침해의 위험도 경고되고 있다.[22] 그러므로 이러한 인
권침해에 대응하여 어떤 법적 조치를 강구하여야 하는지가 오늘날의 과
제이다.

우리나라 법체계상 광범위한 감시체계는 헌법상 사생활 침해, 개
인정보자기결정권의 침해, 인간의 존엄성 침해 등의 문제를 야기한다.
오히려 국가는 이러한 감시체계에 대한 인권보호장치를 법률로 마련하
고 있다. 대표적인 것이 「개인정보 보호법」 제25조 규정이다. 이 규정
은 CCTV(영상정보처리기기)의 설치로 인한 개인정보 침해에 대비하여
CCTV를 설치할 수 있는 경우 및 설치방법에 대한 제한을 가하고 있
다. 즉 CCTV는 ① 법령에서 구체적으로 허용하고 있는 경우, ② 범죄
의 예방 및 수사를 위하여 필요한 경우, ③ 시설안전 및 화재 예방을
위하여 필요한 경우, ④ 교통단속을 위하여 필요한 경우, ⑤ 교통정보
의 수집·분석 및 제공을 위하여 필요한 경우에 한하여 공개된 장소에
설치할 수 있는 것으로 설치목적을 제한하고 있다. CCTV를 설치하는
경우에도 안내판을 설치하여야 하며, 설치목적과 다른 목적으로 영상정
보처리기기를 임의로 조작하거나 다른 곳을 비춰서는 아니 되며, 녹음
기능은 사용할 수 없도록 되어 있다.

사실 이러한 감시는 이동형 CCTV가 더 중요하다. 정부는 2021년
1월 입법예고한 「개인정보 보호법」 개정안에서 이동형 CCTV에 대한 설

치기준을 새롭게 마련하여 감시에 대한 통제방법을 제시하고 있다. 드론, 자율주행차 시대의 감시체계에 대한 대응인 것이다.

죽여주는 여자_웰다잉의 밤

이재용, 2016

▮영화 소개

영화 포스터.
(출처: 네이버영화)

종로 파고다 공원 근처에서 노인을 상대로 성매매를 하는 이른바 박카스 할머니인 소영은 상당히 인기 있는 축에 속한다. '죽여주는 여자'로 통한다. 제목은 원래의 의미를 넘어서서, 영화 속에서는 실제 노인을 죽여 주고, 스스로 죽을 수 있도록 도움을 주는 것, 중의적으로 사용되었다.

영화에서 소영은 3건의 사망 사건에 관여된다. 자살을 도와주기도, 존엄사를 도와주기도 한다. 우리나라에서는 이 모든 행위는 범죄이다. 영화는 웰다잉의 문제를 소영을 통하여 호소하고 있다. 사람을 죽이는 것은 살인죄로서 범죄이고 윤리나 도덕 규범에서도 금지되는 행위이다. 그럼에도 소영은 노인들의 청을 거절하지 못한다. 죽음을 택할 수밖에 없는 노인의 궁박한 처지를 표현하고, 그 사정을 누구보다도 잘 아는 또 다른 노인을 통하여 '노인과 삶, 노인과 죽음'에 대하여 그리고 있다.

이 영화는 힘든 노인의 삶을 그대로 그리고 있다. 또한 영화에서는 노인 이외에 트랜스젠더 여성, 장애인 청년, 코피노 소년 등 사회에서 소외되고 힘든 처지에 있는 '노인'과 같은 사람들도 함께 등장시키고 있다.

안락사를 다룬 영화로는 2016년에 개봉한 〈미 비포 유, 테아 샤록〉이 있다.

▌노인의 삶과 법

공원에서 성매매자를 찾는 소영.
(출처: 다음영화)

영화는 노인이 성매매를 통하여 성적 문제를 해결하는 실상을 직접적으로 다루고 있다. 보수적인 우리 사회에서 노인의 성 문제는 상당히 금기시되어 왔다. 그럼에도 영화는 직접적인 방법으로 노인의 성 문제가 숨길 수 있는 것이 아니라 오히려 해결의 대상이라는 점을 강조한다. 노인의 성 문제는 사회적, 육체적 약자의 성 접근권이 제약되는 현실 문제로 접근하여야 한다. 개인이나 가정의 관점이 아니라 국가적, 사회적 관심을 환기시키고 있다. 성매매는 윤리적, 법적인 문제, 질병

감염 등 사회보건 문제도 발생시킨다. 연구결과에 의하면 노인 성범죄, 성매매는 계속적으로 증가하고 있다. 성범죄는 2011년 538건에서 2016년 1,242건으로 2배 이상 증가하였고, 노인을 대상으로 한 성매매 적발건수도 2010년 282건에서 2016년 603건으로 2배 이상 증가한 것으로 나타나고 있다.[23]

노인은 법적으로 어떻게 정의될까. 노인은 각 법률상 연령기준이 다르고, 용어도 노인, 고령자, 노령, 고령, 준고령자 등 여러 가지로 혼용되고 있다. 이에 노인의 개념을 "노화가 진행되면서 신체적, 인지적, 심리적, 사회적 제 측면의 능력과 기능이 저하되어 개인의 자기 유기기능과 사회적 역할 기능이 약화되고 있는 자로서 60세 이상인 자"로 정의할 필요가 있다고 한다.[24] 다양한 법률에서는 노인이 신체적, 사회적인 취약계층인 점을 감안하여 복지, 연금, 고용 등에 있어서 보호의 대상이 된다는 점을 보여준다. 각각의 법률의 목적이 다른 만큼 굳이 노인의 연령을 통일할 필요는 없다.

구분	연령기준	법률
노인	65세 이상	노인복지법, 노인장기요양보험법, 기초노령연금법
	60세 이상	가정폭력범죄의 처벌 등에 관한 법률
	규정 없음	경범죄처벌법
노령자	60세 이상	국민연금법
고령자	55세 이상	고령자고용촉진법
	규정 없음	교통약자증진법

[표] 노인의 연령기준

▋자살: 규제와 방관의 법제도

영화에서는 노인의 자살이 많이 등장한다. 그 방법도 다량의 수면
제를 먹는 방법, 절벽에서 떨어지는 방법, 농약을 음독하는 방법 등이
나온다. 오늘날 한국은 자살공화국이라고 할 정도로 자살이 만연하고 있
다. 자살자의 연령이나 직업도 다양하다. 평범한 시민부터 유명정치인,
연예인까지 다양한 사람들이 자살을 생의 마감방법으로 택하고 있다.

통계청의 2018년 사망원인통계에 의하면 총 사망자수는 298,800
명이고 그중 자살사망은 13,670명으로 인구 10만 명당 26.6명의 자살
률을 기록하고 있는데, 이는 암, 심장질환, 폐렴, 뇌혈관질환에 이은
다섯 번째 사망원인에 해당한다. 국제적으로 보면 한국은 2003년부터
(2017년 제외) OECD 자살률 1위의 불명예를 차지하고 있다.[25]

소영이 자살을 도와주기 직전의 장면.
(출처: 네이버영화)

자살을 규제하는 법률

이처럼 우리나라의 자살률이 매우 높은 상태에서 자살을 예방하고
금지하기 위한 정책은 무엇보다도 중요하다. 2011년 제정된 「자살예방

및 생명존중문화 조성을 위한 법률」은 자살에 대한 국가적 차원의 책무와 예방정책에 관하여 필요한 사항을 규정하고 있다. 특히 자살을 적극적으로 부추기거나 자살행위를 돕는 데 활용되는 자살동반자 모집정보, 자살에 대한 구체적인 방법을 제시하는 자살유발정보를 인터넷에 유통한 사람을 처벌하는 규정을 두고 있다(제25조 제3항). 이러한 자살유발정보를 인터넷에 유통하는 것은 자살을 방조하는 것과 같다는 취지에서 규정된 것이다. 자살유발정보는 인터넷상 불법정보에도 해당되어 삭제 등 유통제한조치를 받을 수도 있다(정보통신망법 제44조의7).

위 법이 자살예방을 위한 종합적인 법체계라고 한다면, 특정인을 자살하도록 돕는 행위에 대하여는 형법이 범죄로 규정하여 처벌하고 있다. 형법에서는 자살 그 자체를 처벌하는 범죄를 두고 있지 않다. 사실 자살이 완성되면 처벌할 수 없고(죽은 사람을 처벌할 수 없다), 성공에 그치지 못한 경우에 자살미수죄로 처벌하는 규정도 없다. 이는 자신의 생명과 신체에 손상을 일으킬 뿐 타인의 법익을 침해하는 것이 아니고 자기 신체에 대한 자기결정권의 행사로 보기 때문이다. 그러나 타인의 자살을 돕는 행위에 대하여는 법익의 침해가 있다고 보고 처벌하는 규정을 두고 있다. 사람을 교사 또는 방조하여 자살하게 한 자는 1년 이상 10년 이하의 징역에 처하고(형법 제252조 제2항), 자살 교사 또는 방조하였지만 자살에 이르지 않는 경우, 즉 미수죄에 대하여도 처벌한다(제254조). 또한 형법 제252조 제1항에서는 촉탁 또는 승낙을 받아 살해한 경우에도 자살교사나 자살방조죄와 같이 1년 이상 10년 이하의 징역에 처하도록 규정하고 있다. 범행을 범한 자의 입장에서는 하나는 촉탁살인죄에 해당되고, 또 하나는 자살교사등죄로 구분되지만, 죽는 사람의 입장에서는 고의로 사망을 초래케 하였다는 점에서 동일하기 때문에 양자의 죄명이 다름에도 불구하고 동일한 조문에서 취급하고 있다.

영화에서는 자살과 관련하여 3건의 사건이 묘사된다. 병실에 누워

죽기를 바라는 노인에게 농약을 먹여주는 행위가 있는데 이는 촉탁살인에 해당되고, 절벽에서 밀어주어 사망에 이르게 하는 행위도 촉탁살인에 해당하며, 호텔에서 노인이 수면제를 과다 복용하여 사망한 사건에서는 비록 자세한 경위가 설명되고 있지는 않지만 아마도 자살을 위하여 다량의 수면제를 구해주었다면 이는 자살을 방조한 사례에 해당한다.

자살을 방관하는 법제도와 사회적 관행

한편, 위와 같이 국가 전체가 자살을 예방하기 위하여 다양한 정책을 경주하고 있는 반면, 최근 일부 분야에서 자살자를 보호하기 위한 법제도 사례가 나타나고 있어 전사회적인 자살감소정책에 역행하는 것이 아닌가 하는 비판이 있다. 물론 자살의 구체적인 사정이 다르고, 개별 제도에 비추어 자살자를 보호하지 아니하면 해당 법의 목적을 달성하기 어려운 경우도 이해는 되지만, 자살로 나가려는 사람에게 잘못된 신호를 주는 것이 아닌가 하는 우려가 제기된다.

보험법에서는 자살을 보험의 면책사유로 인정하고 있는데, 예외적으로 면책이 되지 않는 자살이 판례상 인정되고 있다. 대법원은 2006년 피보험자가 정신질환 등으로 자유로운 의사결정을 할 수 없는 상태에서 사망의 결과를 발생케 한 경우는 보험법상 면책사유로서 자살에 해당되지 않는다는 판결을 선고하였다(대판 2006. 3. 10. 선고 2005다49713). 이 판결에 따라 보험약관이 이를 받아들이게 되면서 자살의 경우에도 심신상실의 상태인지 여부에 대한 논란이 심화되고 있다. 구체적인 사정에 따라 그 판단 여부가 달라지겠지만 자칫 보험금을 둘러싼 모럴 헤저드(moral hazard)는 물론이고 자살에 대한 사회적 용인이라는 오해를 줄 우려가 있다.

또한 대법원은 군인이 군 복무 중 자살로 사망한 경우에도 구 국가유공자법상 '교육훈련 또는 직무수행 중 사망'에 해당하는지는 교육훈련 또는 직무수행과 사망 사이에 상당인과관계가 있는지에 따라 판단해야 하고, 교육훈련 또는 직무수행과 사망 사이에 상당인과관계가 인정되는데도 사망이 자살로 인한 것이라는 이유만으로, 또는 자유로운 의지가 완전히 배제된 상태에서 한 자살이 아니라는 이유로 국가유공자에서 제외되어서는 안 된다고 판결하였다(대판 2012. 6. 18. 선고 2010두27363). 물론 이 판결은 군 복무중 발생한 스트레스, 우울증 등으로 인한 자살이므로 그 자살 또한 교육훈련 또는 직무수행과 관련이 있다는 것에서 출발하는 것이므로 충분히 수긍할 수 있다.

더욱 중요한 것은 사회에서 연예인 등 유명인의 자살에 대한 언론의 상세한 보도와 그에 대한 추모가 자살에 대한 경각심을 완화시키고 나아가 베르테르 효과로 연결되는 부작용이 있다는 사실이다. 언론은 되도록 자살 사건에 대하여는 이를 애도하고 추모하는 식의 보도는 바람직하지 않다.

▎웰다잉의 법

　　영화에서 죽여주는 여자 소영이 관여한 죽음은 모두 사망자 본인
의 선택에 따른 것으로써, 존엄사 또는 안락사와 관련이 있다. 이를 웰
다잉(Well-Dying)이라고 하며, 죽어가는 과정을 불행하지 않도록 관리
하는 것으로 정리할 수 있다. 존엄사와 안락사는 인간의 생명을 거두어
들이는 문제로 법적으로나 윤리적으로 쉽게 허용되는 것이 아니다.

　　우리나라에서 2009년 대법원이 김할머니의 무의미한 연명치료를
중단하여 달라는 가족들의 청구를 인정한 '김할머니 사건(대판 2009. 5.
21. 선고 2009다17417)을 계기로 무익한 연명치료의 문제점에 대한 공감
이 확산되었다. 이에 따라 2017년 8월 4일부터 임종 과정에 있는 환자
가 연명의료를 거부할 수 있는 「호스피스 · 완화의료 및 임종과정에 있
는 환자의 연명의료결정에 관한 법률」이 제정되었다. 이 법은 호스피스
· 완화의료와 임종과정에 있는 환자의 연명의료와 연명의료중단등 결정
및 그 이행에 필요한 사항을 규정하고 있는데, 적극적인 안락사에 이르
지는 않고 연명치료를 중단한다는 점에서 소극적 안락사의 형태로 이해
된다. 2019년 6월 보건복지부 통계에 의하면 연명의료유보 환자가 5만
4천여 명에 달하는 것으로 보고되어 있다.

> **호스피스 · 완화의료 및 임종과정에 있는 환자의 연명의료결정에 관한 법률
> 의 주요 개념**
> △ 임종과정이란 회생의 가능성이 없고, 치료에도 불구하고 회복되지 아니
> 하며, 급속도로 증상이 악화되어 사망에 임박한 상태를 말하고, 임종과
> 정에 있는 환자란 담당의사와 해당 분야의 전문의 1명으로부터 임종과
> 정에 있다는 의학적 판단을 받은 자를 말한다.
> △ 연명의료란 임종과정에 있는 환자에게 하는 심폐소생술, 혈액 투석, 항
> 암제 투여, 인공호흡기 착용 및 그 밖에 대통령령으로 정하는 의학적
> 시술로서 치료효과 없이 임종과정의 기간만을 연장하는 것을 말한다.

△ 연명의료중단등 결정이란 임종과정에 있는 환자에 대한 연명의료를 시행하지 아니하거나 중단하기로 하는 결정을 말한다.

△ 호스피스·완화의료란 암, 후천성면역결핍증, 만성 간경화, 그밖에 보건복지부령으로 정하는 질환 중 어느 하나에 해당하는 질환으로 말기환자로 진단을 받은 환자 또는 임종과정에 있는 환자와 그 가족에게 통증과 증상의 완화 등을 포함한 신체적, 심리사회적, 영적 영역에 대한 종합적인 평가와 치료를 목적으로 하는 의료를 말한다.

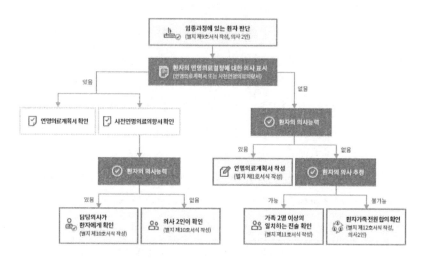

[그림] 연명의료중단 절차도, 출처: 국립연명의료관리기관

나, 다니엘 블레이크 _복지국가의 허상

I, Daniel Blake, Ken Loach, 2016

▌영화 소개

이 영화는 2016년 칸 영화제 황금종려상을 수상한 수작으로 영국의 노인, 싱글맘을 통하여 현대국가가 지향하는 복지국가를 고발하고 있다. 영화는 심장병을 앓게 된 노인 다니엘이 정부에 질병수당을 신청하는 일에서 시작하여 엄격한 관료주의, 경직된 행정절차로 수당도 받지 못한 채로 그 심장병으로 사망하게 되는 것으로 끝을 맺는다. 이상적인 국가모델이라는 복지국가에서 잘못된 행정으로 죽어가고 나락으로 떨어지는 역설을 보여준다.

영화 포스터.
(출처: 네이버영화)

다니엘은 죽기 전 행정청 앞에서 이를 항의하기 위하여 시위를 한다. 그가 죽기 전에 항고를 하기 위하여 작성한 서면은 제출되지 못하고 결국은 유언장으로 장례식장에서 읽혀진다. 거기에는 영화의 제목인 '나, 다니엘 블레이크'가 나오고 이어서 '개가 아니라 인간입니다'라는 문구가 적혀있다. 여기서 개라는 것은 주인이 주는 것만 받아먹고 스스로 먹이를 찾아 나서지 못하는 것을 상징한다. 인간은 복지국가가 길들이는 개가 아니라, 복지국가의 구성원으로서 이를 형성하고 발전시키는 주체라는 것이다.

선진국이라는 영국에서 두 아이를 데리고 살아가는 싱글맘 케이트는 먹을 것조차 없어 굶주리고 결국 성매매로 몰리게 된다. 성매매에 대하여는 각국의 규제 유무나 그 수준이 다르고, 그 원인에 대하여도 사회적 모순 또는 당사자의 책임이라는 다양한 관점이 존재한다.

캔 로치 감독은 2019년 비슷한 종류의 영화 〈미안해요, 리키, Sorry We Missed You〉을 발표하였다. 이 영화에서도 택배회사의 택배원의 삶을 통하여 바쁘고 열심히 살지만 경제적으로는 결코 풍족해지기 어려운 현대 복지국가를 고발하고 있다.

▌복지국가와 노인복지의 과제

노인과 질병

노인이 겪는 가장 중요한 두 가지 문제를 들라면 질병과 빈곤이다. 최근 의학기술의 발달로 수명이 연장되자 노인의 질병이 보다 중요한 관심사로 등장하게 되었다. 노인에게 질병은 병원비의 부담과 그로 인한 빈곤의 문제로 연결된다. 2017년 기준 우리나라에서 3개 이상의 만성질환을 가진 노인 비율은 51%에 달하며, 우리나라는 '유병 장수 국가(2017년 남녀평균 82.7세)'가 되었다.[26] 영화에서 다니엘도 다름 아닌 심장병 발병 때문에 자신의 직업인 목수일을 그만둘 수밖에 없었고, 이 때문에 국가에 질병수당을 신청하게 되었다. 결국 노인복지 중 질병으로 인한 노인에 대한 복지급여를 확대하는 것이 영화 속 영국이나 우리나라나 마찬가지라고 할 것이다.

노인의 정보격차

다니엘은 노인으로 컴퓨터나 인터넷을 이용해 본 적이 없었고, 따라서 이를 다룰 수 있는 능력을 전혀 갖추고 있지 않았다. 그는 구직수당신청을 위한 이력서를 컴퓨터를 이용하여 작성할 것을 교육받았지만, 수기로 이력서를 작성하여 여러 구직처에 돌린다. 영화에서 교육 자체가 칠판에 분필로 적는 방법이 아니라 차트용지에 필기하면서 교육하는 것은 디지털시대의 모습을 빗대기 위한 것으로 보인다. 디지털시대에는 디지털을 이용한 행정만이 허용되는가. 이 영화는 그러한 가정을 하고 있다. 인터넷과 컴퓨터를 다루어 보지 못한 노인에게 인터넷 신청만을 허용하고, 이를 강요한다. 이러한 전자문서를 통한 행정참여는 행정의 편의성을 위한 것이긴 하지만 그와 같은 능력을 갖추지 못한 사람에게는 오히려 행정참여의 장애가 된다.

디지털정보환경에 노출되지 않아 그 이용능력이 없는 시민에 대하여도 현대 정보사회에서의 삶이 걸림돌이 되지 않도록 정부는 그 격차를 해소하기 위한 다양한 정책노력을 다하여야 한다. 우리나라는 이와 같이 인터넷, 컴퓨터를 잘 이용하지 못하는 사람을 위하여 정보격차해소를 목적으로 다양한 정책들이 활용되고 있다. 「전자정부법」, 「지능정보화 기본법」이 제정되어 있으며, 시각장애인이 인터넷을 쉽게 이용하게 할 수 있는 방법, 저소득계층을 위한 지원 등이 그러한 예이다.

▌노인 빈곤문제

우리나라 2017년 통계를 보면 노인 인구의 빈곤율은 2017년 중위가처분소득 50%를 기준으로 43.8%로 여전히 OECD 회원국들 중 높은 수준인데, 이는 그 이하 연령층에서는 OECD 평균 수준인 것과 비교하면 특이한 점이다.[27] 노인의 빈곤 문제는 선진국 여하를 불문하고 공통된 것이다.

복지사회의 손길이 필요한 계층은 주로 가난하고 질병에 시달리는 노인, 미혼모 등 사회취약계층이다. 이 영화는 그런 취약계층의 생활을 보여주고 있다. 오늘날 먹을 것이 없어 며칠째 굶고, 전기가 끊기는 삶

다니엘의 모습.
(출처: 네이버영화)

이 이 도시의 도처에 깔려 있다. 사회취약계층의 가난과 질병을 본인의 책임으로만 돌릴 수는 없으며 사회구조적인 문제에서 기인하기도 하다. 한 국가 내에서는 식량이 남아도는 반면에, 다른 국가에서는 먹을 것이 없어 식품을 훔치고, 돈이 없어 생리대를 훔친다. 영화에서 케이티는 생리대를 훔치다가 적발되는데, 취약한 처지를 인정받아 죄를 용서받았다. 그러나 결국 경비원의 소개를 통해 케이티는 성매매업소로 향하게 된다.

어떤 방책으로 가난과 질병으로부터 시민을 구할 것인가. 다양하고 중첩적인 방법을 고안하여야 한다. 식료품을 배급하고 공공보건을 시행하여야 한다. 영화 속 영국의 모습은 외관상 무료로 식료품을 공급하고 공공의료를 제공하고 있는 것으로 보인다. 그러나 이는 행정과 법률의 실행으로 그칠뿐, 결코 문제를 해결하는 것이 아니다. 다니엘의 장례식장에서는 그 흔한 친구의 멋진 추도사 하나 없이, 다니엘이 직접 수기로 작성한 질병수당신청거부처분에 대한 항고이유서가 유언장이자 추도사로 낭독된다. 이 장례식은 아침에 치러지는데, 영국 격언 중에 이런 말이 있다고 한다. "오전 9시에는 가난뱅이 장례식이 치러진다".

▋복지국가를 둘러싼 논란

복지논쟁

복지국가란 국가개념의 하나로 복지기능이 강화된 국가를 말하고, 국가가 최소한의 의식주 생활을 보장하여 주는 것으로 설명할 수 있다. 이 영화는 영국을 배경으로 하여 캐머런 보수연립내각이 집권한 2010년 이후의 영국 복지제도를 비판한다. 영국은 복지국가의 원형이자 원조에 해당되는 국가이다. 오늘날의 복지국가의 성립은 1942년 Beveridge 보고서에서 출발한다. 당시는 19세기 후반 산업혁명 이후 빈곤과 실업이 사회문제로 대두됨에 따라 국가의 보편적 복지의 필요성이 높아졌고, 이를 1946년 국민부조법, 국민보험법 등을 통하여 추진하게 된다. 그 이후 1979년 보수당 집권, 1997년 노동당 재집권, 2010년 캐머런의 보수연립내각의 재집권 등 보수당과 노동당의 정권교체를 통하여 보편적 복지에 대응한 선별복지의 개념의 등장에 따라 이른바 복지논쟁이 발생하였다. 보편복지와 선별복지는 복지정책에 있어서 소득에 관계없이 어느 한 집단에게 급여를 하는지 여부에 따라 구분된다.

이 영화는 캐머런 보수당이 집권한 2010년 이후의 영국의 복지제도를 다루고 있다. 당시 캐머런 정부는 '일하는 복지'라는 복지 구조조정을 하면서 복지급여의 제공조건으로 노동의무를 부과하는 노동연계복지를 추진하였는데, 영화 속에서 다니엘이 심장병으로 더 이상 노동을 할 수 없게 되자 질병급여를 신청하면서 겪는 이야기는 이런 이유이다.[28] 이 영화는 복지국가의 모국인 영국에서 복지가 과연 누구를 위한 것인지, 복지의 본질이 무엇인지 질문을 던지고 있다.

경직된 현대행정

다니엘은 심장병으로 더 이상 목수생활을 할 수 없어서 절차에 따라 정부에 질병수당을 신청한다. 그러나 인터뷰에서 그는 심장을 제외하고는 팔 다리를 모두 움직일 수 있다는 이유로 질병수당 수급권자에 해당되지 않는다는 판정을 받는다. 심장병으로 더 이상 일을 할 수 없다는 의학적 판단 때문에 일을 하지 않고 질병수당을 신청하게 되었는데, 행정기관의 매뉴얼에는 다시 의료행정적 판단 – 의학적 판단이 아니라 – 에 따라 일을 할 수 있는 상태이므로, 질병수당을 받을 수 없고 구직수당을 받을 수 있다는 판단을 받는다. 정해진 매뉴얼의 질문 문항에 따라 형식적, 기계적으로 비의료인이 판단을 하게 되는 문제가 발생된다.

다니엘은 질병수당 수급권자에 해당되지 않는다는 우편 통지를 받고 이에 대하여 이의(항고)를 하고자 하였으나, 절차적으로 우편 통지를 받기 전에 구두로 거절통보를 받아야만 우편 통지에 대하여 항고를 할 수 있으므로, 구두통보를 받기 전에는 질병수당 지급거부에 대하여 이의를 할 수 없고 구직수당 신청만이 가능하다고 한다. 그리고 구직수당을 신청하기 위해서는 상당한 시간 동안 구직활동을 하였다는 증명을 제출하여야 하고, 그 신청은 먼저 인터넷을 통하여 신청서를 작성하여야 한다고 안내받는다. 다니엘은 마우스도 사용해 본 적이 없는 노인으로 여러 사람의 도움을 얻어 어렵게 구직수당 신청까지 하게 되지만, 구직노력에 대한 증명이 부족하다는 이유로 구직수당 신청은 거부당한다. 이처럼 두 번에 걸쳐 신청을 거절당하여 지쳐있는 다니엘에게 담당 공무원은 생계수당을 신청하도록 종용한다.

이러한 과정에서 드디어 질병수당 신청에 대한 거부통지의 전화를 받게 되고 이에 항고를 한다. 항고심사 과정에서 질병수당 신청에 상당한 이유가 있다는 점이 증명되던 중 다니엘은 그 기관의 화장실에서 결국 심장발작으로 숨을 거두고 만다.

다니엘은 인터넷을 이용하는 과정에서 상대적으로 경제적, 사회적 또는 지적 능력이 열악한 것으로 보이는데, 이는 앞서 본 바와 같이 노인의 정보격차 문제를 보여준다. 행정이 인터넷을 통한 신청행위만을 인정하는 것은 결국 정보 취약계층에 의한 신청 자체를 인정하지 않는 것과 같다. 전자문서로 좁게 한정할 필요가 없이 문서나 전자문서를 통하든 구두로 하던 상관없는 것으로 운영해야 한다.

실미도 _분단의 비극

강우석, 2003

▌영화 소개

이 영화는 북파공작업무를 목적으로 창설된 특수부대의 실화, 즉 '실미도 사건'에 바탕을 두고 있다. 국가의 약속을 믿고 실미도에 격리된 채 3년간이나 가혹한 훈련을 견뎌냈지만 보상은커녕 제거되는 운명을 겪은 이름 없는 개인의 아픔을 담아내고 있다.

영화는 국가와 훈련병, 교육대 기간병과 훈련병, 중앙정보부와 교육대장 등 '권력'을 기준으로 한 대립구도로 짜여져 있다. 교육대장 준위는 훈련병의 교육을 담당하는 권력자이지만 중앙정보부

영화 포스터.
(출처: 네이버영화)

나 군고위층 앞에서는 하찮은 존재에 불과하고, 인찬은 훈련병의 대표인물로 묘사되지만 기간병 앞에서는 철저한 약자의 위치에 있다.

훈련병들은 전부 사형수와 전과자에서 모집된 것으로 묘사되는데 이 부분이 훗날 명예훼손 소송의 주된 원인이 되었다. 영화 상영 후 재판과정에서 밝혀진 바에 의하면 사실 훈련병 31명 중에 사형수나 중범

죄자는 단 한 명도 포함되어 있지 않았고 대부분 훈련 후 장교임관 등의 약속 하에 입대한 것으로 밝혀졌다.

이 부대는 1968년 1·21사태 이후 북한 주석궁에 대한 기습공격을 목적으로 1968년 4월경 실미도에서 창설되었다. 그래서 실미도부대는 684부대라고 불린다. 부대가 비록 공군에 소속된 것이긴 하지만 중앙정보부가 창설부터 해체까지 주도하였던 것으로 나타난다. 1971년 8월 23일, 기간병들을 살해하고 실미도를 탈출하여 서울 영등포에서 군경 대치 중 수류탄 자폭으로 현장에서 대부분 사망하면서 막을 내린다.

훈련병의 숫자는 처음 김신조 일당의 인원과 동일하게 31명으로 구성되었고, 훈련 중 7명이 사망하여 1971년 실미도를 탈출할 당시의 부대원 숫자는 24명이었으며, 서울에서 마지막까지 생존하였던 훈련병은 4명인데 이후 군사재판에서 사형을 선고받고 바로 집행되었다.

이 영화는 백동호의 동명의 소설을 원작으로 하여 각색하였고, 1,108만의 관객을 동원하였다. 영화사적으로 한국 영화 최초의 1천만 관객을 돌파한 작품으로도 평가를 받지만, 무엇보다도 역사속에 잊혀졌던 '실미도 사건'을 사회에 드러내 고발한 것으로 큰 의미를 가진다.

역사적 사건이나 역사적 인물을 바탕으로 한 이른바 모델영화는 명예훼손의 논란이 빚어지는 경우가 많다. 이 영화도 실화에 바탕을 두다 보니 부득이 영화와 관련된 훈련병 또는 유가족의 명예를 훼손하는 것이 문제가 되어 손해배상청구 등 소송이 발생하기도 하였다.

1945년 분단으로 시작된 한국 현대사는 한국전쟁으로 큰 상처를 입었다. 한국전쟁이 휴전인지 종전인지 논란이 있지만 70여년이 지났어도 여전히 남북 간에는 크고 작은 전투, 전쟁이 이어져 오고 있다. 이 영화와 더불어 남북 간의 대결, 전쟁을 그린 영화로는 〈공동경비구역 JSA, 박찬욱〉, 〈연평해전, 김학순〉, 〈고지전, 장훈〉 등이 있다.

▌실미도 사건의 진상과 국가의 책임

이 영화는 1천만이 넘는 관객을 동원한만큼 국민에게 큰 반향을 일으켰다. 상영 이후 유가족의 영화사를 상대로 한 명예훼손소송 또는 진실규명요구 등에 따라 국방부 과거사진상규명위원회가 2006년 7월 13일 '실미도 사건'에 대한 진상조사 결과를 발표하였다. 실미도 사건에 대한 진상은 과거사진상규명위원회의 조사보고서가 상세하게 기록하고 있다.[29]

실미도에서 무슨 일이 있었을까. 영화, 손해배상소송, 조사보고서의 내용을 종합하여 보면 도저히 상상할 수 없는 범죄가 자행되었던 것이 분명하다. 국가는 국민을 장교 임관, 미군부대 취직 등으로 속여 모집하고 3년이 넘는 기간 동안 제대로 된 급여를 주지도 않았으며, 훈련 중에는 외출을 일체 금지하여 사실상 감금한 상태에서 훈련을 강제하였고 이를 피하여 탈영한 훈련병을 동료 훈련병이 직접 처형하도록 지시하는 등 다양한 인권유린이 자행되었다.

그 인권유린이 국가가 주도하고 방조하였다는 것이 '실미도 사건'의 핵심 내용이다. 훈련병 중 생존한 4명에 대한 군사재판에서도 재판이 비공개된 상태에서 사형이 확정되고 집행된 것도 국가권력에 의한 폭력이다. '실미도 사건' 이후의 국가의 대응도 사건을 축소하고 은폐에 급급한 국가권력의 민낯을 보여준다. 국가는 처음에는 나라를 위한 것이라고 모집하였다가 더 이상 필요가 없어지자 부대 해체 및 훈련병의 제거를 명령한다. 이에 교육대장이 중앙정보부의 명령은 국가의 명령이 아니니 복종할 수 없다는 장면에서 국가권력이 어떤 방식으로 작동되는지를 보여준다.

보고서에 의하면 31명의 훈련병 중에는 현역군인은 하나도 없고 모두 군특수범이나 민간인들을 대상으로 모집한 것이라고 한다. 훈련병이 현역군인인지 여부가 문제가 되지만 공식 기록상에는 장교, 하사관, 현역병 등의 입영처분이 없어 당시 국방부장관이 이들을 군인이 아닌

실미도 부대원이 실미도를 탈출하여 서울에서 군경과 대치하던 상황을
보도한 1971년 8월 24일자 조선일보 기사.
(출처: 조선 뉴스 라이브러리 100)

민간인 신분으로 규정하였고, 탈출 당시 생존하고 군사재판을 받은 4명
의 훈련병의 신분도 군사재판 과정에서 민간인으로 취급되었다는 점에
서 민간인으로 판단된다는 것이 보고서의 결론이다. 민간인 신분으로
군사재판을 받게 된 것은 초병살해죄로 기소된 결과이다. 헌법상 민간
인도 초병살해죄의 경우에는 군사재판을 받을 수 있는 예외에 해당되기
때문이다(1969년 대한민국헌법 제24조 제2항).

　이처럼 인권유린 및 범죄행위, 사건 은폐 및 축소 등의 국가의 행
위에 대하여는 당연 책임이 뒷따라야 한다. 그것이 손해배상이든 명예
회복이든 당사자가 납득할 수 있는 조치가 있어야 한다. 무엇보다도 훈
련병의 신분과 지위에 대한 명예회복이 우선되어야 한다. 다시 말하면
훈련병이 군인인지 여부는 예우와 보상, 그리고 명예회복 차원에서 중
요한 문제가 된다.

　보고서에 의하면 훈련병을 모집할 당시에는 장교임관 등의 약속을
하고 군부대의 훈련장에서 훈련이 이루어졌으며, 훈련 중에도 군인으로

서 대우를 해주고 공군 정보부대에 소속되어 훈련을 받으면서 북파공작
이란 군 고유의 임무 수행과 관련이 있는 것으로 보면, 이들을 군인이
아닌 국가와의 고용계약에 따른 민간인 신분으로 처리한 것은 의문이
남는다. 물론 공작원의 임무나 정보활동의 성격이 모두 군만의 임무라
고 단정할 수 없고, 당시 이 부대의 창설 및 운영에 중앙정보부가 깊히
관여한 사실로 보아 민간조직으로 운영할 목적도 없지 않은 것으로 보
여진다. 그러나 모집 당시 현역장교 임관 등의 약속도 한 것으로 보이
므로 훈련병으로서는 군인으로 입대한 것을 신뢰하였을 것으로도 충분
히 짐작이 된다.

과연 당시 입소의 경위에서 군인 임관의 구체적 약속이 있었는
지, 훈련 중 군인으로서 대우를 해주었는지 등 사정을 조사하여 늦었지
만 그 지위를 확인하여 응당한 처우와 배상을 하는 것이 국가의 의무
이다. 그들이 사망하였다고 하여 국가의 의무가 면제되는 것은 아니다.
'실미도 사건'은 분단이 가지고 온 상처의 하나이긴 하지만, 현대사의
변명으로 넘길 것이 아니라 과거 국가가 어떤 인권유린을 자행하였는지
보여주는 산 역사라고 할 것이다.

국가는 실미도 훈련병과 같은 북파공작원 등의 보상을 위하여
2004년 「특수임무수행자 보상에 관한 법률」, 2005년 「특수임무수행자
지원에 관한 법률」(현행 특수임무유공자 예우 및 단체설립에 관한 법률)을 각
각 제정하여 시행하고 있다. 이 법률은 국가를 위하여 희생을 한 특수
임무수행자와 그 유족에 대한 보상, 유공자 예우 등에 대한 내용을 담
고 있다. 이러한 법률 이전에 국가와 사회를 위하여 희생한 시민에 대
한 진솔한 사과와 존중이 법상의 보상과 예우보다 중요함은 말할 필요
도 없다.

▌영화 속 역사적 인물과 명예훼손

실미도에서 훈련하는 부대원들.
(출처: 다음영화)

이 영화는 '실미도 사건'이란 역사적 사실에 기반을 두고 있어, 그 역사적 인물인 훈련병의 명예를 훼손하는지가 문제가 되었다. 이런 경우 영화 제작자의 입장에서는 사실에 입각한 영화라는 홍보를 하고, 한편으로는 영화는 사실에 기반한 것이긴 하지만 허구에 기초한 작품으로서 예술의 자유가 보다 중요하다는 점을 반론한다. 영화제작자의 이러한 '실화'와 '허구'라는 양립하기 어려운 주장이 동시에 제시되는 아이러니가 있다. 결국 역사적 인물을 다룬 영화는 역사적 사실과 허구의 사실 사이에서 어디에 중점을 둘 것인지에 따라 명예훼손 여부가 달라지게 된다.

역사적 사건이나 역사적 인물을 다룬 영화에 대하여 관련 인물의 명예를 훼손하는지가 논란이 된 사건들이 꽤 많다. 대개의 경우 영화가 허구의 창작물이라는 점에서 명예훼손을 인정하기는 쉽지 않지만 드물게 명예훼손책임을 인정한 사례도 있다. 〈그때 그 사람들, 임상수〉에서는 박정희 전대통령의 명예를 훼손했다는 이유로 원고가 제기한 상영금지 및 손해배상 소송에서 1심에서는 손해배상금 1억 원 지급이 인용된 적이 있다(2심에서는 배상금의 반환과 자막 수정으로 조정으로 종료됨).[30]

영화작품이라고 하여 명예훼손의 책임이 없는 것이 아니라 사실의 적시로 인하여 실제 인물의 명예를 훼손한 경우에는 그 책임이 있다. 다만 허위사실이라도 공공의 이익을 위한 것이고, 그 사실이 진실이라고 믿었거나 믿을 만한 상당한 이유가 있는 경우에는 위법성이 조각되어 명예훼손책임을 지지 않는다는 일반적인 법리가 있다. 그러나 예술의 자유를 추구하는 영화작품에서 공공의 이익 법리를 원용하기 어려우므로 일반적인 명예훼손책임의 위법성조각사유를 그대로 적용하기는 어렵다고 생각된다.

이 영화에서는 훈련병들이 사형수나 범죄자로 묘사되고, 훈련 중 북한의 적기가를 부르는 장면이 용공주의자로 오인을 불러일으킨다는 점에서 문제가 되었다. 이에 훈련병의 유가족들이 영화제작자 등을 상대로 손해배상소송 등을 제기하였고, 법원은 1심, 2심에 이어 대법원까지 명예훼손책임이 인정되지 않는다고 판결을 하였다. 판결에 의하면 당시 훈련병들은 사형수나 중범죄를 저지른 자도 아닌 것으로 드러났다. 그러나 사건 당시에는 군이나 국회, 언론에서 '실미도 사건'을 군특수범 난동사건으로 규정하였고, 이 사건 영화를 제작, 상영할 당시까지도 정부에 의한 공식적인 사실 확인이 이루어지지 않아 훈련병의 전과나 입대 경위 등에 대한 자세한 내용을 알기 어려웠다. 이에 법원은 이 영화에서의 인물에 대한 묘사가 결과적으로 허위사실로 판명되긴 하였지만 이를 진실이라고 믿을만한 상당한 이유가 있다고 할 것이어서 명예훼손에 대한 고의 및 과실을 인정할 수 없다고 판단하였다(대판 2010. 7. 15. 선고 2007다3483).

<실미도> 사건의 대법원 판결의 주요 내용
(대판 2010. 7. 15. 선고 2007다3483)

▷ **실제 인물이나 사건을 모델로 한 영화의 명예훼손책임 인정 여부에 관한 판단기준**

실제 인물이나 사건을 모델로 한 영화가 허위의 사실을 적시하여 개인의 명예를 훼손하는 행위를 한 경우에도 그것이 공공의 이해에 관한 사항으로서 그 목적이 공공의 이익을 위한 것일 때에는 행위자가 적시된 사실을 진실이라고 믿었고 또 그렇게 믿을 만한 상당한 이유가 있으면 그 행위자에게 불법행위책임을 물을 수 없다고 할 것인바, 그와 같은 상당한 이유가 있는지 여부를 판단함에 있어서는 적시된 사실의 내용, 진실이라고 믿게 된 근거나 자료의 확실성, 표현 방법, 피해자의 피해 정도 등 여러 사정을 종합하여 판단하여야 하고, 특히 적시된 사실이 역사적 사실인 경우 시간이 경과함에 따라 점차 망인이나 그 유족의 명예보다는 역사적 사실에 대한 탐구 또는 표현의 자유가 보호되어야 하며 또 진실 여부를 확인할 수 있는 객관적 자료의 한계로 인하여 진실 여부를 확인하는 작업이 용이하지 아니한 점 등도 고려되어야 한다. 아울러 영리적 목적 하에 일반 대중을 관람층으로 예정하여 제작되는 상업영화의 경우에는 역사적 사실을 토대로 하더라도 영화제작진이 상업적 흥행이나 관객의 감동 고양을 위하여 역사적 사실을 다소간 각색하는 것은 의도적인 악의의 표출에 이르지 않는 한 상업영화의 본질적 영역으로 용인될 수 있으며, 또한 상업영화를 접하는 일반 관객으로서도 영화의 모든 내용이 실제 사실과 일치하지는 않는다는 전제에서 이러한 역사적 사실과 극적 허구 사이의 긴장관계를 인식·유지하면서 영화를 관람할 것인 점도 그 판단에 참작할 필요가 있다.

▷ **영화의 내용이 특정인의 명예를 훼손하는 내용을 담고 있는지 여부에 관한 판단기준**

영화의 내용이 특정인의 명예를 훼손하는 내용을 담고 있는지의 여부는 당해 영화의 객관적인 내용과 아울러 일반의 관객이 보통의 주의로 영화를 접하는 방법을 전제로, 영화 내용의 전체적인 흐름, 이야기와 화면의 구성방식, 사용된 대사의 통상적인 의미와 그 연결 방법 등을 종합적으로 고려하여 그 영화 내용이 관객에게 주는 전체적인 인상도 그 판단 기준으로 삼아야 하고, 여기에다가 당해 영화가 내포하고 있는 보다 넓은 주제나 배경이 되는 사회적 흐름 등도 함께 고려하여야 한다.

택시운전사 _광주민주화운동

▌영화 소개

이 영화는 택시운전사와 그 탑승객인 기자의 에피소드를 다룬 실화를 바탕으로 하고 있다. 서울에서 택시운전기사로 일하는 만섭은 우연히 외국인 기자를 광주로 태워주면서 영화는 시작한다. 택시운전사의 본명은 김사복이고 기자의 이름은 독일 제1공영방송 소속의 일본특파원인 Jürgen Hinzpeter이다. 힌츠페터는 도쿄에 주재하는 일본특파원이지만 한국특파원도 겸하고 있었다. 1980년 당시 광주에서는 엄청난 일이 벌어지고 있었지만, 그 소식이 외부로 알려지지 않던 시절이었다. 언론은 통제하에 있어서 뉴스로 내보내지지 않았던 것을 독일기자인 힌츠페터가 그 소식을 듣고 서울에 왔다.

광주는 완전히 고립되어 있었고 들어갈 수도 나갈 수도 없는 사정이었는데, 그런 사실도 모르고 외국인 기자를 태우고 광주로 들어가면서 광주민주화운동의 첫 소식이 외국에 알려지게 된다. 영화에서는 광주에 한 번 내려간 것으로

영화 포스터.
(출처: 네이버영화)

서는 광주에 한 번 내려간 것으로

되어 있지만, 실제는 두 번 내려갔고, 기자 혼자 간 것이 아니라 음향 감독 등 4명이 팀을 이루어 내려간 것으로 되어 있다. 훗날 힌츠페터는 광주민주화운동을 세계에 처음으로 알린 공로로 2003년 제2회 송건호언론상을 수상하였고, 택시기사 김사복을 찾으려고 하였으나 실제 만나지는 못하고 사망하였다.

영화의 제목이 '택시운전사'이지만 실제는 5·18민주화운동의 사정을 외부에 보도한 외국 언론인의 실화를 다룬 것인만큼 제목을 '외국특파원이나 신문기자'로 하여도 좋았다. 민주주의의 척도는 언론의 자유의 보장 여부에 달려있고, 이러한 언론의 자유는 실제 현장에서 취재하고 보도하는 언론인이 제 역할을 하는지가 매우 중요하다. 힌츠페터는 한국의 광주에서 무슨 일인가 발생되고 있다는 사실을 듣고 직접 취재하러 광주에 내려가기로 한다. 당시 교통이 통제되고 있는 사정에서 취재를 위하여 택시를 타고 가기로 하고 도움을 받게 된 것이다.

힌츠페터와 김사복의 사진.
(출처: 동아닷컴)

한국 현대사에서 군부독재와 이를 극복한 민주화운동은 아픔이자 자랑이다. 이를 소재로 한 많은 영화가 나왔다. 5·18민주화운동을 소재로 한 영화로는 화자의 관점에서, 시민 또는 피해자의 눈으로 본 〈화려한 휴가, 김지훈〉, 계엄군으로 현장에 투입된 병사의 입장의 〈박하사탕, 이창동〉, 서울에서 내려온 택시기사가 바라본 이 영화로 나눌 수 있다. 정도의 차이를 떠나 1980년 당시 모든 사람이 피해자라는 사실을 보여준다. 1980년 5·18민주화운동 이후 박종철, 이한열 사망의 민주화운동을 다룬 영화는 〈1987, 장준환〉이 있다. 이 영화는 광주에서 시작한 민주화운동이 꽃을 피우고 열매를 맺는 1987년 상황을 상세하게 묘사하고 있다. 당시는 대학생뿐만 아니라 생계에 바쁜 일반 시민들도 참여하는, 모든 시민이 민주화투사였던 그런 시절이었다.

▎5·18민주화운동

영화의 시대 배경은 1980년 광주에서 발생한 5·18민주화운동이다. 광주민주화운동은 1980년 5월 18일부터 27일 새벽까지 10일 동안 군부독재에 대항하여 광주 일원에서 벌어진 민주화운동을 일컫는다. 1980년은 10.26과 12.12를 거치면서 전두환 군부가 집권을 공고히 하는 시절이었다. 광주에서 이에 대응한 시위가 벌어지자, 전두환 군부가 특전사 병력을 투입하여 시민을 무차별적으로 진압하여 수많은 사상자를 발생케 하였다. 당시에는 폭동으로 규정하여 그 진압의 정당성을 강조하고 전두환 정권의 탄생의 정당성을 부여해 준 사건이었으나, 훗날 민주화 이후에 진상이 밝혀져 '광주민주화운동' 또는 '5·18민주화운동'으로 재탄생하였다.

영화를 통하여 보듯이 광주민주화운동 당시 많은 시민이 희생되었다. 이는 불법한 공권력이 자행한 범죄이고, 이를 통하여 희생된 시민들은 당연히 국가에 의한 배상이 진행되어야 한다. 아직까지도 진상이 완전히 규명되지 아니하여 계속 조사 중에 있고, 희생자 수에 대하여도 명백하게 확정되지 않은 형편이다. 통계에 의하면 광주민주화운동의 희생자는 2018년 12월 보상 신청 기준으로 사망자 223명, 행방불명자 448명, 상이후 사망자 140명, 상이자 5,928명에 이르고 있는 것으로 알려지고 있다(5·18기념재단).

5·18민주화운동은 오늘날 한국 민주주의의 밑거름이 된 것으로 한국 현대사의 큰 사건 중의 하나이다. 그에 대한 정치적, 사회적 평가는 넘치지만 법적으로 이를 헌법상 저항권의 행사로 볼 수 있는지에 대하여 논의가 되고 있다. 저항권은 국가권력이 기본권이나 헌법적 기본원리를 침해하고 그 침해가 헌법의 존재 자체를 부인하는 경우에 다른 합법적인 방법으로는 기본권과 헌법을 보호하기 어려워 국민이 스스로 헌법과 기본권을 보호하기 위하여 실력으로 저항하는 최후수단으로 정의된다. 저항권은 명문의 근거를 가지지 않고 자연권적으로 설명이 되고, 또한 기본권 보호의 최후수단적, 보충적 방법이라는 요건상의 한계 때문에 아직 판례에서 명시적으로 인정을 받은 적은 없다(김재규 사건, 대판 1980. 5. 20. 선고 80도306; 민청학련사건, 대판 1975. 4. 8. 선고 74도3323).

서울에서 광주로 가고 있는 택시.
(출처: 네이버영화)

전두환, 노태우 군사반란 관련 대법원 판결에서 5·18민주화운동을 저항권의 행사로 인정하고 있는지에 대하여 언급이 있었다. 대법원은 원심이 저항권이론을 받아들였다는 피고인의 주장에 대하여 "그리고 원심이 명시적으로 '저항권'이론을 수용한다는 취지로 판시하고 있는 것은 아니므로, 원심이 대법원 판례를 위반하여 '저항권'이론을 수용하였다는 주장은 받아들일 수 없다."고 판시하고 있다(대판 1997. 4. 17. 선고 96도 3376). 그러나 학설상으로는 전두환 군부세력에 대하여 광주시민들이 기본권을 보호하고 민주질서를 회복하기 위한 저항권 행사로 보아야 한 다는 견해도 유력하게 제기되고 있다. 이러한 논의는 저항권의 최후수 단적 성격 내지 보충적 성격상 저항권은 엄격하게 해석되어야 한다는 법적인 관점에 입각한 것일뿐이고, 정치적, 사회적 관점에서는 5·18민 주화운동을 시민의 저항권 행사로 보는 데 지장이 없다.

▌5·18민주화운동 관련 법률들

5·18민주화운동이 제대로 평가를 받으면서 많은 법률이 제정되었 다. 하나의 사건에 대한 역사적인 평가는 법의 영역이 아니라 정치적, 사회적 영역에 해당된다. 5·18민주화운동에 대하여도 1980년 당시에 는 이른바 광주사태로 명명되다가 민주화 과정을 거치면서 민주화운동 으로 평가를 받게 된다. 그런데 정치적, 사회적 평가만으로는 해결하기 어려운 것이 있다. 예컨대 가해자와 피해자의 확정, 가해자의 처벌, 피 해자의 구제와 예우 등에 대한 상세한 규정이 필요하다. 물론 기존의 민법이나 형법만으로도 상당 부분이 해결이 가능하지만, 오래전에 발생 한 사건의 경우에는 공소시효나 소멸시효의 문제로 사건의 진실이나 피 해구제에 어려움을 겪는 경우가 많다. 국민들이 모두 공감하는 역사적 사건이라면 그 사실과 평가를 법률로 제정하여 확정하는 것이 필요한 경우도 있다.

5·18민주화운동은 이런 필요 때문에 피해보상, 형사절차, 유공자, 진상규명 등의 4개 분야의 법률이 제정되고 그 법률도 수차례 개정되 었는데, 우리 법제사에서 보면 하나의 사건에 대하여 다양한 방면에서 수개의 법률로 제정된 것은 상당히 이례적인 경우에 해당된다고 할 것

이다. 즉 「5·18민주화운동 관련자 보상 등에 관한 법률」(약칭 5·18보상법), 「5·18민주화운동 등에 관한 특별법」(약칭 5·18민주화운동법), 「5·18민주유공자예우에 관한 법률」(약칭 5·18유공자법), 「5·18민주화운동 진상규명을 위한 특별법」(약칭 5·18진상규명법)이 그것이다.

'5·18보상법'은 최초로 제정된 법률로서, 민주화 된 이후 1990년 8월 6일 제정되고 10일 후 시행된 것인데, 당시에는 「광주민주화운동관련자보상등에 관한 법률」의 이름으로 제정되었다가 2008년에 오늘과 같이 명칭이 변경되었다. 이 법은 5·18민주화운동 관련 피해자의 명예회복과 피해보상을 위한 법률로써, 보상금의 종류, 보상절차 등을 규정하고 있다. 보상의 범위에 대하여 "5·18민주화운동과 관련하여 사망하거나 행방불명된 사람 또는 상이를 입은 사람"으로 규정하여 일반적인 배상의 범위보다는 넓게 규정한 것으로 보인다. 5·18민주화운동 관련한 최초의 보상법으로서 의의가 있다.

'5·18민주화운동법'은 1995년 12월 21일 제정, 시행된 법률이다. 이 법률은 공소시효 정지, 재정신청 특례, 특별재심 등 형사절차의 특례를 규정함으로써 기존의 형사법체계에 대한 특별법으로 제정되었다. 이 법이 최근 화제가 된 것은 2021년 개정법률 때문이다(2021년 1월 5일 개정 및 시행). 동법에서는 5·18민주화운동에 대한 허위사실을 유포한 경우 5년 이하의 징역 또는 5천만 원 이하의 벌금에 처하도록 하고 있다(제8조). 문제는 허위사실유포죄의 보호법익이 무엇인가 하는 점이다. 법률안의 제안이유에서 역사왜곡이 희생자나 유가족의 명예훼손 이외에 '잘못된 역사인식 전파와 국론분열이라는 사회적 파장'이라는 사회적 법익을 침해하는 것으로 제시하고 있어 문제가 된다. 사회적 법익을 침해하는 언론행위를 처벌하는 것은 유언비어 유포 규제로써 전체주의적 사고방식의 발로이다. 사회가 모두 하나의 가치로, 하나의 방향으로만 일치단결하여 나아가야 하며 이를 위태롭게 하는 언론을 하는 자는 사회를 불안하게 하고 분열시키는 행위로써 처벌하여야 한다는 논리이다.

이러한 유언비어를 유포하는 행위를 처벌하는 것이 위헌이라는 것은 헌법재판소가 이미 2010년 미네르바 사건에서 선언한 적이 있다. 필명인 미네르바는 2008년 금융위기 당시 우리나라의 외환 문제등에 대한 허위의 게시물을 인터넷에 게재하였다는 이유로 「전기통신기본법」 제47조 제1항의 허위통신죄로 기소되었는데, 헌법재판소는 공익을 해하는 허위의 통신이라는 구성요건은 죄형법정주의에 위반된다는 이유에서 위헌을 선고한 바 있다(헌재 2010. 12. 28. 선고 2008헌바157 등). 개정법률의 내용도 결국 공익을 해하는 표현을 처벌하겠다는 것에 불과하여 표현의 자유를 본질적으로 침해하는 것으로 위헌의 소지가 있다. 5·18민주화운동에 대한 역사적 사실을 존중하고 왜곡을 지양하여야 하는 것은 지당하지만, 민주주의와 언론의 자유의 관점에서 이를 규제하는 것이 타당한지, 규제한다면 이를 형벌만으로 하여야 하는지 등에 대한 고민이 부족한 법률로 보인다.

'5·18유공자법'은 2002년 1월 26일 제정되고 2002년 7월 27일 시행된 법률이다. 제정 당시에는 「광주민주유공자예우에관한법률」의 명칭을 가졌다가 2004년에 현재와 같은 명칭으로 변경되었다. 이 법률은 5·18민주화운동과 관련한 국가유공자법의 성격을 가진다. 우리나라에서는 국가유공자에 대하여 국가유공자법이라는 일반법이 있으면서, 다양한 국가유공자에 대하여는 개별법을 규정하는 입법방식을 취하고 있다.

'5·18진상규명법'은 2018년 3월 13일 제정되고 2018년 9월 14일 시행된 법률이다. 이 법은 5·18민주화운동이 발생한지 37년이 지났지만 여전히 실체적 진상이 밝혀지지 않자 진상규명을 위하여 제정되었고, 이 법에 따라 '5·18민주화운동 진상규명조사위원회'가 설치되었다. 이 법의 제정이유에 의하면, "광주 전일빌딩에서 발견된 탄흔의 78%가 헬기 사격에 의한 것으로 추정되고 있으며 '발포명령 하달'이 표기된 광주주둔 505 보안부대 문서가 언론에 보도되고 5·18 당시 암매장 현장을 목격했다는 시민 증언 등을 토대로 5·18 행방불명자 진상조사 등이 본격화하고 있는 상황에서 제보 등을 통한 진상규명 관련 진술 확보를 더욱 활성화 할 필요가 있다. 또한 1988년 국회에서 5·18민주화운동에 대한 청문회가 열릴 당시 국방부와 군 보안사, 한국국방연구원 등 관계기관들은 5·18 진상을 감추기 위해 5·11연구위원회(5·11분석반)을 설치해 조직적으로 역사적 진실을 왜곡·조작했다는 증거도 드러나고 있다. 그러나 현재까지 대부분의 5·18 관련 군 기록들은 군사기밀로 묶여 제대로 공개되지 않아 진상규명에 어려움을 겪고 있다."고 제정이유를 밝히고 있다(법제처 국가법령정보센터).

▌직업인의 사명

이 영화에서는 직업인의 사명을 택시기사와 언론인으로 설명하고 있다. 택시기사는 승객을 목적지까지 안전하게 운송하여 줄 책임이 있고, 언론인은 진실을 취재하여 보도할 책임이 있다. 이는 프로페셔널의 책임과 사명이다. 신문기자를 전면에 내세우지 않는 것은 사실을 취재하고 보도하는 것이 언론인의 사명으로서 당연하지만, 택시운전사에게 기본적인 사명이란 안전한 운송 그 자체에 있을 뿐 취재를 도울 책무까지 있는 것은 아님에도 취재를 적극적으로 도와준 점을 강조하기 위한 것으로 보인다.

택시운전자의 사명은 승객과의 계약에 의하여 정해진다. 택시승객이 운송을 원하는 지점까지 운송해 주어야 할 계약상의 의무가 있다. 근대법원리상 계약의 체결은 강제되는 것이 아니라, 계약자유의 원칙에 따라 상대방 선택, 계약 내용, 계약 체결 등의 자유를 가진다. 그렇다면 택시운전자는 계약자유의 원칙에 따라 승객과 행선지를 선택하여 운송계약을 체결할 수 있다. 그러나 택시운송은 대중교통, 공공성을 가지므로 여객자동차운송사업면허를 부여하는 대신 일정한 의무를 부과한다. 예를 들어 정당한 사유 없는 승차거부, 중도하차, 부당한 요금을 받는 행위는 금지되고, 안전한 운행을 담보하기 위하여 택시부제를 설정하고 있다(여객자동차운수사업법 및 택시운송사업의 발전에 관한 법률). 사실 만섭은 현재 출입이 통제되고 있는 광주를 서울에서 출발하여 가는 것을 거부하더라도, 이는 충분히 정당한 사유로 인정될 여지가 크다 할 것이다. 그럼에도 불구하고, 언론인의 사명을 돕기 위하여 위험을 무릅쓰고 택시운전을 한 것이 평가를 받는 것이다.

이 영화는 택시운전사를 중심으로 전개하고 있지만, 실제는 힌츠페터라는 걸출한 기자의 역할을 드러내지 않으면서도 이를 강조하는 것이 아닌가 생각한다. 그러면 당시의 한국 언론인들은 무슨 일을 하고 있어서 외국기자가 이러한 일을 하게 되었을까. 전두환의 신군부가 장악한 1980년 당시 한국 내 언론의 자유는 참혹한 수준이었다. 권력장악을 위하여 언론인 대량해직, 언론통폐합, 언론기본법의 제정(1980년 12월 31일), 보도지침 등 다각적인 언론의 억압체제가 시동되던 때이다.[31] 이런 어려움 때문에 한국의 언론인은 광주의 진실을 취재하고 보도하기 어려웠을 것으로 보인다. 외국인이라고 하더라도 한국의 공권력이 미치지 않음에도 불구하고 치열한 기자정신을 발휘한 것은 언론인의 사명을 현창한 것이라고 하겠다.

법정에서 영화보기

제4장 범죄의 고발

밤쉘-세상을 바꾼 폭탄선언 _직장 내 성폭력

Bombshell, Jay Roach, 2019

▌영화 소개

언론재벌 루퍼트 머독이 소유한 보도전문채널 'Fox News'는 미국 1위의 시청률을 자랑하는 보수 성향 방송사이다. 이 영화는 2016년 7월에 발생한 에일스 회장의 여성 앵커에 대한 직장 내 성희롱 사건 실화를 바탕으로 하고 있다.

피해자로 등장하는 여성은 앵커 3명이다. 간판 앵커인 매긴 켈리는 변호사 출신이지만 로펌으로 가지 않고 방송계로 진출하였는데 공화

영화 포스터.
(출처: 네이버영화)

당 대선후보 토론회에서 트럼프 후보와 설전을 벌인 후 전국적인 화제의 인물이 된 사람, 미스 아메리카 출신의 그레천 칼슨은 전성기에서 밀려나 현재는 인기 없는 프로를 맡고 있다가 해고된 사람, 케일라 포스피실은 출세의 기회를 노리는 신인 앵커로 각각 설정된다.

영화 제목 "Bombshell"은 폭탄선언이라는 뜻을 가진 단어인데, 처음으로 폭탄을 터트린 사람은 그레천 칼슨이다. 그레천은 해고를 당하자 변호사를 선임하여 에일스 회장

을 상대로 거액의 손해배상소송을 제기하였고 이에 Fox News 내의 성희롱 문제가 수면 위로 등장하였다. 이에 오너인 루퍼트 머독 일가가 외부인에 의한 조사를 진행하는데, 처음에는 아무도 호응하는 사람이 없었으나 차츰 그레천이나 다른 여직원에 대한 성희롱 사례도 등장하고 급기야 매긴까지 에일스 회장을 상대로 소송을 제기하면서 문제가 확대된다.

조사 과정에서 증인은 쏟아지지만 결정적인 증거가 나오지 않고 지지부진 하던 중, 그레천이 녹음한 에일스 회장의 성희롱 발언이 등장하자 그레천과 2천만 달러에 손해배상 합의를 하고 에일스 회장이 해임되는 것으로 영화는 끝을 맺는다.

이 영화는 국내에서 2020년 7월 8일 개봉되었는데 당시 전 서울시장의 여직원에 대한 성범죄 사건과 맞물려 화제가 되었다. 직장 내의 상급자에 의한 성희롱 등의 성범죄이고 그것도 최고책임자에 의한 범죄이며, 조직의 구조적인 문제까지 제기되었다는 점에서 상당한 유사점을 가지고 있다.

▌직장 내 성범죄에 대한 법적 대응

에일스 회장의 성희롱 등의 범죄는 우발적인 것이 아니다. 상당히 의도적으로 진행되는 것으로 보인다. 회장에게 접촉하기 원하는 직원을 베테랑 비서가 적극적으로 소개하는 장면이 나온다. 영화에서 상세히 묘사되지는 않지만, 비서의 눈짓이나 행동으로 보아 회장에게 적극적으로 소개를 하는 것이 아닌가 하는 생각이 든다. 회사나 기관 등의 조직 내부에서 최고경영자의 범죄가 어떤 방식으로 생성되는지 구조적인 문제를 잘 보여주고 있다. 이러한 비서실 직원의 행동은 적극적으로 범죄를 도와주는 방조행위에 해당됨은 물론이다.

에일스 회장은 여성에 대한 차별적 시선을 공공연하게 드러낸다. 화장을 하지 않고 진행한 그레천에게 "땀 질질 흘리는 중년의 갱년기

에일스 회장이 자신의 집무실에서 케일라를 성희롱하는 장면.
(출처: 네이버영화)

여성"이라는 비하표현을 한다. 자신에게 '여성으로서 충성'을 할 것을 요구한다. 또한 에일스 회장은 자신의 지위를 이용하여 공공연히 성적 요구를 한다. 이에 고분고분하지 아니한 그레천에게 시청률이 높지 않은 프로그램으로 강제로 변경을 하고 급기야는 해고를 한다. 그러면서 출세를 원하는 신입사원인 케일라에게 성적 요구를 한다. 이러한 행위는 모두 성범죄에 해당한다.

직장 내 성범죄가 더 비난가능성이 높은 것은 업무상 상하관계에 있는 부하 직원에 대하여 상급자인 가해자가 자신의 지위를 이용하거나 또는 업무와 관련하여 성적 언동이나 폭력을 행사하기 때문이다. 피해자가 고용이나 업무관계가 있는 경우 가해자의 폭력에 대하여 쉽게 항의하거나 거절하지 못할 가능성이 높다.

직장 내의 성범죄에 대하여는 직장 내의 고용관계에서 발생한 문제라는 시각에서 노동법적으로 해결하는 방식과 직장 내를 불문하고 범죄라는 관점에서 형사법적으로 대응하는 두 가지 방식의 접근이 있다. 영화에서는 방송사 내에서 CEO에 의한 성희롱 문제가 대두되자 회사 내의 노사관계의 문제로 보고 제3자를 고용하여 진상조사를 하고, 손해배상 합의 등의 조치를 취하는 것으로 나타난다. 국가의 형벌권 개입에 우선하여 당사자의 자율적인 해결을 중시하는 미국적인 사고방식이라고 할 수 있다.

노동법적인 관점을 보면, 남녀고용평등법이 상세한 절차를 두고 있다. 즉 성희롱의 정의, 성희롱예방과 교육의무, 직장 내 성희롱 발생 시의 사업주의 조치 등을 규정하고 있는데, 직장 내 성희롱이 발생하면 피해자는 사업장의 명예고용평등감독관에게 상담, 조언을 요청하거나 또는 노사협의회를 통한 고충처리절차를 거치거나, 아니면 국가인권위원회나 노동위원회 등에 구제절차를 거치는 것으로 규정하고 있다.

남녀고용평등과 일·가정 양립 지원에 관한 법률(남녀고용평등법)의 직장 내 성희롱 개념

△직장 내 성희롱의 정의(제2조제2호)

직장 내 성희롱이란 사업주·상급자 또는 근로자가 직장 내의 지위를 이용하거나 업무와 관련하여 다른 근로자에게 성적 언동 등으로 성적 굴욕감 또는 혐오감을 느끼게 하거나 성적 언동 또는 그 밖의 요구 등에 따르지 아니하였다는 이유로 근로조건 및 고용에서 불이익을 주는 것을 말한다.

△ 직장 내 성희롱 발생 시 조치(제14조)

① 누구든지 직장 내 성희롱 발생 사실을 알게 된 경우 그 사실을 해당 사업주에게 신고할 수 있다.

② 사업주는 제1항에 따른 신고를 받거나 직장 내 성희롱 발생 사실을 알게 된 경우에는 지체 없이 그 사실 확인을 위한 조사를 하여야 한다. 이 경우 사업주는 직장 내 성희롱과 관련하여 피해를 입은 근로자 또는 피해를 입었다고 주장하는 근로자(이하 "피해근로자등"이라 한다)가 조사 과정에서 성적 수치심 등을 느끼지 아니하도록 하여야 한다.

③ 사업주는 제2항에 따른 조사 기간 동안 피해근로자등을 보호하기 위하여 필요한 경우 해당 피해근로자등에 대하여 근무장소의 변경, 유급휴가 명령 등 적절한 조치를 하여야 한다. 이 경우 사업주는 피해근로자등의 의사에 반하는 조치를 하여서는 아니 된다.

④ 사업주는 제2항에 따른 조사 결과 직장 내 성희롱 발생 사실이 확인된 때에는 피해근로자가 요청하면 근무장소의 변경, 배치전환, 유급휴가 명령 등 적절한 조치를 하여야 한다.

⑤ 사업주는 제2항에 따른 조사 결과 직장 내 성희롱 발생 사실이 확인된 때에는 지체 없이 직장 내 성희롱 행위를 한 사람에 대하여 징계, 근무장소의 변경 등 필요한 조치를 하여야 한다. 이 경우 사업주는 징계 등의

조치를 하기 전에 그 조치에 대하여 직장 내 성희롱 피해를 입은 근로자의 의견을 들어야 한다.

⑥ 사업주는 성희롱 발생 사실을 신고한 근로자 및 피해근로자등에게 다음 각 호의 어느 하나에 해당하는 불리한 처우를 하여서는 아니 된다.
1. 파면, 해임, 해고, 그 밖에 신분상실에 해당하는 불이익 조치
2. 징계, 정직, 감봉, 강등, 승진 제한 등 부당한 인사조치
3. 직무 미부여, 직무 재배치, 그 밖에 본인의 의사에 반하는 인사조치
4. 성과평가 또는 동료평가 등에서 차별이나 그에 따른 임금 또는 상여금 등의 차별 지급
5. 직업능력 개발 및 향상을 위한 교육훈련 기회의 제한
6. 집단 따돌림, 폭행 또는 폭언 등 정신적·신체적 손상을 가져오는 행위를 하거나 그 행위의 발생을 방치하는 행위
7. 그 밖에 신고를 한 근로자 및 피해근로자등의 의사에 반하는 불리한 처우

⑦ 제2항에 따라 직장 내 성희롱 발생 사실을 조사한 사람, 조사 내용을 보고 받은 사람 또는 그 밖에 조사 과정에 참여한 사람은 해당 조사 과정에서 알게 된 비밀을 피해근로자등의 의사에 반하여 다른 사람에게 누설하여서는 아니 된다. 다만, 조사와 관련된 내용을 사업주에게 보고하거나 관계 기관의 요청에 따라 필요한 정보를 제공하는 경우는 제외한다.

직장 내 성희롱이 범죄로 되는 경우에는 성폭력의 유형 중의 하나로 업무상위계·위력에 의한 강제추행등 범죄로 처벌된다. 성폭력처벌법에 의하면 업무 고용이나 그 밖의 관계로 인하여 자기의 보호, 감독을 받는 사람에 대하여 위계 또는 위력으로 추행한 사람에 대하여는 일반강제추행죄에 비하여 가중처벌하고 있다(제10조 제1항). 이는 업무 등으로 자신의 보호를 받는 피해자에 대한 범행이 비난가능성이 보다 높다는 데 따른 것이다.

성폭력범죄의 처벌 및 피해자보호 등에 관한 법률 제11조 제1항 소정의 위력과 추행의 정의(대판 1998. 1. 23. 선고 97도2506)

업무상위력 등에 의한 추행상의 위력이라 함은 피해자의 자유의사를 제압하기에 충분한 세력을 말하고, 유형적이든 무형적이든 묻지 않으므로 폭행·협박뿐 아니라 사회적·경제적·정치적인 지위나 권세를 이용하는 것도 가능하며, 위력행위 자체가 추행행위라고 인정되는 경우도 포함되고, 이 경우에 있어서의 위력은 현실적으로 피해자의 자유의사가 제압될 것임을 요하는 것은 아니라 할 것이고, 추행이라 함은 객관적으로 일반인에게 성적 수치심이나 혐오감을 일으키게 하고 선량한 성적 도덕관념에 반하는 것이라고 할 것이다.

▌직장의 책임과 피해자의 구제

직장 내 성폭력이 발생한 경우 가해자 본인의 책임은 물론이지만, 직장의 책임도 인정될 수 있는지 문제가 된다. 직장이 성범죄 예방이나 감독을 소홀히 하였다면 일정 부분 그 부작위에 대한 책임을 구성하는 것은 어렵지 않을 것이다. 에일스 회장의 성폭력은 방송사의 CEO로서의 지위를 이용하고 회장 비서의 조력이 있다는 점에서 방송사의 책임도 인정될 여지가 크다. 최근 지방자치단체장의 여비서 성폭력 사건에서도 지자체의 성폭력 예방이나 감독기능이 제대로 작동하였는지 여부에 따라 책임 여하가 달려있다고 본다. 직장 내 성폭력의 발생을 예방하기 위하여는 가해자에 대한 책임 추궁도 중요하지만 근본적으로는 직장의 감독 책임 해태로 인한 책임을 부과하는 것이 보다 중요하다고 할 것이다.

피해자의 구제방법으로는 앞서 본 바와 같은 가해자의 형사처벌, 노동법상의 절차, 민사상 손해배상 등을 포함하여 많은 방법이 있다. 가해자를 범죄자로 처벌하는 것도 피해자를 만족시키는 구제방법의 일종이라고 할 수 있지만, 역시 직접적으로 피해를 구제하는 방법은 가해자로부터 손해배상을 받는 방법이다. 물론 우리나라에서는 발생된 손해에 대하여만 배상하는 것을 원칙으로 하고 있기 때문에 미국법과 같은 징벌배상(punitive damages)으로 피해를 구제하는 것과는 차이가 있다. 이러한 징벌손해배상은 가해자의 악의적 또는 반사회적인 행위에 대하여 처벌적인 성격의 손해배상액을 물리는 것으로써 우리나라에서는 일반적으로 인정되는 것은 아니다.

그레천이 변호사를 통하여 가해자 측과 거액의 합의(실제 사례에서는 2천만 불의 합의)로 분쟁을 해결한 것으로 나타난다. 이 합의금액은 피해자에게 발생된 손해를 훨씬 뛰어넘는 것으로써 피해자의 피해구제 효과는 물론이고, 향후 이와 유사한 직장 내 성범죄를 예방하는 효과도 예상할 수 있다.

우리나라는 실제 발생된 손해를 배상하는 전보손해배상 방식을 채

택함으로써 이와 같은 피해 예방 효과가 반감된다는 비판이 있었다. 이에 따라 최근에는 미국식의 징벌적 배상방식이 일부 개별법에서 도입되고 있다. 최근 「개인정보 보호법」에서는 개인정보처리자의 고의 또는 중대한 과실로 개인정보의 유출등이 발생한 경우 손해액의 3배를 넘지 아니하는 범위에서 손해배상액을 정할 수 있도록 규정하여 일종의 징벌적 손해배상제도를 도입하였다(제39조 제3항). 그러나 손해배상액 자체를 일정 범위 내로 제한하고 있어서 진정한 의미의 징벌배상이라고 하기는 어렵지만, 징벌배상의 시동을 걸었다는 데 상당한 의미가 있고, 향후 생명, 신체, 명예훼손 등 징벌배상이 필요한 영역으로 과감하게 확대할 필요가 있다.

스포트라이트_종교와 범죄

Spotlight, Thomas McCarthy, 2015

▌영화 소개

영화 포스터.
(출처: 네이버영화)

미국의 유명 일간지 'Boston Globe'는 4인의 기자로 구성된 'Spotlight Team'을 가동하고 있는데, 보스톤의 카톨릭 교구의 아동 성추행 사건에 대하여 취재를 하기로 한다. 처음에는 단편적인 아동성추행 사건으로 시작하였지만 취재 과정에서 많은 성직자가 관련된 교회의 구조적인 문제로 드러났다. 그럼에도 이 문제가 그간 세상에 알려지지 않은 것은 많은 사건이 화해 등 재판 외의 방법으로 해결됨으로써 사건의 처리 경과가 철저하게 비밀에 부쳐졌기 때문이다.

영화는 성직자의 범죄를 숨기려는 카톨릭교회와 이를 도와주는 법조계, 그 내막을 폭로하려는 기자 사이의 갈등과 기자의 끈질긴 취재 과정을 담고 있다. 기자의 취재는 교회, 지역사회, 내부 등 여러 곳으로부터 저항받는다. 이를 이겨내고 진실을 밝혀내고 보도함으로써 교회의 부조리를 바로잡게 된다. 기자 또는 언론이 어떤 역할을 하여야 하는지 언론의 가치, 존재의의에 대한 생각을 하게 하는 작품이다. 이 영화는 실화를 바탕으로 한 것으로써 2016년 아카데미 최우수작품상 및 각본상을 수상하였다.

역사의 중요한 전환점에는 제보, 언론이 중요한 역할을 한다. 제보와 언론을 소재로 다룬 영화로는 황우석 줄기세포 스캔들을 다룬 〈제보자, 임순례〉, 박종철 고문사건과 언론의 특종을 다룬 〈1987, 장준환〉이 유명하다.

▌언론의 자유와 기자의 사명

언론은 사회의 부조리를 감시하고 짖는 워치독(watch dog)의 기능을 하여야 하며, 국가와 사회의 발전을 위한 비판의 논거를 제공하여야 한다. 그를 통하여 여론을 형성하고 자유로운 공론의 장으로 유도하여야 한다. 공론의 시장에서 시민의 자유로운 토론과 숙의가 이루어질 수 있도록 정확한 정보의 제공과 논쟁점을 제시하는 것이 올바른 언론의 기능이다. 이를 위하여 헌법은 언론의 자유를 민주주의 사회의 핵심적인 기본권으로 인정하고 있다(제21조).

언론은 사실을 보도하고 취재와 보도 과정에서 언론 자유의 적으로부터 보호받아야 한다. 스포트라이트팀은 성직자의 아동성추행 사건을 취재하면서 언론사 내외에서 다양한 압력에 시달린다. 현대사회에서 국가, 종교, 대기업 등 권력은 언론의 자유를 침해할 수 있는 잠재적인 적에 해당된다. 영화는 보스턴의 카톨릭교회를 권력으로 묘사한다. 권력에 대한 비판은 상당한 위험 부담이 있다.

사실 '보스턴 글로브'는 카톨릭 사제의 성추행 사건을 보도하더라도 명예훼손의 책임을 지지 않는다. 이것이 미국에서 발전되어 많은 나라에서 통용되고 있는 공인이론이다. 공인이론은 1964년 미국 연방대법원이 뉴욕타임즈 대 셜리반 사건(New York Times Co. v. Sullivan)에서 확립한 것으로써, 정치인, 종교인, 유명 스포츠스타 등 공적 인물에 대한 표현은 실제적 악의(actual malice)가 있지 않는 한 명예훼손책임이 인정되지 않는다는 것을 말한다. 이 사건은 1960년 3월 29일 뉴욕타임즈에 실린 의견광고 '그들의 떠오로는 목소리를 들어라(Heed their rising voices)'가 몽고메리시의 경찰책임자인 설리반의 명예를 훼손하였다는 이유로 한 소송에서 인정되었다. 우리나라에서도 미국과 완전히 동일하지는 않지만 공적인물에 대한 명예훼손책임을 제한하는 유사한 이론이 형성되어 있다. 공적 인물에 대한 명예훼손책임을 진실 또는 진실이라고 믿은 상당성에 의하여 위법성을 조각하는 방법으로 인정하지 않는다. 공익 목적의 비판적 언론이 위축되는 것을 방지하기 위함이다. 그런 점에서 보면 대통령, 장관, 국회의원 등 고위공직자가 자신에 대한 비판 또는 비난이 있다고 하여 민·형사상 소송을 제기하는 것은 결코 바람직하지 않다.

그렇다고 하여 언론이라고 하여 언제나 합법적인 취급을 받는다는 것은 아니다. 취재윤리를 위배하여 취재하고, 악의적으로 특정인의 명예를 훼손하는 행위는 허용되지 않는다. 한국기자협회 윤리강령에 의하면 취재과정에서 정당한 방법으로 정보를 취득하고 기록과 자료를 조작하지 않음을 천명하고 있다. 타인의 사무실에 불법으로 침입하거나 녹음하는 등의 불법적인 취재는 더 이상 언론으로서 보호받지 못한다.

언론보도로 인하여 피해가 발생되는 경우도 많다. 그에 대한 법적 대응으로는 명예훼손에 대한 민·형사소송, 보도금지가처분, 언론중재법에 의한 반론보도, 정정보도, 추후보도 등 다양한 방법이 인정되고 있다. 소송 이외에 조정이나 중재에 의한 해결도 이루어지고 있다. 그러나 언론에 대한 지나친 대응은 자칫 언론의 자유를 위축시키는 부작용으로 나타날 수도 있는 것도 경계하여야 한다. 공인에 대하여 책임을 제한하는 것은 이런 이유 때문이다.

최근 한국사회에서 등장하는 이른바 가짜뉴스 논란이 있다. 가짜뉴스의 개념은 논자에 따라 다양하게 정의되어 어느 하나로 이해하기 어렵지만, 국가나 정치인은 이를 규제하려고 한다. 세상살이에 약간의 거짓말이나 가짜는 흔히 볼 수 있고 이런 것을 불법적이라거나 위헌적 이라고 보지 않는데, 이것이 가짜뉴스라는 프레임으로 포장되는 순간 세상을 현혹하고 혼란을 불러오는 엄청난 해악으로 간주된다. 현행법상 허위사실이 포함된 언론이라면 관련 법률에 의하여 충분히 규율이 가능함에도 불구하고 정치권에서는 오늘도 가짜뉴스규제 입법이 필요하다는 주장을 한다. 자칫 가짜뉴스의 대응이라는 프레임은 언론의 자유를 위축시킬 수 있음을 잊어서는 안된다.[32]

▌성직자의 윤리와 법

영화는 카톨릭 교회의 성직자인 신부가 아동성추행의 범죄를 저지르고 이를 은폐하고 있는 교회권력을 비판하는 것을 내용으로 한다. 카톨릭 교회에서는 성직자가 혼인을 하지 않는 전통이 있지만 단지 그런 이유만으로 아동성추행 범죄의 원인을 돌릴 수는 없다. 성직자가 혼인을 하지 않는다는 종교적 전통이나 규율은 카톨릭 성직자의 종교적 윤리, 직업적 윤리에 해당되는 것이고, 아동성추행은 범죄에 해당되기 때문이다. 여러 원인 중의 하나일 수도 있으나 이는 범죄이고 정신병리현상에 해당된다. 성직자가 이러한 성추행을 범한 경우 교회 내부적으로는 교회법의 적용을 받게 되겠지만 속세법의 적용을 피할 수는 없다. 법앞의 평등이라는 대원칙은 성직자라고 하여 예외가 아닌 것이다.

영화에서 보스톤 교구의 사제 50%가 성관계를 가지고 6%는 미성년자와 관계를 가지는 것으로 보고되고 있다. 이는 윤리의 문제이지 범죄는 아니다. 한국의 통계이긴 하지만 2018년 국정감사 시 경찰청 자료에 의하면 5년간 성직자(모든 종교)가 442건으로 가장 많은 성범죄를 저질렀다고 한다.[33] 성직자에게 일반인에 비하여 보다 높은 수준의 윤리의식이나 도덕의식을 요구할 수 있겠는가. 위 통계는 이를 전제로 보도하는 것으로 보이지만, 성직자도 직업인에 불과하다고 보면 이러한 통계의 이용은 신중하여야 한다.

스포트라이트 팀의 회의 모습.
(출처: 다음영화)

이 영화가 다루는 보다 중요한 문제는 카톨릭 교구가 가지는 사회적 책무를 다하지 못하였다는 점이다. 성직자 개인의 성범죄의 문제가 아니라, 이를 조직적으로 은폐함으로써 범죄예방의 기회를 갖지 못하였다는 것이다. 교회로서는 성직자의 범죄를 예방하고 처벌해야 할 주된 책임을 다하지 못하였다. 영화에서는 사건보고서도 발간이 되고 교구 차원에서 대책이 세워진 것으로 보이지만, 그럼에도 불구하고 이것이 사회에 공개되지 않도록 은폐함으로써 사고 예방을 다하지 못한 문제가 보다 중요하다. 대개 사건사고 그 자체보다는 이를 은폐함으로써 문제가 확대되는 것이 일반적인 경향이다. 숨기면 문제는 확대될 뿐이다.

▌공익제보에 대한 보호

영화에서는 내부의 비밀을 폭로하는 공익제보가 등장한다. 공익을 위한 제보는 세상을 긍정적인 방향으로 변화하는 모멘텀이 된다. 반드시 정답만을 제시하여야 되는 것이 아니라 정답이 아닐 개연성이 있을 정도에도 문제를 제기하는 것이 중요하다. 공익제보는 부조리한 세상에 보초를 세우는 것과 같다. 언론도 어찌 보면 특정한 사실에 대하여 의문을 제기함으로써 제보자의 역할을 하고 있다. 제보를 억압하고 금기시하는 세상에서 희망을 찾기는 어렵다.

우리나라도 공익제보자를 보호하기 위하여 2011년 「공익신고자 보호법」을 제정하였다. 이 법은 공익신고자의 보호와 보상금 지급절차 등을 규정하고 있다. 이 법 제정 이후에 사회의 중요사건에 있어서 공익신고자가 되는지 여부에 대하여 논란이 있을 정도로 우리 사회에서 공익신고의 중요성이 확산되는 결과가 되었다.

공익신고자 보호법의 주요 개념

△ 공익신고의 개념(제2조제2호)

공익신고란 공익침해행위를 하는 사람이나 기관·단체·기업 등의 대표자 또는 사용자, 공익침해행위에 대한 지도·감독·규제 또는 조사 등의 권한을 가진 행정기관이나 감독기관, 수사기관, 국민권익위원회, 국회의원, 공익침해행위와 관련된 법률에 따라 설치된 공사·공단 등의 공공단체에 공익침해행위가 발생하였거나 발생할 우려가 있다는 사실을 신고·진정·제보·고소·고발하거나 공익침해행위에 대한 수사의 단서를 제공하는 것을 말한다. 다만, 다음 각 목의 어느 하나에 해당하는 경우는 공익신고로 보지 아니한다.

가. 공익신고 내용이 거짓이라는 사실을 알았거나 알 수 있었음에도 불구하고 공익신고를 한 경우

나. 공익신고와 관련하여 금품이나 근로관계상의 특혜를 요구하거나 그 밖에 부정한 목적으로 공익신고를 한 경우

△ 불이익조치(제2조제6호)

가. 파면, 해임, 해고, 그 밖에 신분상실에 해당하는 신분상의 불이익조치

나. 징계, 정직, 감봉, 강등, 승진 제한, 그 밖에 부당한 인사조치

다. 전보, 전근, 직무 미부여, 직무 재배치, 그 밖에 본인의 의사에 반하는 인사조치

라. 성과평가 또는 동료평가 등에서의 차별과 그에 따른 임금 또는 상여금 등의 차별 지급

마. 교육 또는 훈련 등 자기계발 기회의 취소, 예산 또는 인력 등 가용자원의 제한 또는 제거, 보안정보 또는 비밀정보 사용의 정지 또는 취급 자격의 취소, 그 밖에 근무조건 등에 부정적 영향을 미치는 차별 또는 조치

바. 주의 대상자 명단 작성 또는 그 명단의 공개, 집단 따돌림, 폭행 또는 폭언, 그 밖에 정신적·신체적 손상을 가져오는 행위

사. 직무에 대한 부당한 감사(監査) 또는 조사나 그 결과의 공개

아. 인허가 등의 취소, 그 밖에 행정적 불이익을 주는 행위

자. 물품계약 또는 용역계약의 해지(解止), 그 밖에 경제적 불이익을 주는 조치

△ **공익신고자 보호 내용**

가. 비밀보장: 누구든지 공익신고자등의 동의 없이 그의 인적사항이나 그가 공익신고자등임을 미루어 알 수 있는 사실을 다른 사람에게 알려주거나 공개 또는 보도해서는 안 됨

나. 신변보호조치: 공익신고자등이 공익신고등을 이유로 생명·신체에 중대한 위협을 입었거나 입을 우려가 명백한 경우 위원회에 신변보호를 요구할 수 있음

다. 인사조치의 우선적 고려: 공익신고자등의 사용자 또는 인사권자는 공익신고자등이 전직 또는 전출·전입, 파견근무 등 인사에 관한 조치를 요구하는 경우 그 요구내용이 타당하다고 인정할 때에는 이를 우선적으로 고려하여야 함

라. 보호조치: 공익신고자등은 공익신고등을 이유로 불이익조치를 받은 때(공익침해행위에 대한 증거자료의 수집 등 공익신고를 준비하다가 불이익조치를 받은 후 공익신고를 한 경우 포함)에는 위원회에 원상회복이나 그 밖에 필요한 조치를 신청할 수 있음.

마. 특별보호조치: 내부 공익신고자가 신고 당시 공익침해행위가 발생하였다고 믿을 합리적인 이유를 가지고 있는 경우 보호받을 수 있음

바. 불이익조치 금지 신청: 공익신고자등은 공익신고등을 이유로 불이익조치를 받을 우려가 명백한 경우(공익침해행위에 대한 증거자료의 수집 등 공익신고의 준비 행위 포함)에는 위원회에 불이익조치 금지를 신청할 수 있음

사. 책임감면: 공익신고자등의 범죄행위(공익침해행위)가 발견된 경우 형벌·징계, 불리한 행정처분의 감경, 면제가 가능

아. 그 외 신고자 보호제도: 불이익조치 추정 강화, 징벌적 손해배상 부과

▮분쟁의 해결

영화는 변호사가 성직자 사건을 사적 조정을 통하여 해결하고, 법원은 사건기록을 보관하지 않고 교회 측에 넘겨준 것이 문제라고 지적한다. 나아가 이를 통하여 변호사가 사건을 은폐하는데 가담하고 있다고 비판하고 있다.

법원이 카톨릭 교회의 명예를 보호하기 위하여 게오린 사건의 기록을 보관하지 않고 교회 측에 보관토록 하였다. 처음부터 보관할 기록이 없었는지, 아니면 보관한 기록을 넘겼는지는 모르겠지만, 만일 사실이라면 이는 법을 위반했을 가능성이 높다. 법원의 재판기록은 공문서이기 때문에 법령에 따라 보관, 폐기만 가능하다. 공적 기록은 개인이 제기한 소장이나 서면이라고 하더라도 공적 절차로 편입되었다면 공적 업무 수행의 역사로 보관되는 것이 당연하다. 특히 중요한 사건의 경우에는 재판기록을 영구적으로 보관토록 하여 역사의 기록으로 남기는 경우가 많다.

성추행 아동 피해자의 소송을 대리한 매클리 변호사는 신부 45명과 합의를 하였는데, 이를 법원의 조정에 비교하여 '사적 조정'이라고 표현하고 있다. 교회와 양자 간에 합의를 하면서 그 합의사실을 외부에 발설하지 않도록 하면서, 변호사는 그 합의금의 3분의 1을 수임료로 받았다. 이로 인하여 그 사건기록을 법원에서 찾을 수 없었고 신부에 의한 성추행 사건이 계속적으로 발발하게 되었다. 영화는 이를 나쁜 변호사의 전형으로 묘사하고 있다.

과연 나쁜 변호사인가. 변호사는 법률을 위반하지 않는 한 원칙적으로 의뢰인의 이익을 위하여 행동하면 된다. 의뢰인을 위하여 상당액의 합의금을 받아주고, 다만 가해자인 카톨릭 교회의 명예보호를 위하여 합의사실 자체에 대한 비밀보장의무를 이행하게 된다. 변호사의 비밀보장의무는 합의를 근거로도 하지만, 본질적으로 직업상 의무로 법률이 규정하고 있다(변호사법 제26조 참조). 변호사가 의뢰인 사이에서 오고

간 비밀을 유지하지 못한다면 어느 누구도 변호사에게 사무를 위임하지 않을 것이기 때문이다. 이와 같이 전문직업인의 비밀보장의무는 변호사, 성직자, 의사 등에게 일반적으로 인정된다.

사적(私的) 조정이라는 표현은 법원을 통하지 않은 외부적 분쟁해결이라는 의미이다. 분쟁해결 방법에는 법원의 재판을 통한 것과 그 외의 대체적 분쟁해결(ADR, Alternative Dispute Resolution)로 구분된다. 분쟁이 발생되면 그 해결이 최종 목표가 되는만큼 어떤 방법이든 당사자에게 유리한 것이면 된다. 더욱이 신속하게 경제적인 방법으로 해결을 할 수 있으면 그것이 최선의 방법이다. 법원의 재판은 공정성과 신뢰성을 담보하지만 돈과 시간이 많이 소요되는 단점이 있다. 그래서 고안된 ADR에는 조정(調停, mediation), 화해(和解, conciliation), 중재(仲裁, arbitration) 등이 있다. 영화에서 말하는 '사적 조정'이 이 중 어디에 해당되는지 알 수는 없지만, 분명한 것은 재판 이외의 방법으로 분쟁을 해결하였다는 것으로써 비난할 것이 못 된다.

프로스트 VS 닉슨_대통령 탄핵

Frost/Nixon, Ron Howard, 2008

▌영화 소개

이 영화는 탄핵 위기에서 사임을 한 미국의 닉슨 대통령과 한 물

간 토크쇼 진행자의 숨막히는 대
담의 전후를 다루고 있다. 정계
에서 밀려난 노정객과 뉴욕의 방
송가에서 밀려난 토크쇼 진행자
의 일생을 건 4일간의 대담이
진행된다. 닉슨은 워터게이트로
상원의 탄핵 결정 직전에 자진
사임을 하지만 여전히 자신의 행
위에 대한 책임감을 느끼지 못한
채 정계로 복귀할 욕망을 가지고
있으며, 프로스트는 호주 시드니
의 방송사에서 뉴욕 방송가로 재
기를 꿈꾸고 있던 중 닉슨의 사
임 기자회견을 보던 중 많은 시

영화 포스터.
(출처: 네이버영화)

청자를 사로잡고 재기할 수 있다는 생각에 50만 불의 대담료를 지불하
는 댓가로 대담을 진행하기로 한다. 프로스트의 제안을 닉슨이 승낙하
면서 세기의 대담이 시작한다.

양자는 팀을 꾸려 대응하는데 특히 프로스트 측에는 닉슨의 불법

행위만을 전담하는 연구자가 포함되었다. 대담 4일 중 처음 3일간은 닉슨의 노련한 답변으로 대담은 닉슨에게 일방적으로 진행되었다. 그날 밤 프로스트는 닉슨으로부터 걸려온 전화에서 힌트를 얻어 마지막 날 워터게이트에 대한 사과를 받아냄으로써, 결국 이 대담은 프로스트의 승리로 종료되었다.

프로스트는 여러 방송사에 프로그램 제안을 하였으나 모두 거절당하는 등 프로그램 대담비, 운영비 등의 막대한 비용을 조달하기 어려운 지경에 이르렀으나 막판에 역전을 이루면서 최고의 정치대담 프로 진행자로 거듭나게 된다.

닉슨은 이 프로그램에서 결국 자신의 잘못을 뉘우치고 반성하는 모습을 보여주고, 더 이상 사법방해죄나 도청죄 등 일체의 형사책임을 지지 않게 되었다. 박근혜 대통령은 탄핵책임 이외에 형사책임까지 지는 우리의 상황과는 상당히 다른 전개라고 할 것이다.

이 영화는 대통령 탄핵을 직접 다룬 것은 아니지만 닉슨이 탄핵 과정 중 사임을 하고 그 이후의 상황을 볼 수 있어서 대통령의 법적, 정치적 책임에 대하여 생각해 볼 수 있다.

▌대통령 탄핵과 정치적, 법적 책임

대통령제 국가에서 대통령의 책임은 정치적 책임과 법적 책임으로 구분할 수 있다. 선거에 의하여 민주적 정당성을 확보한 대통령에게 법적 행위, 정치적 행위에 대하여 정치적 책임을 지우는 것이 원칙이다. 정치적 책임은 선거를 통하여 대통령과 그 소속 정당에 대한 국민의 심판으로 결과가 나타난다. 그렇다고 하여 대통령이 정치적 책임만 지고 법적 책임을 전혀 지지 않는다는 것은 아니다. 대통령의 통치행위, 정치행위는 사법심사의 대상이 되지 않는다는 일부의 견해도 있지만 오늘날 이러한 이론은 인정되지 않고 있다. 대통령에 대한 법적 책임은 탄핵을 통하여 이루어지게 된다. 이 영화는 미국 대통령의 탄핵 그 자체를 다룬 것은 아니지만 탄핵 이후의 상황을 통하여 탄핵제도를 엿볼 수 있다.

워터게이트로 사임회견을 하는 미국 닉슨 대통령.
(출처; 위키피디아)

미국의 닉슨 대통령은 1972년 대선 과정에서 워터게이트 사건에 연루되었는데, 이에 대한 증거조작, 은폐 사실이 특별검사에 의하여 밝혀지자 탄핵이 추진되었다. 워터게이트 사건(Watergate scandal)은 닉슨 행정부가 베트남 전쟁에 반대하는 민주당을 저지하려는 과정에서 민주당 선거본부가 있던 워터게이터 빌딩에서 도청을 한 사건을 말한다. 1974년 상원에서 탄핵 표결에 들어가고 성사될 가능성이 높아지자 닉슨은 자진 사임을 발표하였다.

닉슨의 탄핵사유는 민주당본부에 불법침입하여 정치적 정보를 수집하고, 그것을 은폐하기 위하여 공모하였다는 점(1호), 국세청·FBI 등 공권력을 사용하여 시민의 헌법적 권리를 반복하여 침해하는 데 관여하였다는 점(2호), 특별검사의 영장에 의한 문서와 자료의 제출을 반복적으로 거부하였다는 점(3호) 등이다.

미국에서 대통령의 탄핵은 생소한 일이 아니다. 클린턴 대통령에 대하여도 탄핵이 추진되기도 하였고, 트럼프 대통령은 2번이나 탄핵이 추진되었는데, 첫째는 2020년 2월 5일 우크라이나 스캔들에 대하여 상원이 무죄 선고로 탄핵을 기각하였고, 둘째는 연방의회 습격과 관련한 내란선동혐의로 하원 의결을 통과하여 2021년 2월 13일 상원에서 최종 부결되었다. 특히 후자의 사건은 전직 대통령에 대한 탄핵 소추가 가능한지가 쟁점이 되었으나 상원은 이를 합헌이라고 결정하였다.

미국의 경우에는 하원의 소추와 상원의 심판이라는 두 가지 절차로 이루어지는데, 하원은 단순 다수결에 의하여 탄핵소추를 결정하고 상원은 3분의 2 다수결에 의하여 탄핵을 결정한다. 우리나라는 국회의 소추(재적의원 과반수의 발의와 재적의원 3분의 2 이상 찬성)와 헌법재판소의 결정으로 이루어지는 것과 비교된다. 그리고 하원의 소추의결에도 불구하고 대통령의 직무는 정지되지 않는데, 이는 탄핵심판이 있을 때까지 권한행사가 정지되는 우리나라의 탄핵법과는 다르다. 연방대법원장이 상원의 탄핵심판에서 조사 등을 책임지는 역할을 한다.

박근혜 대통령 탄핵결정문 첫 페이지

탄핵사유를 보면 미국헌법에서 "대통령, 부통령, 모든 (연방)공무원은 내란죄, 뇌물죄, 또는 그 밖의 '중대한 범죄 및 비행'(other high crimes and misdemeanors)에 대하여 탄핵심판으로 파면된다"(제2조 제4항)고 규정되어 있다. 즉 중대한 범죄는 물론이고 비행에 대하여도 탄핵사유로 되고 있는데, 클린턴 대통령의 경우 르윈스키와의 스캔들 관련으로 탄핵 문제가 되기도 하였다. 이는 우리나라 헌법에서 대통령 탄핵사유를 "직무집행에 있어서 헌법이나 법률을 위배한 때"로 정하고 있는 것(제65조)과는 큰 차이를 보여준다.

한국에서는 그동안 두 차례의 대통령 탄핵사건이 있었다. 최초는 노무현 대통령에 대한 탄핵사건인데, 헌법재판소가 2004년 5월 4일 대통령이 헌법과 법률을 위반한 점이 있으나 그 위반 정도가 탄핵의 사유가 될 정도로 중대하지는 않다고 판단하고 기각하였다. 박근혜 대통령에 대한 탄핵 사건은 헌법재판소가 2017년 3월 10일 11시 21분경 대통령 박근혜를 파면한다는 주문을 선고함으로써 최초의 탄핵 결정이 되었다.

한국의 대통령 탄핵 역사

△ 노무현 대통령 탄핵 사건(헌재 2004. 5. 14. 2004헌나1)

▷ 헌법재판소법은 제53조 제1항에서 "탄핵심판청구가 이유 있는 때에는 헌법재판소는 피청구인을 당해 공직에서 파면하는 결정을 선고한다."고 규정하고 있는데, 위 규정은 헌법 제65조 제1항의 탄핵사유가 인정되는 모든 경우에 자동적으로 파면 결정을 하도록 규정하고 있는 것으로 문리적으로 해석할 수 있으나, 직무행위로 인한 모든 사소한 법위반을 이유로 파면을 해야 한다면, 이는 피청구인의 책임에 상응하는 헌법적 징벌의 요청 즉, 법익형량의 원칙에 위반된다. 따라서 헌법재판소법 제53조 제1항의 '탄핵심판청구가 이유 있는 때'란, 모든 법위반의 경우가 아니라, 단지 공직자의 파면을 정당화할 정도로 '중대한' 법위반의 경우를 말한다.

▷ 법위반이 중대한지' 또는 '파면이 정당화되는지'의 여부는 그 자체로서 인식될 수 없는 것이므로, '법위반이 어느 정도로 헌법질서에 부정적 영향이나 해악을 미치는지의 관점'과 '피청구인을 파면하는 경우 초래되는 효과'를 서로 형량하여 탄핵심판청구가 이유 있는지의 여부 즉, 파면 여부를 결정해야 한다. 한편, 대통령에 대한 파면 결정은, 국민이 선거를 통하여 대통령에게 부여한 '민주적 정당성'을 임기 중 다시 박탈하는 효과를 가지며, 직무수행의 단절로 인한 국가적 손실과 국정 공백은 물론이고, 국론의 분열 현상 즉, 대통령을 지지하는 국민과 그렇지 않은 국민 간의 분열과 반목으로 인한 정치적 혼란을 가져올 수

있다. 따라서 대통령에 대한 파면효과가 이와 같이 중대하다면, 파면결정을 정당화하는 사유도 이에 상응하는 중대성을 가져야 한다. '대통령을 파면할 정도로 중대한 법위반이 어떠한 것인지'에 관하여 일반적으로 규정하는 것은 매우 어려운 일이나, 대통령의 직을 유지하는 것이 더 이상 헌법수호의 관점에서 용납될 수 없거나 대통령이 국민의 신임을 배신하여 국정을 담당할 자격을 상실한 경우에 한하여, 대통령에 대한 파면결정은 정당화되는 것이다.

▷ 이 사건에서 인정되는 대통령의 법위반이 헌법질서에 미치는 효과를 종합하여 본다면, 대통령의 구체적인 법위반행위에 있어서 헌법질서에 역행하고자 하는 적극적인 의사를 인정할 수 없으므로, 자유민주적 기본질서에 대한 위협으로 평가될 수 없다. 따라서 파면 결정을 통하여 헌법을 수호하고 손상된 헌법질서를 다시 회복하는 것이 요청될 정도로, 대통령의 법위반행위가 헌법수호의 관점에서 중대한 의미를 가진다고 볼 수 없고, 또한 대통령에게 부여한 국민의 신임을 임기 중 다시 박탈해야 할 정도로 국민의 신임을 저버린 경우에 해당한다고도 볼 수 없으므로, 대통령에 대한 파면 결정을 정당화하는 사유가 존재하지 않는다.

△ 박근혜 대통령 탄핵 사건(헌재 2017. 3. 10. 2016헌나1)

피청구인은 최○원에게 공무상 비밀이 포함된 국정에 관한 문건을 전달했고, 공직자가 아닌 최○원의 의견을 비밀리에 국정 운영에 반영하였다. 피청구인의 이러한 위법행위는 피청구인이 대통령으로 취임한 때부터 3년 이상 지속되었다. 피청구인은 국민으로부터 위임받은 권한을 사적 용도로 남용하여 적극적·반복적으로 최○원의 사익 추구를 도와주었고, 그 과정에서 대통령의 지위를 이용하거나 국가의 기관과 조직을 동원하였다는 점에서 법 위반의 정도가 매우 중하다. 대통령은 공무 수행을 투명하게 공개하여 국민의 평가를 받아야 한다. 그런데 피청구인은 최○원의 국정 개입을 허용하면서 이 사실을 철저히 비밀에 부쳤고, 그에 관한 의혹이 제기될 때마다 이를 부인하며 의혹제기행위만을 비난하였다. 따라서 권력분립원리에 따른 국회 등 헌법기관에 의한 견제나 언론 등 민간에 의한 감시장치가 제대로 작동될 수 없었다. 이와 같은 피청구인의 일련의 행위는 대의민주제의 원리와 법치주의의 정신을 훼손한 것으로서 대통령으로서의 공익실현의무를 중대하게 위반한 것이다. 결국 피청구인의 이 사건 헌법과 법률 위배행위는 국민의 신임을 배반한 행위로서 헌법수호의 관점에서 용납될 수 없는 중대한 법위배행위라고 보아야 한다. 그렇다면 피청구인의 법위배행위가 헌법질서에 미치게 된 부정적 영향과 파급 효과가 중대하므로, 피청구인을 파면함으로써 얻는 헌법수호의 이익이 대통령 파면에 따르는 국가적 손실을 압도할 정도로 크다고 인정된다.

악마를 보았다_사적 복수

김지운, 2010

▮ 영화 소개

국정원 요원인 수현은 자신의
약혼녀가 살해되자 직접 그 범인
인 경철을 추적하여 잔인하게 복
수를 한다. 살인범 경철은 악마로
묘사되지만, 그에 못지않게 스스
로 복수를 택한 수현도 악마로 묘
사된다. 영화는 살인범뿐만 아니
라 선량한 시민에게도 그 본성에
악마가 살아있음을 보여주고 있다.
영화 제목 '악마를 보았다'는 살인
범은 물론이고 복수하는 자, 모두
에게 사적(私的) 복수의 본성, 즉
악마성이 있음을 얘기한다.

영화 포스터.
(출처: 네이버영화)

이 영화에는 살인, 단두대살
해, 사체손괴, 감금, 폭력, 전화 도·감청, 국정원 직원인 공무원의 규
칙 위반 등 수많은 종류의 범죄가 등장하고, 인간의 악마성을 드러내기
위하여 범죄나 폭력을 지나칠 정도로 상세하고 구체적으로 묘사되고 있
다. 이러한 이유로 영상물등급위원회로부터 1차 및 2차 등급분류에서
제한상영가등급을 받고, 자체 재편집을 거쳐 3차 등급 분류에 이르러서

야 청소년관람불가등급을 받았다. 상업영화가 제한상영가등급을 받은 것은 전례를 찾기 어려운만큼 잔인하고 과도한 폭력성이 문제가 된 영화이기도 하다.

▌범죄피해자의 사적(私的) 복수

수현은 자신의 약혼녀가 범죄자로부터 무참히 살해당하자 국정원 직원이라는 지위와 신분을 이용하여 범죄자를 직접 찾아내고 복수한다. 국가의 형벌이 피해자의 입장에서는 합법적 복수라고 한다면, 피해자가 직접 복수를 하는 것은 사적 복수에 해당된다. 현대 형법은 사적인 복수를 허용하지 않는다. 이는 민사상 자력구제를 허용하지 않는 이치와 동일하다. 사적 복수 또는 자력구제를 허용하게 되면 그야말로 복수가 복수를 부르는 악순환이 되어 사회는 무법천지가 될 것이다. 그동안 규범으로 통제되던 사회가 무법, 무규범, 무질서의 원시사회로 복귀하는 셈이다. 따라서 사적 복수는 오늘날 범죄가 된다. 수현의 행위는 폭력이자 범죄이고 어떤 이유로도 정당화되지 못한다.

관객은 잔인한 범죄자에 대한 수현의 복수에 통쾌함을 느끼고 박수를 보내지만 이는 정당방위도 아니고 사적 복수에 불과하다. 정당방위란 자기 또는 타인을 보호하기 위하여 현재의 부당한 침해를 방위하기 위하여 부득이하게 행하는 가해행위를 말하는데, 행위의 현재성과 긴급성 요건을 충족하여야 한다. 정방방위가 되면 위법성이 조각되어 범죄로 처벌하지 못한다. 수현의 경우에는 이미 약혼자는 살해된 과거의 사실일 뿐이므로 현재의 부당한 침해요건을 충족하지 못한다. 그러면 살인범을 발견하였는데 현행범으로 체포할 수 있는가. 현행범은 용어에서 알 수 있듯이 범행 중에 있는 자이거나 범행 직후의 자를 말하니, 살인범인 경철을 수현이 현행범으로 체포할 수는 없다.

사실 사적 복수는 영화의 단골 소재이다. 경찰 등 공권력을 믿지 못하여 직접 범인을 검거하여 복수하는 영화는 국내외에서 가장 많이 볼 수 있는 장르이다. 리암 닐슨의 〈테이큰〉 시리즈, 한국의 〈올드보이, 박찬욱〉, 〈공정사회, 이지승〉 등 무수히 많다. 관객은 복수를 보고 대리만족을 느낀다. 법에 의한 처벌만이 허용되는 답답함을 깨주었기 때문일 것이다. 그러나 이러한 사적 복수를 소재로 하는 영화가 인기를 얻는 것은 복수의 미화나 정당화의 위험도 있고 공권력에 대한 불신이 전제되었다는 점에서 상당히 우려스럽다고 할 것이다.

현행 형법상 사적 복수 관련된 규정

제21조(정당방위) ① 자기 또는 타인의 법익에 대한 현재의 부당한 침해를 방위하기 위한 행위는 상당한 이유가 있는 때에는 벌하지 아니한다.
② 방위행위가 그 정도를 초과한 때에는 정황에 의하여 그 형을 감경 또는 면제할 수 있다.
③ 전항의 경우에 그 행위가 야간 기타 불안스러운 상태하에서 공포, 경악, 흥분 또는 당황으로 인한 때에는 벌하지 아니한다.
제23조(자구행위) ① 법정절차에 의하여 청구권을 보전하기 불능한 경우에 그 청구권의 실행불능 또는 현저한 실행곤란을 피하기 위한 행위는 상당한 이유가 있는 때에는 벌하지 아니한다.
② 전항의 행위가 그 정도를 초과한 때에는 정황에 의하여 형을 감경 또는 면제할 수 있다.

▌제한상영가등급 분류기준

제한상영가등급에서 청소년관람불가등급으로

이 영화는 제작자 측에서는 청소년관람불가로 신청하였으나 1차와 2차 등급분류에서 모두 제한상영가등급을 받았다. 영화의 도입부에서 시신 일부를 바구니에 던지는 장면, 절단된 신체를 냉장고에 넣어둔 장면 등은 인간의 존엄과 가치를 현저히 훼손시킨다고 판단돼 제한상영가등급에 해당한다는 것이다.[34]

이 영화는 이병헌, 최민식 등 국내 최고 배우가 출연하고 제작비 70억 원의 대규모 제작비가 든 상업영화인데, 이처럼 제한상영가등급을 받게 되면 상업영화로는 사실상 상영하지 못하게 된다. 1차 등급분류에서 제한상영가등급을 받은 이후 영화제작자는 문제가 되었던 과도한 폭력성 부분을 재편집하였으나 역시 2차 등급분류에서도 등급을 하향시키지 못하였다. 이에 다시 재편집하여 청소년관람불가등급을 받았다. 3차 등급분류에서는 인육을 먹는 장면, 개에게 던져주며 하는 대사, 처음 피해자를 살해하고 사체를 절단하고 플라스틱 박스에 던지는 장면, 주인공의 장인의 얼굴을 흉기로 내리치는 장면, 주인공이 낚싯대로 인육을 먹는 살인범을 수십 회 때리는 장면 등이 편집된 것으로 알려지고 있다.

제한상영가등급이란 선정성·폭력성·사회적 행위 등의 표현이 과도하여 인간의 보편적 존엄, 사회적 가치, 선량한 풍속 또는 국민 정서를 현저하게 해할 우려가 있어 상영 및 광고·선전에 일정한 제한이 필요한 영화를 말한다. 영화의 등급이 연령별 등급을 의미하지만, 제한상영가등급은 성인에게도 관람이 제한되는 것을 말한다. 이것은 제한상영관에서만 상영이 가능하고 광고·선전도 제한된다. 현재 제한상영관이 국내에 하나도 있지 않은 상태에서 보면 사실상 등급거부와 같은 결과로서 위헌성이 높다고 할 것이다. 제도의 개선이 필요한 이유이다.

제한상영가등급으로 분류한 이유가 악마에 대한 종교적인 반감이 작용한 것이 아닌가 하는 일부 비판도 있었으나, 이 영화는 주제 및 내용, 선정성, 폭력성, 공포, 약물사용, 모방위험 등 등급분류기준 중에서 주제 및 내용, 폭력성, 공포 등이 제한상영가기준에 해당되어 이러한 등급분류가 나왔을 것으로 짐작할 수 있다. 특히 이 영화의 폭력성, 잔인성은 상영 이후에도 많은 비판을 받고 있다. 보통 폭력은 노출되면 될수록 둔감해져 보다 자극적인 폭력을 요구하게 되며 습관화될 위험, 모방의 위험을 가진다. 영화나 게임에서 폭력을 주요 심의기준으로 제시하는 이유가 그렇다. 흉악범죄자가 영화에서 범죄장면을 모방하였다는 보도가 심심찮게 나올 정도로, 현실이 영화를 모방하는지 영화가 현실을 모방하는지 단언하기 어려울 정도로 영화에서 과도한 폭력 묘사는 자제하는 것이 마땅하다.

제한상영가등급을 받은 영화들

제한상영가등급은 구 영화진흥법이 명확성의 원칙 및 포괄위임금지 원칙 위배로 위헌결정을 받은 후, 현행 「영화 및 비디오물의 진흥에 관한 법률」에서 개념을 명확히 하고 분류기준을 법률로 상향 조정한 이후 약간의 사례가 나온 것으로 알려지고 있다. 대부분 폭력이나 공포, 음란성의 문제로 분류된 것으로써 단편영화이고, 해외에서 호평을 받거나 유명한 작품으로 제한상영가등급을 받은 영화는 다음 두 개가 유명하다.

영화 포스터.
(출처: 네이버영화)

먼저 〈숏버스, 존 카메론 미첼〉은 과도한 선정성으로 제한상영가등급을 받았는데, 행정소송에서 등급 분류가 위법하다며 취소판결을 받고 그 이후 청소년관람불가등급으로 재분류된 작품이다. 제한상영가등급의 분류기준상 선정성은 음란성만 제기하는 것은 아니지만 성인도 관람할 수 없는 정도의 선정성이라면 사실상 음란성에 이를 정도가 되는 것으로 보는 것이 일반적이다. 법원도 이 영화가 인간의 존엄 내지 인간성을 왜곡하는 노골적이고 적나라한 성표현으로 오로지 성적 흥미에만 호소할 뿐 전체적으로 보아 하등의 문학적·예술적·과학적·정치적 가치를 지니지 아니한 음란영화라고 볼 수 없다는 점에서 재량권을 일탈·남용한 것으로 위법하다고 판결하고 있는데 (서울행정법원 판결 2008. 1. 17. 선고 2007구합21259. 상소심 기각 확정), 결국 제한상영가등급의 선정성 기준에서 음란성 여부를 중요한 기준으로 보고 있다는 것을 말해준다.

<숏버스, 존 카메론 미첼> 제한상영가등급분류결정 취소사건
(서울행정법원 판결 2008. 1. 17. 선고 2007구합21259)

이 사건 영화에 피고가 지적하는 바와 같이, 집단성교, 혼음, 남녀자위, 도구 이용 새디즘, 정액분출, 동성애, 항문성교 장면 등이 등장하기는 하나, 이러한 장면은 영화감독이 이 영화의 주제와 전개상 필요하다고 판단하여 배치한 것으로서 그 필요성을 쉽사리 부정할 수 없을 것으로 보이고, 위 인정사실에서 본 바와 같이 성기의 결합장면이나 성기를 클로즈업한 장면은 존재하지 아니한 점, 대다수의 외국에서도 이 사건 영화에 대하여 15세 내지 18세 이상 관람가 등급 분류를 한 점, 이 사건 영화가 다수의 영화제에서 공식 상영되었고, 영화평론가들로부터 음악·영상 등 예술성을 인정받은 점 등에 비추어 보면, 이 사건 영화는 인간의 존엄 내지 인간성을 왜곡하는 노골적이고 적나라한 성표현으로 오로지 성적 흥미에만 호소할 뿐 전체적으로 보아 하등의 문학적·예술적·과학적·정치적 가치를 지니지 아니한 음란영화라고 볼 수 없다. 따라서, 이와 결론을 달리하여 이 사건 영화에 대하여 18세 이상의 국민들의 접근 자체를 심하게 제한하는 제한상영가 등급분류결정을 한 피고의 이 사건 처분은 재량권을 일탈·남용한 것으로서 위법하다.

영화 포스터.
(출처: 네이버영화)

다음 사례는 <천국의 전쟁, 카를로스 레이가다스>이다. 이 영화는 2005년 칸 영화제 경쟁부분에서 상영될 정도로 화제를 모은 작품인데, 영화진흥법 시대인 2005년에 제한상영가등급 분류를 받고 행정소송 제기 중 영화진흥법 위헌제청을 하여 2008년에 제한상영가등급에 대한 영화진흥법 위헌결정을 이끌어냈다. 당시 위헌 결정 이유는 제한상영가등급의 구체적인 기준이 영상물등급위원회의 규정에만 명시되어 있을 뿐이고 법률에서는 포괄적으로 위임하였으며, 또한 법률에는 제한상영가등급이 광고·선전에 있어서 일정한 제한이 필요한 영화라고만 정의하고 있어서 명확성의 원칙에 위반된다는 것이다(헌재 2008. 7. 31. 선고 2007헌가4). 그 이후 현행법으로 개정된 2012년에 청소년관람불가등급으로 다시 분류를 받아 개봉하였다.

도가니 _보호와 범죄

황동혁, 2011

▌영화 소개

영화 포스터.
(출처: 네이버영화)

이 영화는 청각장애인이 다니는 학교로 부임한 신임교사 강인호가 학생들이 교사와 교장 등으로부터 성폭력이나 학대를 당한 사실을 알게 되고 외부 인권단체와 함께 진실을 파헤치는 내용을 다루고 있다.

장애학생이 다니는 학교에서 학생들을 보호할 책임이 있는 교장과 교사가 오히려 학대와 성폭력을 지속적으로 해왔다는 사실은 매우 충격적이다. 이러한 범죄가 오랫동안 은폐된 것은 교육 감독기관은 물론이고 경찰, 법원 등 범죄를 단죄하는 국가기관의 책임도 적지 않다.

공지영의 동명의 소설을 영화로 만든 것인데 작가는 어느 사건의 선고판결에 대한 기자의 법정 스케치를 보고 작품을 구상하였다고 한다. 작가가 전하는 그 스케치 내용은 "집행유예로 석방되는 그들의 가벼운 형량이 수화로 통역되는 순간 법정은 청각장애인들이 내는 알 수 없는 울부짖음으로 가득 찼다"로 묘사되고 있다.

여기서 등장하는 사건은 2005년에 발생한 청각장애인학교인 광주 인화학교의 성폭력 사건을 말한다. 가해자와 학교에 대하여는 민·형사 처벌이 있었고, 학교는 2012년 폐교되었다. 특히 가해자에 대한 집행유예 판결이 지나치게 온정적 처벌이라는 논란이 있었다. 같은 맥락으로 영화 〈부러진 화살〉은 재판에 대한 불신에서 재판장을 폭행한 사건을 다루고 있다.

이 영화는 청소년관람불가등급으로 개봉되었는데 영화의 메시지에 비추어 아쉬운 감이 있다. 아마도 영화 속의 폭력적인 장면 때문이 아닌가 생각된다. 폭력사회를 고발한다는 주제에도 불구하고 폭력적인 장면이 너무 많고, 특히 아동에 대한 성폭력 장면을 지나치게 구체적으로 묘사한 것이 아닌가 생각된다. 폭력을 고발하는 영화가 오히려 폭력장면으로 청소년관람불가등급이 된 것은 아이러니이다.

▌학생, 장애인 및 아동에 대한 보호의무

이 영화는 우리 사회에서 신체적·정신적으로 약자라고 할 수 있는 장애인인 어린 학생을 보호자인 교사가 학대하고 성폭행하는 범죄를 생생하게 보여주고 있다. 학생은 학교 밖에서는 가정의 보호를 받고 학교 내에서는 가정으로부터 위탁받은 교사로부터 보호를 받는다. 그 보호자가 책임을 다하지 못하고 오히려 자신이 보호하여야 할 학생에게 범죄를 저질렀다. 더구나 피해자는 자유롭게 말을 하지 못하는 농아장애인이다. 아동이나 장애인, 학생에 대한 보호의무는 국가는 물론이고 학교 등 사회에게도 부여된 도덕적 의무이자 법적 의무에 해당된다.

국가 등의 약자의 보호의무

이 영화는 신체적으로 약자인 장애인의 보호, 교육시설에서의 학생의 보호 문제를 던지고 있다. 관련 법률로 여러 가지가 있지만, 「보호시설에 있는 미성년자의 후견 직무에 관한 법률」은 보호시설의 종류를 규정하고, 「교통약자의 이동편의 증진법」, 「장애인·고령자 등 주거약자 지원에 관한 법률」은 약자보호와 관련된 국가의 책임을 규정하고 있다.

민주주의사회는 다양한 사람이 공통의 가치를 위하여 협력하며 살아가는 공동체사회이다. 오늘날 민주사회는 학력·재력·성별·국적의 차이는 있지만 차별이 있어서는 안 되고, 오히려 적극적으로 차이에 따른 약자의 보호를 국가의 중요한 책무로 여기고 있다. 국가는 사회적 약자의 보호를 위하여 빈부격차의 해소를 위한 각종 재정정책, 성별 격차 해소를 위한 입시정책, 장애인 보호를 위한 시설 확충 등 다양한 정책을 강구하고 있다. 이에 따라 법률은 요보호자에 대한 보호자의 법적 의무를 규정하고, 그 위반에 대한 처벌 등 제재를 강화하는 법제를 취하고 있다. 예컨대 성폭력범죄, 유기죄가 그런 규정이다.

아동에 대한 보호의무

아동은 미래의 주역이고 또한 미성숙한 자로서 보호가 필요한 인격주체이다. 아동을 보호하기 위하여 제정된 법률이 「아동복지법」인데, 이 법은 아동복지와 관련하여 여러 가지 정책을 마련하고 있다. 특히 아동보호를 위하여 금지되는 행위를 나열하고 있는데, 이를 위반한 경우에는 각각의 형벌에 처하도록 하고 있다.

아동복지법상 금지행위(제17조)
1. 아동을 매매하는 행위
2. 아동에게 음란한 행위를 시키거나 이를 매개하는 행위 또는 아동에게 성적 수치심을 주는 성희롱 등의 성적 학대행위
3. 아동의 신체에 손상을 주거나 신체의 건강 및 발달을 해치는 신체적 학대행위
4. 아동의 정신건강 및 발달에 해를 끼치는 정서적 학대행위

5. 자신의 보호·감독을 받는 아동을 유기하거나 의식주를 포함한 기본적 보호·양육·치료 및 교육을 소홀히 하는 방임행위
6. 장애를 가진 아동을 공중에 관람시키는 행위
7. 아동에게 구걸을 시키거나 아동을 이용하여 구걸하는 행위
8. 공중의 오락 또는 흥행을 목적으로 아동의 건강 또는 안전에 유해한 곡예를 시키는 행위 또는 이를 위하여 아동을 제3자에게 인도하는 행위
9. 정당한 권한을 가진 알선기관 외의 자가 아동의 양육을 알선하고 금품을 취득하거나 금품을 요구 또는 약속하는 행위
10. 아동을 위하여 증여 또는 급여된 금품을 그 목적 외의 용도로 사용하는 행위

영화에서의 학생에 대한 행위는 위와 같은 「아동복지법」의 위반 범죄임은 물론이고, 아동학대범죄에 해당되며(아동학대범죄의 처벌 등에 관한 특례법), 아동에 대한 성범죄로서 가중처벌 된다(아동·청소년의 성보호에 관한 법률).

교사의 학생에 대한 보호의무

교사는 요보호자인 학생에 대한 보호의무를 다하여야 한다. 일반적인 교육자로서의 책임이 아니라 직접 학생을 보호하도록 학부모 등으로부터 위탁받은 법적 책임이다. 학생들이 학교에 있는 시간 동안은 학부모를 대신한 보호자의 책임이 있는데 이는 사실상 무한책임에 해당된다. 영화에서와 같은 학생에 대한 교사의 폭력은 어떠한 경우에도 용납되기 어려운 범죄임에 틀림이 없다.

▎영화 촬영과정에서의 아역 배우의 보호 문제

영화는 교사가 어린 학생을 학대하고 성폭력하는 내용을 다루면서 폭력사회를 고발하고 있다. 우리 사회는 폭력이 만연해 있고 그에 대한 단죄는 미흡한 것이 실정이다. 과거의 일이긴 하지만 학교에서도 교사의 학생 폭력, 선배의 후배 폭행, 가정에서의 폭력 등이 만연해 있었고, 남자의 경우 군대에서의 상급자에 의한 폭행도 비일비재하였다. 영화의 사례는 일부에 불과할 뿐이다.

폭력이 일상화되면 둔감하게 되고 급기야 성폭력으로 이어진다. 성폭력 범죄인은 기본적으로 폭력적 성향이 만연된 사람으로 보면 틀림 없다. 우리 사회의 폭력은 특히, 여성, 장애인 등 약자에 대한 폭력으로 나타난다. 폭력이 그야말로 '물리력의 행사'에 해당되는 것인만큼 자신보다 힘이 약한 약자에게 집중되는 것이다. 폭력은 전형적인 약육강식의 모습이다.

이 영화는 교사에 의한 폭력, 사법권력에 의한 폭력 등 다양한 폭력을 보여주고 있는데, 아이러니한 것은 영화 구성 자체도 폭력적이라는 점이다. 영화 속에서 아동 주인공을 맡은 아역 배우가 성폭력 피해 장면을 연기하고 있는데, 이 자체도 폭력적이다. 성폭력 장면에서 아역 배우가 무차별적으로 폭행을 당하는 장면, 옷이 벗겨지지 않도록 애쓰는 장면, 벌거벗은 아역 배우의 몸을 더듬는 장면 등이 영화에 나온다. 당시 아역 배우의 나이는 초등학교 5학년, 중학교 1학년 정도로 촬영과정에서 전혀 보호받지 못하고 있는 점이 문제가 된다. 상영되는 편집본에서 이 정도라면 사실 촬영신은 훨씬 더 많았을 것으로 짐작이 된다. 인터뷰에 의하면 제작자는 아역배우의 보호대책을 별도로 고민하지 않았던 것으로 보인다. 아무리 촬영이라고는 하더라도 이는 폭력의 간접적 경험으로 작용할 소지가 크고 아직 미성숙한 아동에게 미칠 악영향의 위험성이 있다. 이렇게 상세한 묘사가 영화에서 반드시 필요한 장면인지 의문이 있다. 기본적으로 폭력에 대한 아동심리의 이해 부족, 둔

감성을 보여준다. 이러한 촬영방식은 마치 「아동복지법」에서 금지하는 '공중의 오락 또는 흥행을 목적으로 아동의 건강 또는 안전에 유해한 곡예를 시키는 행위'에 매우 흡사한 것이라고 할 수 있다.

미국에는 아동 연기자를 보호하는 법률(Califonia Child Actor's Bill)이 있다. 이는 아동청소년 배우의 출연료 등 소득을 신탁회사 관리 하에 보호하거나 착취나 학대로부터 아동을 보호하기 위한 법률이다. 즉 촬영시간을 연령별로 최대치를 규정하고 학습권을 보장하기 위하여 촬영장에서도 학습시간을 보장하도록 하고 있다. 영화촬영 현장에서의 아동이나 청소년의 보호를 위한 고민이 잘 드러나는 법제라고 하겠다.

▌성폭력 범죄자에 대한 재판

재판 장면.
(출처: 다음영화)

학교에서 학생을 성폭행하고 학대한 교장과 교사 등이 재판에서 집행유예 등으로 선처받는 장면에서 우리나라 재판의 문제점이 지적된다. 범죄자가 엄벌받지 아니하고 집행유예 등의 선처를 받게 되면 피해자의 입장에서 받아들이기 어렵다. 혹시나 재판부가 불공정하고 부정한 재판을 한 것이 아닌가 하는 의심까지 하게 된다.

형사재판에서 유죄가 인정된다고 하여 모든 범죄자가 동일한 형벌을 받는 것이 아니다. 그것은 형법의 규정 때문이다. 형법은 '어떤 범죄를 범한 자는 어떤 형에 처한다'라는 식으로 범죄와 형벌을 규정하고 있는데, 이때 처벌되는 형벌은 형의 종류와 기간의 선택에 의하여 정해진다. 예를 들어 피고인이 살인범죄를 저질렀다고 보자. 살인죄는 '사람을 살해한 자는 사형, 무기징역 또는 5년 이상의 징역에 처한다'라고 규정되어 있다(형법 제250조). 피고인은 증거에 의하여 범죄사실이 인정되어, 형법 제250조의 살인죄의 법조를 적용하게 된다. 그러면 먼저 사형, 무기징역, 5년 이상의 징역 3가지 종류 중에서 하나의 형을 선택하여야 하고, 만일 5년 이상의 징역(유기징역)을 선택하게 되면, 그 다음에는 5년에서 징역의 최대한인 30년(가중하는 경우는 50년) 내에서 기간을 정하고, 감경요소가 있으면 감경하며 또한 집행유예형까지 선고할 수 있게 된다. 즉 살인죄의 유죄가 인정되는 경우에 피고인에게 선고될 형은 수십 가지가 넘게 되어 그 결과에 따라 피고인은 물론 피해자, 검사 등 당사자의 불만요소가 된다.

영화는 파렴치한 성범죄자가 집행유예로 석방된 사실을 비판하고 있지만, 범죄의 죄질이나 피고인의 반성, 피해자와의 관계, 전과 여부 등 다양한 요소가 고려되는 양형과정상 실제 어떠한 양형사유가 참작되었는지 알기는 어렵다. 양형은 전적으로 법관의 재량에 맡겨져 있기 때문에 양형결과에 대한 일반인의 불만이 매우 크다. 이에 양형에 있어서의 형평성을 충족하기 위하여 대법원은 양형기준을 정하고 있다. 이 양형기준의 구속력은 인정되지 않지만 법관이 양형기준과 다른 판단을 하는 경우에는 판결문에 그 이유를 기재하도록 하고 있으므로 상당한 정도의 영향이 있게 되었다. 현재 살인, 성범죄 등 20개의 주요한 범죄의 양형기준이 제정되어 시행되고 있다(대법원 양형위원회 참조). 양형기준이 적용되는 범죄를 확대하고 양형의 적절성과 형평성을 갖추는 것이 재판의 신뢰를 찾는 지름길이라고 하겠다.

목격자 _시민의 신고의무?

▌영화 소개

회사원인 상훈은 직장과 가정
생활에 충실한 그야말로 모범시민
의 전형이다. 한국에서 아파트를
구입할 정도로 성실하게 살았다.
아파트 장만을 축하하기 위하여 직
장 동료들과 회식을 하고, 새벽 2
시쯤 아파트로 귀가한다. 아파트는
교외의 한적한 곳에 있다.

엘리베이터를 타는 순간, 4층
에 사는 여자 주민이 어디선가 비
명소리를 들은 듯하다고 말한다.
자신은 6층에 살고 있다고 말하고
집에 들어가는 순간 우연히도 다시

영화 포스터.
(출처: 네이버영화)

비명소리를 듣게 되고, 야산에 접한 아파트 공터에서 사람을 살해하는
범행 현장을 목격하게 된다. 이때부터 상훈은 범죄 현장의 목격자이고
법적으로는 형사절차에서 범죄사실의 목격 증인이 된다. 범죄를 신고하
려고 하는 순간, 범인도 상훈을 목격하고 아파트의 위치를 확인한다.
그럼으로써 상훈은 신고를 하지 못하게 된다.

경찰은 아파트를 수소문하여 목격자를 찾으려고 하였으나 단 한

명의 목격자도 찾지 못한다. 경찰은 아파트 CCTV에서 상훈, 4층 여자, 저능 청년 세 명을 확인하고 범죄 목격 여부를 물어보지만 아무도 목격사실을 얘기하지 않는다. 상훈이 신고를 주저하는 동안 자신의 반려견이 사라지고, 4층 여자가 살해되는 장면을 목격하고, 저능 청년이 살해를 당하는 장면까지 목격하면서 더더욱 입을 닫게 된다.

이 영화는 상훈의 살인범 목격과 그 반대로 그 상훈을 목격하는 살인범, 그 외에도 여러 건의 목격을 다룬다. 영화 제목에서 목격자는 상훈도 되지만 살인범도 포함되고, 그 외의 목격자도 해당된다. 이 영화에서 목격은 어떤 의도를 가진 적극적, 능동적 것이라기보다는 의도 없이 이루어지는 우연적인 것이라는 특징을 가진다. 그런 점에서 도시인의 적극적인 관음과 엿보기 과정에서 범죄를 목격한 것으로 묘사하는 〈이창, 알프레드 히치콕〉과는 차이점이 있다.

▌범죄의 목격과 신고의무

신고의무는 인정되는지

경찰은 아파트 CCTV에서 세 사람이 범죄를 목격한 것을 확인하고 그 사실에 대하여 질문하였으나 아무도 얘기해주지 않는다. 그 외에도 많은 주민이 살고 있는 아파트에서 더 이상의 목격자도 찾을 수가 없었다.

범죄가 개인의 생명과 재산을 침해하는 개인적 범죄의 경우에도 사회적으로도 치안 불안 등의 폐해가 나타난다. 그래서 범죄는 어떠한 경우에도 개인적인 문제로 보지 않고 사회적, 국가적인 문제로 치환하게 된다. 그에 따라 개인적 범죄에 대하여도 국가가 형벌을 부과한다. 범죄를 단죄하려면 수사기관만으로는 힘이 부치고 시민의 적극적인 협조가 필요하다. 범죄사실을 목격한 시민을 수소문하는 것이 그런 이유 때문이다.

상훈은 자신의 반려견이 사라지는 것을 보자 가족에게 해가 끼칠 것을 두려워하여 신고를 주저하게 된다. 결국 상훈은 자신이 목격자임을 알고 설득한 경찰관에게 모든 사실을 털어놓게 되지만, 만일 상훈이 끝까지 목격사실을 알리지 않거나 신고하지 않는다고 하면 어떤 법적제재를 받게 될까. 범죄를 목격한 시민이 경찰에게 신고를 하는 것은 공공의 사회질서 유지를 위한 도덕적, 윤리적 의무에 해당되는 것은 별론으로 하고 법적인 의무라고 할 수는 없다.

따라서 만일 상훈이 목격사실을 알리지 않는 경우라도 이를 강제하는 법적 의무가 없고 불이행 시 처벌하는 규정도 없기 때문에 법적 제재를 할 수는 없다. 영화에서도 자발적인 신고만을 바라는 것이 그러한 사정이다. 다만 적극적으로 다른 사실을 신고하여 수사에 방해가 된다면 이는 위계에 의한 공무집행방해죄가 될 수도 있다. 아파트 주민이 상훈에게 아파트 값이 떨어진다고 '쓸데없는 얘기를 하지 마라'고 얘기한 것이 범죄 수사를 방해할 목적에서 이루어진 것이라면, 혹시나 위계에 의한 공무집행방해죄의 교사범이 될 수도 있을 것이나 실제는 증명하기 어려울 것이다.

범죄 현장에서 자신의 아파트를 올려다보는 상훈.
(출처: 다음영화)

신고의무를 규정한 법률들

예외적으로 우리 법에서 범죄에 대한 신고의무를 부과하고 이를 위반하는 경우에 범죄로 처벌하는 사례가 있는데 이를 '불고지죄'라고 한다. 「국가보안법」과 「부정청탁 및 금품등 수수의 금지에 관한 법률」(청탁금지법 또는 김영란법이라 함)에 규정되어 있다. 이 불고지죄는 남북 대치의 현실이나 공직자의 부정청탁 방지라는 시대적 소명을 위해 특별히 인정되고 있다. 이러한 입법목적에도 불구하고 헌법상 양심의 자유, 행동의 자유의 본질을 침해하는 과잉입법으로써 위헌의 소지가 있다.

국가보안법상 불고지죄는 반국가단체 등 국가보안법 위반죄를 범한 자임을 알면서 수사기관 또는 정보기관에 고지하지 아니한 자는 5년 이하의 징역 또는 200만 원 이하의 벌금에 처한다고 규정되어 있다 (제10조). 1990년 월북한 자신의 차남이 남파되어 간첩활동을 한 사실을 알고도 아버지가 수사기관에 고지하지 아니하여 국가보안법상 불고지죄로 기소된 사안에서, 헌법재판소는 남북 대결의 현실, 불고지죄가 보호하고자 하는 국가의 존립·안전이라는 법익의 중요성 등에 비추어 양심의 자유를 침해하지 않는다고 합헌 결정을 하였다(헌재 1998. 7. 16. 선고 96헌바35).

청탁금지법상의 불고지죄는 자신의 배우자가 수수 금지 금품등을 받거나 요구하거나 제공받기로 약속한 사실을 알고도 신고하지 아니한 공직자에 대하여 3년 이하의 징역 또는 3천만 원 이하의 벌금에 처하도록 하는 규정이다(제22조). 이 불고지죄에 대하여도 친족관계에 있는 배우자에게 신고의무를 지우고 이를 위반하는 경우에 형사처벌하는 것으로써 친족관계 사이에는 처벌하지 않는 형법체계와 맞지 않고 공연히 신고의무를 부과함으로써 부부 간의 불신을 조장하는 반인륜적 악법이라는 비판이 제기되고 있다. 특히 국가보안법상 불고지죄가 친족관계에는 형의 감면규정이 있는 것과 비교된다. 이에 대하여 헌법재판소는 배우자를 통한 금품등 수수의 우회적 통로를 차단하고 신고를 통한 면책

사유를 부여하여 공직자 등을 보호하는 조항이라는 점 등을 종합하면 일반적 행동자유권을 침해한 것으로 볼 수 없다고 합헌 결정을 하였다 (헌재 2016. 7. 28. 선고 2015헌마236).

그러나 위 불고지죄는 모두 가족관계에 대하여 적용되는 경우에는 사회의 기본단위인 가족관계를 해치는 것으로서 타당하다고 보기 어려우므로 개선이 필요하다고 할 것이다.

불고지죄 판례

△ 국가보안법상 불고지죄(헌재 1998. 7. 16. 선고 96헌바35)

▷ 여러 가지 국내외 정세의 변화에도 불구하고 남·북한의 정치·군사적 대결이나 긴장관계가 여전히 존재하고 있는 우리의 현실, 구 국가보안법 제10조가 규정한 불고지죄가 보호하고자 하는 국가의 존립·안전이라는 법익의 중요성, 범인의 친족에 대한 형사처벌에 있어서의 특례설정 등 제반사정에 비추어 볼 때 구 국가보안법 제10조가 양심의 자유를 제한하고 있다 하더라도 그것이 헌법 제37조 제2항이 정한 과잉금지의 원칙이나 기본권의 본질적 내용에 대한 침해금지의 원칙에 위반된 것이라고 볼 수 없다.

▷ 구 국가보안법 제10조가 규정한 불고지죄는 소위 진정부작위범으로서 행위자가 자기 또는 공범 이외의 타인이 구 국가보안법 제3조 내지 제9조에 해당하는 죄를 범한 자라는 정을 알면서도 그로부터 사회통념상 상당하다고 인정되는 기간 내에 이를 수사기관 또는 정보기관에 신고하지 아니한 경우에 성립하는 범죄이다. 따라서 불고지죄가 성립하기 이전의 단계 즉, 불고지의 대상이 되는 죄를 범한 자라는 사실을 알게 되어 고지의무가 발생하였으나 아직 상당한 기간이 경과하지 아니한 단계에 있어서는 고지의무의 대상이 되는 것은 자신의 범죄사실이 아니고 타인의 범죄사실에 대한 것이므로 자기에게 불리한 진술을 강요받지 아니할 진술거부권의 문제가 발생할 여지가 없다.

△ 청탁금지법상 불고지죄(헌재 2016. 7. 28. 선고 2015헌마236)

▷ 신고조항과 제재조항은 공적 업무에 종사하는 사립학교 관계자와 언론인이 배우자를 통하여 금품등을 수수한 뒤 부정한 업무수행을 하거나 이들의 배우자를 통하여 사립학교 관계자 및 언론인에게 부정한 영향력을 끼치려는 우회적 통로를 차단함으로써 공정한 직무수행을 보장하고 이들에 대한 국민의 신뢰를

확보하고자 함에 입법목적이 있는바, 이러한 입법목적은 정당하고 수단의 적정성 또한 인정된다.

▷ 청탁금지법은 금품등 수수 금지의 주체를 가족 중 배우자로 한정하고 있으며, 사립학교 관계자나 언론인의 직무와의 관련성을 요구하여 수수 금지의 범위를 최소화하고 있고, 배우자에 대하여는 어떠한 제재도 가하지 않는다. 사립학교 관계자나 언론인은 배우자가 수수 금지 금품등을 받은 사실을 알고도 신고하지 않은 자신의 행위 때문에 제재를 받게 되는 것이고, 그러한 사실을 알고 소속기관장에게 신고하거나, 본인 또는 배우자가 수수 금지 금품등을 제공자에게 반환 또는 인도하거나 거부의 의사를 표시한 경우에는 면책되도록 하여 사립학교 관계자와 언론인을 보호하고 있다. 한편, 사립학교 관계자나 언론인은 배우자의 금품등 수수사실을 알게 된 경우에만 신고의무가 생기므로, 신고조항과 제재조항이 사립학교 관계자나 언론인에게 배우자의 행동을 항상 감시하도록 하는 등의 과도한 부담을 가하고 있다고 보기도 어렵다. 청탁금지법의 적용을 피하기 위한 우회적 통로를 차단함으로써 공정한 직무수행을 보장하기 위한 다른 효과적인 수단을 상정하기도 어려우므로, 신고조항과 제재조항이 침해의 최소성 원칙에 반한다고 보기 어렵다.

▷ 신고조항과 제재조항으로 달성하려는 공익이 이로 인해 제한되는 사익에 비해 더 크다고 할 것이므로, 신고조항과 제재조항이 과잉금지원칙을 위반하여 청구인들의 일반적 행동자유권을 침해한다고 보기 어렵다.

▌아파트 생활과 무관심사회

이 영화의 무대는 교외의 한적한 곳에 위치한 아파트단지이다. 많은 사람들이 공동 생활을 하는 아파트단지에서 살인사건이 발생하고 그 범행의 목격자를 주인공으로 내세운다. 아파트에는 다수의 주민이 있으니 목격이 쉬울 것도 같지만 익명성이 보장되는 만큼 목격자가 나서지 않을 수도 있는 양면성을 가지고 있다. 이런 점에서 아파트를 범행 현장으로 설정한 것은 탁월한 선택인 것으로 보인다.

우리나라는 아파트공화국이다. 도시는 물론이고 시골의 마을까지 아파트가 들어서고 있다. 통계청의 2018년 인구주택총조사 등록센서스

방식 집계결과에 의하면 일반가구 1,998만 가구 중에서 아파트 거주 가구가 1,001만 가구로 50.1%를 차지할 정도로 오늘날 아파트는 주거의 가장 보편적인 형태가 되었다.

아파트는 주거 형태의 하나이지만 아파트 생활, 아파트 문화, 아파트 사회의 용어로써 단순한 주거 형태를 뛰어 넘는 사회현상의 상징이 되었다. 아파트는 평형으로 표시되는 면적, 방·거실·화장실 등으로 표준화된 평면으로 한국인의 평등의식이 가장 잘 실현된 상징과 같다. 그런데 가장 평등한 주거생활에서 발전한 아파트가 오늘날에는 위치, 가격에 따라 재산적, 사회적 불평등의 징표로 바뀌고 있다. 따라서 아파트와 관련된 정책은 단순한 주택정책이 아니라 경제정책과 사회정책의 핵심 중의 하나이다.

오늘날 아파트는 단순한 주거공간이 아니라 일생에서 성취의 중요한 목표가 되었다. 출생, 교육, 결혼 등의 일생일대의 사건에서 이제는 '아파트 장만'도 한 자리를 차지한다. 아파트의 취득은 성공을 대변한다. 영화에서도 평범한 회사원인 상훈은 열심히 일하여 아파트를 구입하여 꿈을 이루고 그 축하를 위한 회식에서 귀가하는 날 하필 살인을 목격하였다. 그 좋은 날에 가장 끔찍한 사건을 목격한 것이다. 이런 일만 없었다면 새로 장만한 아파트 주민으로서 행복을 만끽하고 있었을 텐데 말이다.

많은 사람이 거주하는 아파트 단지 내의 공터에서 살인사건이 발생하고, 누군가 이 범죄를 목격하였을 것임에도 아무런 신고가 없다. 영화에서 아파트 부녀회장이 살인사건 발생이 외부에 알려지면 아파트 가격이 떨어질 것을 염려하여 수사를 탐탁지 않게 여기는 모습이 나온다. 이것은 이른바 '방관자효과(bystander effect)'로 유명한 1964년 뉴욕에서 발생한 제노비스(Genovese) 살인사건을 연상시킨다. 당시 뉴욕타임즈의 보도에 의하면 살인범으로부터 수차례 공격을 받으며 도망치는 과정에 무려 38명의 목격자가 있음에도 어느 누구도 구호나 신고를 하지 않았다. 그러나 이후 뉴욕타임즈는 오보사실을 시인하였는데, 목격자는 12명이고 각각 단편적인 일부 장면만 따로 따로 목격했을 뿐이고 2명의 경찰 신고와 1명의 구조사실도 있었다고 밝혀졌다. 이처럼 범죄사실을 신고하지 않는 것이 도시인의 방관자효과에서 유래되었든 아니면 개인적인 이기심에서 비롯된 것이든 오늘날 아파트 생활을 상당부분 대변하고 있는 것은 사실이다. 이 영화는 제노비스 사건을 모티브로 한 것으로 보이지만, 결국 아파트 거주와 무관심사회의 일면을 보여주고 있는 것이다. 사람들이 칸막이 된 아파트 생활에서 정작 누리고자 하는 것은 편리성이 아니라 익명성, 무관심이 아닌가 생각된다.

제5장 사법제도와 민주주의

더 킹_검찰공화국

한재림, 2017

▌영화 소개

어린 시절 촌놈이었던 태수는 검사에게 꼼짝 못하던 아버지를 보면서 검사의 꿈을 키웠다. 검사가 되어 전직 국회의원의 아들인 현직 교사의 성범죄 사건을 다루면서 법전 뒤에 숨겨진 힘이 있다는 사실을 알고 그 속으로 들어 간다. 태수는 거기에서 최고의 파워맨 한강식을 만나는데, 한강식은 언론, 재계, 정치계는 물론이고 조폭세계까지 쥐락펴락하는 낮과 밤의 킹이다. 여기서 영화 제목이 나왔다.

한강식을 만난 태수도 낮의 검사, 밤의 검사가 되었다. 조폭을 친구로 두고 잘 나가는 검찰 실세 라인에서 평생 누려보지 못하던 호사를 한다. 어디를 가든 대접을 받고 힘을 보여주고 그는 자신이 왕인 줄 안다. 그의 마지막은 내래이션으로 맺는다. "그냥 99%의 검사처럼 주는 쥐꼬리를 받고 평범하게 살았으면…".

영화 포스터.
(출처: 네이버영화)

이 영화는 대한민국 현대사의 주인공이 검사라는 사실을 일깨워준다. 우리나라에서 검사는 권력과 출세의 상징이다. 실제 검사는 수사권과 기소권이라는 엄청난 권력을 가지고 있다. 물론 검사의 권한은 헌법과 법률에 따른 통제를 받고, 영화의 내레이션이 강조하는 '99%의 검사'는 법과 절차에 따라 적법하게 업무를 처리한다.

이 영화는 그렇지 아니한 '1%의 검사'의 모습을 그린다. 권력을 위해 법을 구부리고, 출세를 위하여 어떤 흉악한 범죄라도 저지를 수 있는 것처럼 검사를 묘사한다. 다소 과장된 표현이지만 국민들은 검사가 그러한 권력을 휘두르고 있다고 믿고 있다. 영화에서 노무현 대통령이 당선되자 검사들은 '상고나온 놈, 근본도 없는 놈이 대통령. 우린 모두 죽었다'라는 반응을 보인다.

영화의 손길은 부드럽고 심각하지 않다. 코믹하되 무겁고 현실적이되 역사적이다. 비유를 하되 전혀 동떨어진 것이 아니다. 3김과 노무현 대통령도 등장한다. 기록물을 섞어서 이 영화가 단순한 오락영화가 아님을 호소한다. 검사와 재벌, 언론인의 유착관계를 호텔 바를 등장시켜 주색에 빠진 모습으로 보여준다. 인너서클(inner circle)에 들어가는 것이 출세의 지름길임을 검사는 계속 울부짖는다.

검사는 범죄를 소재로 한 수사나 재판 영화의 단골 고객이다. 다만 수사나 재판 자체에 메달리다 보니 검사의 본질이나 문제에 집중하는 영화는 흔치 않다. 그런 점에서 이 영화는 검사 그 자체를 소재로 다룬 영화라는 점에서 특징이 있다. 최근 검찰개혁이 국가의 중요한 아젠다가 되고 있는 상황에서 왜 검찰개혁을 하여야 하는지 어렴풋하게나마 짐작할 수 있다. 영화 제목만으로도 검찰 권력을 축소, 통제하여야 한다는 주제가 드러난다.

▌검찰청법 제4조, 공익의 대표자로서 검사

영화에서 검사는 대통령선거에서 어느 특정 후보자를 위하여 상대 방 후보자의 비리 파일을 넘겨주면서 정치에 관여한다. 특정 정치인을 견제하기 위하여 수집하여 놓았던 정보 파일을 풀어 구속한다. 검사는 수사라는 칼을 통하여 정치를 재단하고 대한민국을 경영하여 왔다.

과거 박근혜 정부를 보면 한 마디로 검찰공화국이었다. 검찰공화 국이라는 말은 검찰이 한국사회를 좌지우지한다는 뜻이다. 법무부장관 이나 민정수석, 비서실장은 물론이고 행정부의 2인자이자 국정 최고 책 임자의 한 사람인 국무총리에 전직 검사들이 연거푸 임명되었다. 국무 총리는 일인지하 만인지상의 위치가 아닌가. 만인의 이해를 조정하자면 정무적 감각, 정치적 능력이 특히 요청된다. 그런 자리에 법률전문가에 불과한 전직 검사를 총리에 앉혀놓았으니 나라가 제대로 돌아갈 리가 없다. 박근혜 대통령이 탄핵으로 물러나고 대통령권한대행 직을 수행한 당시 총리도 검사 출신이다. 다른 경험이 없이 평생 검사만을 한 사람 이 행정의 총책임자가 되는 것이 한국의 현실이다.

대통령 탄핵 이후에 탄생한 문재인 정부도 검찰공화국에서 벗어났 다고 하기 어렵다. 정권 초기에 이른바 적폐수사라는 명분으로 정치, 경제, 사회, 문화의 모든 분야, 심지어는 사법부까지 검찰수사의 대상 이 되었다. 물론 비리가 있으면 그것이 무엇이든 성역 없이 수사의 대 상이 되는 것이 당연하지만 검찰을 동원하여 사회를 흔드는 행태는 구 정권과 다를바 없다. 더욱이 군부대인 군사보안지원사령부에 감찰실장 으로 현직 검사를 임명하기까지 하였다. 정권이 바뀌어도 검찰공화국은 건재하였고 오히려 검찰의 힘을 더 키워놓은 형국이다.

검사의 이러한 방대한 권력은 「검찰청법」 제4조에서 나온다. 제4조 는 검사의 직무를 광범위하게 규정하고 있는데, 이는 검사가 공익의 대 표자이기 때문에 모든 공익적 업무를 수행하여야 한다는 것으로 연결된 다. 그러나 1949년 처음 「검찰청법」이 제정될 당시에는 검사는 '형사에

차기 대권의 향방을 점치기 위한 검사들의 굿판 장면.
(출처: 네이버영화)

관하여'만 공익의 대표자로 규정되었다. 형사사건에서 공익을 대표한다
는 것은 범죄자를 단죄하기 위한 수사와 공소권을 행사하는 주체라는
것을 의미한다. 그러다가 개정을 통하여 형사뿐만 아니라 모든 공익의
대표자로 확장됨에 따라 검사의 직무도 함께 확장되었다. 그러나 검사
가 형사 관련 사항 이외의 직무를 행하는 것은 바람직하지 않다.

헌법에 의하면 검사는 체포, 구속, 압수, 수색 등의 경우 영장신청
권을 가지는 것으로만 규정되어 있을 뿐인데, 이는 검사의 직무를 형사
관련 사항으로 예정하고 있음을 알 수 있다. 「검찰청법」은 검사 직무에
국가가 당사자가 되는 소송업무는 물론이고 기타 법령에 따라 그 권한
에 속하는 사항까지 포함하여 규정하고 있다. 국가소송업무는 변호사
자격을 가진 공무원이 부족하던 시절 법률전문성을 가진 공무원인 검사
를 활용하겠다는 취지였지만, 오늘날 많은 변호사가 공무원으로 채용되
고 있는 현실에서는 적절한 규정이라고 하기 어렵다.

더욱 문제가 되는 것이 '다른 법령에 따라 그 권한에 속하는 사항'
으로 검사의 직무를 무한정 확대하고 있는 조항이다. 예컨대 2018년 8
월 제정된 「군사안보지원사령부령」 제7조 제2항에서는 검사를 감찰실장

으로 보직할 수 있도록 하여 군부대 감찰업무에까지 검사의 직무의 범위를 넓히고 있다. 검사에게 군부대 소속으로 군사사무를 수행토록하는 것은 헌법과 「국군조직법」상 군부대에는 군인과 군무원만이 소속된다는 관련 규정에 위배된다.

「검찰청법」에서는 검사의 청와대 파견을 금지하는 규정(제44조의2)을 두고 있지만, 청와대 이외에 일반행정기관이나 지방자치단체, 공공단체에도 많은 검사가 파견되어 근무하고 있다. 일부는 법적 성격상 검사 신분으로 근무가 어려워 형식적으로 사표를 내고 근무 종료 후 다시 검찰에 복귀시키는 편법을 쓰기도 한다. 청와대 파견금지 규정을 위배한 편법도 여전히 쓰이고, 일반행정기관인 방위사업청에도 검사가 근무하고 있다. 일반행정사무에 검사를 투입할 만큼 인력의 여유가 있는지도 의문이지만, 어찌됐든 검사가 본연의 직무가 아닌 다른 분야로 직무를 확장하는 것은 바람직하지 않다.

검찰청법상 검사의 직무(제4조제1항)
검사는 공익의 대표자로서 다음 각 호의 직무와 권한이 있다.
1. 범죄수사, 공소의 제기 및 그 유지에 필요한 사항. 다만, 검사가 수사를 개시할 수 있는 범죄의 범위는 다음 각 목과 같다.
가. 부패범죄, 경제범죄, 공직자범죄, 선거범죄, 방위사업범죄, 대형참사 등 대통령령으로 정하는 중요 범죄
나. 경찰공무원이 범한 범죄
다. 가목·나목의 범죄 및 사법경찰관이 송치한 범죄와 관련하여 인지한 각 해당 범죄와 직접 관련성이 있는 범죄
2. 범죄수사에 관한 특별사법경찰관리 지휘·감독
3. 법원에 대한 법령의 정당한 적용 청구
4. 재판 집행 지휘·감독
5. 국가를 당사자 또는 참가인으로 하는 소송과 행정소송 수행 또는 그 수행에 관한 지휘·감독
6. 다른 법령에 따라 그 권한에 속하는 사항

▌수사·공소의 독점적 지위의 변화-검찰개혁법률

수사, 공소의 독점의 폐해

태수는 선배 검사가 데려간 '전략수사부'의 창고에 들어가 보고 깜짝 놀란다. 거기에는 대한민국의 주요 인물의 모든 정보가 가득 들어차 있다. 비밀창고이자 핵폭탄의 병기창고인 셈이다. 하다못해 여배우의 섹스비디오까지 수집하여 정국을 바꿀 때 언론에 유포하여 이용한다. 영화는 검사가 이런 정보를 이용하여 권력과 돈을 만드는 것을 보여준다. 정권 교체기에는 보다 유력한 정치인 쪽에 상대방의 약점을 넘겨 권력을 유지한다.

대한민국의 검사는 헌법, 「형사소송법」에 의하여 수사 및 기소의 권한을 독점적으로 행사할 수 있다. 헌법 제12조 제3항의 영장신청규정에서 검사의 수사독점권이 시작된다. 경찰은 교통사고와 같은 경미한 범죄사건에 관하여 체포나 구속영장을 신청하고 싶어도 검사가 반대하면 그렇게 하지 못한다는 의미이다.

2020년 검경수사권 조정이 있기 전에는 검사만이 수사의 주재자로서 경찰은 검사가 반대하면 수사를 할 수 없었다. 또 수사는 개시와 종료로 이루어지는데, 경찰이 수사를 개시하였더라도 종료권한을 가지지 못하니 절름발이 수사권인 셈이다. 검사는 수사를 종료할 때 기소할 것인지 여부를 결정하여 기소, 불기소 또는 기소중지의 처분을 한다. 검사만이 이를 가지고 있어서 기소독점권이라고 한다.

독점적인 권한이란 다른 이에게는 허용되지 않는다는 것인데, 이것이 2020년 깨졌다. 경찰에게 독립적인 수사권한과 종료권한을 부여하면서 일제강점기 이후 내려온 검찰 중심의 수사권 체제가 종말을 맞았다. 경찰의 끈질긴 수사권 독립운동이 드디어 성공하였다. 더욱이 수사권과 공소권을 함께 가지는 고위공직자 범죄수사처를 신설함에 따라 기존의 검사의 수사 및 공소권 독점이 무너졌다. 한국 형사법 역사에서 중요한 전환이 이루어졌다. 이로써 검사의 수사권과 기소독점권을 통한 검찰권 전횡을 통제하고 견제할 수 있는 계기가 마련되었다.

검사의 공소권을 제한하는 제도로 2018년부터 시행 중인 검찰수사심의회도 있다. 이는 국민적 의혹이 제기되거나 사회적 이목이 집중된 사건에 대하여 '공소제기 또는 불기소 처분 여부'를 심의할 수 있도록 하여 일부 검찰의 공소권을 견제할 수 있는 역할을 하고 있다. 다만 심의회 의견의 구속력을 인정하지 않으므로 검사는 그 권고와 달리 기소 여부를 결정할 수 있었다. '검찰수사의 절차 및 결과에 대한 국민의 신뢰 제고'라는 입법취지를 살리기 위하여는 심의위의 의견을 존중하는 것이 바람직하다.

한강식은 자신이 가지고 있는 정보를 이용하여 태수의 정치인 변신을 방해하려고 한다. 그의 장인에 대한 비리봉투이다. 대부분 이러한 협박이 통하는 것으로 영화는 얘기한다. 한마디로 범죄자가 된다는 것은 사실에 의하여 판정되는 것이 아니라 검사가 정보를 비밀창고 밖으로 꺼내는 선택을 함으로써 결정된다는 것이다. 새롭게 도입된 공수처 하에서 이러한 전횡은 제도적으로 견제할 수 있다.

고위공직자범죄수사처가 2021년 1월 21일
과천정부청사에 현판식을 하고 출범하였다.
(출처: 중앙일보)

검찰개혁법률

2019년 하반기 내내 전 법무부장관후보자 임명과 관련된 검찰의 수사가 과잉수사라는 지적에서 검찰개혁방안에 대한 논의가 우리 사회의 주요 이슈가 되었다. 그 후 2020년 1월 14일 「고위공직자범죄수사처 설치 및 운영에 관한 법률」이 제정되어 2020년 7월 15일 시행되었으며, 2020년 2월 4일 검경수사권 조정을 위한 「형사소송법」이 개정되어 시행을 앞두고 있다. 이 두 가지 법률은 현 정부가 지속적으로 추진해왔던 검찰개혁의 상징적인 법률이라고 하겠다.

공수처는 검사 등 고위공직자에 대한 수사 및 공소권을 가진 수사기관으로써, 검사의 수사권 및 공소권을 견제하는 의미를 가진다. 그동안 부정과 비리를 저지른 검사에 대한 자체 수사나 공소가 미진하였다는 점에 대한 반성에서 나왔다. 검찰의 견제라는 취지에서 검사에 대한 수사권을 가지고 있는 특별 수사기관의 필요성은 인정된다. 다만 자칫 검찰 견제가 새로운 권력기관, 대통령 친위수사기관의 탄생이 되지 않을까 하는 우려도 있다. 그래서 최초 법률 제정에서는 공수처장후보 추천위원회 구성에서 총 7명 중 야당에게 추천위원 2명을 주고 6명 이상의 찬성을 얻어야 처장후보자 2인을 대통령에게 추천토록 하여 정치적 거부권을 보장하고 있었다. 그러다가 공수처의 출범이 늦어지자 2020년 12월 15일 정치적 거부권을 삭제하는 법률로 개정하였는데 최초의 입법취지를 후퇴시켰다. 법률의 내용을 보면 고위공직자의 범위가 광범위하게 규정되어 있으며, 원칙적으로 수사의 대상은 모든 공직자로 확대하면서 공소권의 대상은 검사, 판사, 고위경찰관으로 한정하고 있는데 그 구분의 합리적인 기준이 무엇인지 의문이 있으며, 다른 수사기관의 범죄수사에 대한 이첩요구권은 공수처를 최상급 수사기관으로 설정하는 것으로써 권력기관 간의 견제원리나 행정기관의 우열관계 등 법적인 문제점을 가지고 있다.

고위공직자범죄수사처 설치 및 운영에 관한 법률상 고위공직자의 범위
제2조(정의) 이 법에서 사용하는 용어의 정의는 다음과 같다.
1. "고위공직자"란 다음 각 목의 어느 하나의 직(職)에 재직 중인 사람 또는 그 직에서 퇴직한 사람을 말한다. 다만, 장성급 장교는 현역을 면한 이후도 포함된다.
가. 대통령
나. 국회의장 및 국회의원
다. 대법원장 및 대법관
라. 헌법재판소장 및 헌법재판관
마. 국무총리와 국무총리비서실 소속의 정무직공무원
바. 중앙선거관리위원회의 정무직공무원
사. 「공공감사에 관한 법률」 제2조제2호에 따른 중앙행정기관의 정무직공무원
아. 대통령비서실·국가안보실·대통령경호처·국가정보원 소속의 3급 이상 공무원
자. 국회사무처, 국회도서관, 국회예산정책처, 국회입법조사처의 정무직공무원
차. 대법원장비서실, 사법정책연구원, 법원공무원교육원, 헌법재판소사무처의 정무직공무원
카. 검찰총장
타. 특별시장·광역시장·특별자치시장·도지사·특별자치도지사 및 교육감
파. 판사 및 검사
하. 경무관 이상 경찰공무원
거. 장성급 장교
너. 금융감독원 원장·부원장·감사
더. 감사원·국세청·공정거래위원회·금융위원회 소속의 3급 이상 공무원
※ ___부분은 공소권의 대상이 됨. 따라서 나머지 공직자에 대하여는 공소권을 가지지 않으므로 검찰에 이송하여야 함

세상을 바꾼 변호인 _여성법관의 인권 여정

On the Basis of Sex, Mimi Leder, 2019

▌영화 소개

　　현시대 미국에서 가장 존경을 받던 긴즈버그 대법관(1933~2020)이 2020년 9월 18일 사망하였다. 여성으로 미국 역사상 두 번째 연방대법관이었고, 1993년 빌 클린턴 대통령에 의하여 대법관으로 지명된 이후 27년간 재직하였다. 긴즈버그는 하버드대 로스쿨에 입학하였으나 콜롬비아대 로스쿨로 편입하여 졸업하고 로스쿨 교수, 연방항소법원 판사를 거쳐 연방대법관으로 임명되었다.

　　긴즈버그가 로스쿨을 졸업한 1950년대 후반에는 여성의 사회진출이 어려운 시절이었다. 긴즈버그도 로스쿨을 수석으로 졸업했음에도 불구하고 취직에 어려움을 겪었고, 나중에 연방지방법원의 재판연구원을 거쳐 럿거스 대학 및 콜롬비아 대학의 교수로 재직하였다. 영화의 배경은 로스쿨 교수로 재직 중이던 1970년대이다. 긴즈버그는 로펌 소속 변호사가 아닌 로스쿨 교수로서 변호사 업무를 수행하고 있는데, 우리나라

영화 포스터.
(출처: 네이버영화)

와 달리 미국은 로스쿨 교수도 일정 부분 변호사 업무를 허용해주기 때문이다. 교육과 임상실무는 불가분의 관계에 있다는 점에서, 우리나라도 향후 로스쿨 교수의 변호사 업무 허용에 대한 적극적인 검토가 있어야 한다.

긴즈버그는 콜롬비아 대학교 로스쿨 재직 시 '여성과 법'에 대한 강의를 하면서 성차별에 대한 관심을 가지기 시작하였다. 미국시민자유연맹(ACLU)의 참여 변호사로 성차별 법률의 철폐에 매진하였다. 영화에서 다루고 있는 사건인 모리츠 사건에서는 남자라는 이유로 어머니에 대한 간병인의 간병료를 세금에서 공제받지 못한 사건에서 남녀차별의 문제를 남성을 내세워 제기하는 전략적인 접근을 한다. 처음으로 성차별 관련하여 생물학적 용어인 'sex'가 아닌 사회적 개념인 'gender'를 사용함으로써 오늘날 '젠더'가 성차별, 성평등 용어가 되는데 영향을 주었다.

긴즈버그에 대한 영화는 대학교수와 변호사를 하던 시절을 다룬 이 영화와 일대기를 다큐멘터리로 다룬 〈루스. 베이더 긴즈버그: 나는 반대한다, 벳시 웨스트·줄리 코헨〉이 있다. 현직 대법관을 소재로 한 영화가 두 편씩이나 만들어진다는 것은 긴즈버그가 미국 사회에서 얼마나 대중적인 인기와 영향력을 가지고 있는지 보여준다.

긴즈버그 대법관. 〈루스. 베이더 긴즈버그: 나는 반대한다〉의 스틸컷.
(출처; 네이버영화)

▌미국의 법원

긴즈버그는 1980년부터 1993년까지 컬럼비아 특별재판구 연방항
소법원 판사, 1993년부터 2020년 사망 때까지 연방대법관 등 약 40년
간 판사로 재직하였다. 긴즈버그는 대법관 재직 시 여성, 장애인 등 소
수자의 인권 신장을 위한 대법원 판결을 이끌어내는 데 중요한 역할을
했다([표] 긴즈버그 대법관의 주요 판결 및 반대의견 참조).

미국 연방대법원 청사.
(출처: 미국연방대법원 홈페이지)

미국의 사법제도는 연방국가라는 특성으로 연방법원과 주법원으로
이원화되어 있다. 보통의 사건은 주법원의 관할에 속하고, 연방법원의
관할은 미국 연방헌법 제3조에서 규정한 연방 문제에 관련된 사건과
주(州) 사이의 관할권이 충돌하는 사건으로 제한된다. 연방 문제에 관련
된 사건은 연방헌법이나 형법에 관련된 사건으로서 특히 연방헌법상 기
본권이 침해된 사건이 여기에 속한다. 헌법상 기본권에 대한 많은 미국
판례가 미국 연방대법원의 판결인 이유이다. 연방법원은 연방대법원(The
U.S. Supreme Court), 13개의 연방항소법원(Court of Appeals), 94개의
연방지방법원(District Court)으로 구분된다. 연방대법원은 9명의 대법관
으로 구성되고, 연방항소법원은 11개의 지구 순회법원(Circuit), 워싱턴

DC를 관할하는 컬럼비아 특별재판구 항소법원(District of Columbia Court), 연방순회항소법원(Court of Appeals for Federal Circuit)으로 구성되며, 연방지방법원은 미국 전역을 94개의 지역으로 나누어 설치되어 있다. 주(州)의 법원은 주의 역사나 전통에 따라 형태나 명칭이 상이하게 규정되어 있다.

▌ 성차별에 관한 미국 연방대법원의 입장

인종평등을 목적으로 제정된 미연방헌법 수정 제14조 제1항은 "어떠한 주도 그 관할권 내에 있는 사람에 대하여 법의 평등한 보호(equal protection of law)를 부인하지 못한다"라는 평등권 보장규정이다. 그러나 그 추상적인 법문에도 불구하고 제정 이후 오랜 기간 동안 성차별 입법에 대하여 실질적인 역할을 하지 못하였고, 이에 성차별 입법은 대부분 사법심사과정에서 합리적 심사기준을 적용받아 합헌 판단을 받아 왔다.[35]

미국 연방대법원은 1873년 Bradwell v. Illinois 사건에서 최초로 성차별에 관한 문제를 제시하면서, 여성이 변호사업무를 수행하는 자격을 금지한 일리노이 주법을 합헌 판결하였고, "여성의 독특한 특성, 목적과 사명의 견지에서 볼 때, 어떤 직책·지위·직장이 남성으로 채워지고 수행되어야 하는지를 결정하는 것은 입법자의 권한 내에 있는 것"이라고 설시하기도 하였다.

1900년대 연방대법원은 임금, 근로시간, 근로환경, 시장진입 등을 규제하는 많은 경제규제 법률에 대하여 위헌 판단을 하면서도, 성차별 입법에 대하여는 여전히 여성보호주의적 입장을 취하였고, 합리적 심사기준을 적용하여 다수 합헌 판단을 하였다.[36] 1970년대에 들어서 Reed v. Reed 판결을 시작으로 연방대법원은 성차별 법률의 문제를 미연방헌법 수정 제14조의 평등보호조항에 근거하여 판단하기 시작하였다.

▌모리츠 사건

이 사건은 영화에서도 소개되고 있는 케이스이다. 콜롬비아대 로스쿨 교수로 재직 중이던 긴즈버그는 성차별 문제에 관심이 깊었는데, 어느날 세법 전문 변호사인 남편 마틴의 책상에서 흥미로운 세법 사건 하나를 발견하게 된다. 긴즈버그는 형식적인 성차별을 제거하여 성평등을 실현하고자 세법 사건에서 전략적으로 남성인 모리츠를 성차별 피해자로 세우고, 재판의 대리를 맡아 형식적인 성차별에 대하여 다투고, 성평등을 실현할 계획을 세웠다. 이는 당시 연방대법관 전원이 남성이었으므로 남성 원고를 내세우는 것이 보다 효과적일 것이라는 보수적인 선택이었다.

모리츠는 1958년부터 이 사건 과세기준연도인 1968년까지 어머니와 함께 거주하면서 그의 급여로 생활비를 전액 부담하고 있었고, 그의 어머니는 당시 89세로 휠체어를 이용하고, 망각증, 동맥경화 기타 장애를 겪고 있어, 모리츠는 간병인을 고용하여 1968년에 600달러를 초과하는 비용을 지출하였다.

한편 세금 공제에 관한 일반 규정은 "납세자가 여성, 홀아비 또는 정상 생활이 불가능하거나 자활 능력이 없는 아내가 있는 남성인 경우에, 한 명 이상의 피부양자의 간병을 위하여 해당 과세연도에 지출된 비용은 공제 대상에 포함된다. 다만 그 간병이 납세자의 근로를 가능케 하기 위한 것이어야 한다"라고 규정하고 있으며, 또한 위 홀아비(Widower)란 배우자와 이혼 또는 별거수당을 통하여 법적으로 헤어진 상태의 혼인하지 않은 자를 포함한다고 규정하고 있었다.

그러나 간병료를 세금에서 공제할 수 있다는 규정에도 불구하고, 모리츠는 모친의 간병인에 대한 간병료를 세금에서 공제받지 못하였는데, 이는 법문이 공제 대상을 납세자가 여성, 홀아비, 이혼여성 또는 정상 생활이 불가능하거나 자활 능력이 없는 아내가 있는 남성일 것을 요하는 것과 달리, 모리츠는 혼인한 적이 없는 싱글 남성이었기 때문이다.

이러한 세법 규정은 여성만이 가정을 돌보는 주체라는 성 편견에 따른 것이었다.

긴즈버그는 연방항소법원에서 위 법률 규정이 미연방헌법 수정 제14조 제1항을 위반하여 성별(gender)에 따른 차별이므로 위헌이라고 주장하였다. 즉, 여성뿐만 아니라 남성도 성별 고정관념의 피해자가 될 수 있고, 여성에 대한 공정하고 평등한 대우가 곧 남성에 대한 공정하고 평등한 대우라는 것이 주장의 핵심이었다. 정부는 이에 대해 남녀 성 차별을 담고 있는 200여 개의 법률을 정리하여, 남녀 성적 차이에 근거한 법률이 정당하며, 급진적 사회적 변화의 위험성을 주장한다.

연방항소법원은 "성(sex)에 근거한 차별은 평등 보호 원칙 하에서 철저한 검토를 요한다. 만약 저소득층의 안정과 피부양자에 대한 특별한 부담을 덜 목적이라도 오로지 성별에만 근거한 부당한 차별이 아니라 목적 실현을 위한 분류기준들을 마련하는 방법들을 사용할 수 있었을 것이다."라고 설시하며, 긴즈버그의 주장을 인용하는 판결을 선고하였다.

이 판결은 수정헌법 제14조가 성차별로부터 여성을 보호할 뿐만 아니라, 남성도 보호한다고 선언한 최초의 판결이다[Charles E. Moritz, Petitioner-appellant, v. Commissioner of Internal Revenue, Respondent-appellee, 469 F.2d 466 (10th Cir. 1972)].

▌ Reed 사건

영화에서는 다루지 않았으나 긴즈버그는 모리츠 사건을 수행하던 중 연방대법원에 계속 중인 Reed v. Reed 사건 또한 대리하게 되었다. 이는 유언 없이 사망한 미성년자의 유산 상속 시 유산관재인의 지정에 있어 동등한 위치의 상속인인 양부모 중 남성의 우위를 규정하는 법규가 문제된 사건이었다. 미성년자인 리처드 리드의 사망 후 유산관재인 지정에 관해 양부모 간에 다툼이 생겼고, 긴즈버그는 양어머니인

샐리 리드를 대리하였다. 이 사건에서도 긴즈버그는 성별에 기한 차별행위는 남성과 여성을 분리된 영역에 가두는 전통적인 역할의 구분을 강화하는 것일 때에는 수정헌법의 평등보호원칙에 위반된다고 주장하였다.

당시 아이다호 주 유언검인법은 유산관재인이 될 수 있는 상속인의 순위를 11단계로 정하고, 동순위의 사람이 복수일 경우 남자가 여자보다 우선한다고 규정하고 있었다.

긴즈버그는 앞선 대법원 판결들이 미국 여성에게 분열과 불평등한 지위를 안겼던 것과 달리, 입법부가 최소한의 정당성만을 갖추어 "남성과 여성을 구분 짓는 예리한 선"을 그어도 무방하다는 전제를 법원이 부인할 때라며, 성별에 있어 생물학적인 차이는 재산관리인이 수행해야 하는 직무와 무관하며, 이는 행정적 편의에 관한 것에 불과하다고 주장하였다.

연방대법원은 위 판결에서 성에 기초한 차별은 정당한 주의 목적에 공정하고 실질적인 관련을 가지는(fair and substantial relationship to legitimate state ends) 경우에 합헌이라고 판단하면서,[37] "어느 한쪽의 성에게만 우선권을 주는 것은 헌법상 평등조항이 금지하는 자의적 입법"이라며, 긴즈버그의 주장을 인용하였다.

연방대법원은 이 판결로써 처음으로 성평등의 문제를 미연방헌법 수정 제14조의 평등보호조항에 근거하여 판단하였고, 평등권 위헌심사에 대해 그 심사기준을 보다 엄격하게 해석·적용하여 합리성심사기준에서 중간심사기준으로 발전할 수 있는 발판을 마련하였다.[38]

사건명	사건 개요 및 긴즈버그 의견
미국 대 버지니아 (1996)	• United States v. Virginia et al. (94–1941), 518 U.S. 515 (1996) • 남성의 입학만을 허용하고 있던 버지니아 군사학교(VMI)에 대하여, 대법원은 공적 자금을 지원받는 학교로서 수정헌법 제14조에 따라 여성의 입학을 허용하여야 한다고 판결하였다. • 위 판결에서 긴즈버그는 "여성의 특성에 대한 일반화는 대부분의 여성에게 가장 적합한 것이 무엇인지를 추측하게 하나, 보통의 범주에서 벗어난 재능과 능력을 가진 여성들에 대한 기회를 부정하는 것을 정당화할 수는 없고, 군사학교가 남성과 여성 모두를 받아들인다면 '더 완벽한 연합'에 기여할 것이고 학교나 성별 간의 관계를 파괴한다고는 볼 수 없다."라는 의견을 밝혔다.
옴스테드 대 L.C.(1999)	• Olmstead v. L.C., 527 U.S. 581 (1999) • 이는 장애인 권리에 관한 기념비적인 판결로서, 정신질환이 있는 원고들에게 지역 사회에서의 치료가 더욱 효과적일 것으로 기대되었음에도 불구하고 수년간 조지아 주가 운영하는 시설에서 나오지 못하고 치료받은 사건에서, 대법원은 지적장애인에 대한 제도화를 제한하는 판결을 선고하였다. • 위 판결에서 긴즈버그는 "정신질환은 장애의 일종이고 이들에 대한 정당화 되지 않은 제도적 격리는 장애인법(ADA)에서 말하는 차별의 한 형태에 해당한다. 지역 사회에서 충분히 행동하고 혜택 받을 수 있는 사람들을 제도적으로 고립시키는 것은 이들이 지역 사회에 참여할 수 없거나 참여할 가치가 없다는 부당한 가정을 지속시키며, 또한 시설에 갇혀 있음으로 인하여 가족 관계, 사회적 접촉, 근로, 경제적 독립성, 교육, 문화적 풍요 등 개인의 일상생활에서의 활동이 심각하게 저해된다."라고 밝혔다.
부시 대 고어(2000), 반대의견	• Bush v. Gore, 531 U.S. 98 (2000) • 2000년 미 대통령 선거에서 플로리다 주의 투표용지 집계에 관한 부시와 고어 측의 분쟁에 관하여, 플로리다 주대법원은 투표용지에 대한 수동 재검표를 할 것을 요구하였다. 그러나 연방대법원은 플로리다 주의 투표용지 집계를 중단할 것을 판결함으로써 조지 W. 부시 대통령의 손을 들어주었다. • 이에 대하여 긴즈버그는 "연방대법원은 투표용지 집계에 대한 분쟁에 관하여 절차에 따른 사법 검토가 이루어지기에는 시간이 부족하다고 판단하였고, 헌법상 적절한 재검토가 비현실적이라는 다수의견은 곧 연방대법원의 판결에 대한 비판, 시

	힘을 허용하지 않는다는 것에 불과하다."라며 반대의견을 표하였다. 특히 긴즈버그는 일반적으로 반대의견을 제시할 때 사용하는 "정중하게 반대한다."는 표현 대신에 현재까지도 긴즈버그를 대표하는 "나는 반대한다(I dissent.)"라는 말을 사용하여 연방대법원의 판결을 강력하게 비판하였다.
그루터 대 보링거(2003), 보충의견	• Grutter v. Bollinger, 539 U.S. 306 (2003) • 한 지원자가 미시간대 로스쿨 입학절차에서 소수인종인 점을 긍정적 요소로 평가함에 따라 자신이 불합격하였다고 주장한 사건에서, 연방대법원은 5대4로 인종적 다양성은 국가적 이익이 되므로 대학 입학절차에서 소수인종인 점을 고려한 것이 수정헌법 제14조 평등조항을 위반하지 않는다고 판단하였다. • 긴즈버그는 이에 동의하며 보충의견으로, "의식적이고 무의식적인 인종에 따른 편견, 심지어 인종에 따른 순위의 차별은 여전히 미국 땅에 존재하여 우리의 최고의 가치와 이상을 실현하는 데에 방해가 되고 있다. 다음 세대에는 무차별을 향한 진전 및 진정한 기회 균등을 통하여 이러한 모습이 사라지길 희망한다."라고 의견을 제시하였다.
곤잘레스 대 카하트(2007), 반대의견	• Gonzales v. Carhart, 550 U.S. 124 (2007) • 「부분 출산 낙태금지법(Partial-Birth Abortion Ban Act)」은 산모의 신체 밖으로 일부가 출산된 태아에 대해 인공임신 중절을 전면 금지하는 법으로 몇 개 주에서 통과되었는데, 폐지론자들은 의료계에서 실제 사용되는 수술법과 다르며, 임신중절에 대한 끔찍한 이미지를 덧씌우려는 선동적인 법률이라며 그 폐지를 주장하였고, 연방대법원은 상당수 여성은 임신중절 후후회, 심각한 우울증과 자존감 상실을 겪을 것이라며 이를 합헌이라 판단하였다. • 당시 연방대법원의 유일한 여성 대법관이었던 긴즈버그는 "여성은 자기 운명에 대한 결정권이 있으며, 여성 자신의 잠재력을 온전히 발휘하기 위하여는 재생산 활동을 스스로 통제할 수 있어야 한다. 또한 「부분 출산 낙태금지법」만이 정부의 정당한 이익에 기여한다는 발상은 비합리적인데, 이는 대법원이 로 대 웨이드(Roe v. Wade) 판결 등에서 스스로 거듭 확인한 여성의 임신중절권을 후퇴시키는 것이다."라며 반대의견을 제시하였다.
레드베터 대 굿이어 타이어(2007), 반대의견	• Ledbetter v. Goodyear Tire & Rubber Co., 550 U.S. 618 (2007) • 타이어 공장 관리자인 레드베터가 1999년부터 19년 간 회사에서 일하며 남성 관리자보다 적은 임금을 지급받아왔다고 주

장하며 회사를 상대로 제기한 급여 차별에 관한 사건으로, 연방대법원은 레드베터의 청구가 고용인의 차별혐의를 인정한 결정이 있은 때로부터 180일의 제소기간을 도과하였다고 판단하였다.

• 긴즈버그는 반대의견에서 "1964년 제정된 시민권법 제7장은 인종, 피부색, 종교, 성별, 출신 국가를 사유로 한 직장 내 차별을 금지하는데, 이는 실제 사업장의 고용 행태를 규율하겠다는 의도였으나, 오늘날 법원은 사업장의 현실을 외면하고 있다. 성별에 따른 임금 차별은 종종 작은 차이부터 시작하고, 차별이 존재한다고 의심하게 만드는 원인은 시간이 경과함에 따라 발생하며, 더욱이 다른 직원과의 급여를 비교한다는 것은 매우 어렵다. 법원의 판단은 여성이 얼마나 교활한 방법으로 급여 차별의 피해자가 되는지를 이해하지 못하거나 이에 무관심하다는 결과이다."라며 이를 비판하였다.

킴브러 대 미국(2007)	• Kimbrough v. United States, 552 U.S. 85 (2007) • 킴브러의 마약 투약 혐의에 대한 형사 재판에서 연방 지방법원 판사가 '연방 선고지침'에서 정한 형량의 범위를 벗어나 낮은 형을 선고한 것과 관련하여, 연방대법원은 7대2의 의견으로 지방법원이 형사재판에서 양형에 대한 광범위한 재량권을 갖는다고 판단하였다. • 이에 대해 긴즈버그는 '연방 선고지침'이 예외 없이 지켜져야 하는 규정은 아니며, 킴브러 사건에서의 궁극적인 질문은 형이 합리적이었는가의 문제이다."라고 의견을 제시하였다.
셀비 카운티 대 홀더(2013), 반대의견	• Shelby County v. Holder, 570 U.S. 529 (2013) • 역사적으로 인종차별이 심했던 주에 대하여 소수인종의 참정권을 보장하기 위하여 주 선거법 개정 시 연방정부의 승인을 받아야 함을 규정하는 「투표권법(Voting Rights Act)」 조항의 위헌 여부에 대하여, 연방대법원은 인종 차별에 대한 시대적 변화가 이루어졌다며 위 법률조항을 위헌이라 판결하였다. • 그러나 긴즈버그는 법정에서 "미국 내 모든 구성원의 평등한 시민적 지위, 인종을 빌미로 희석되지 않는 민주주의 체제, 그 안에서 모든 유권자들에게 공평하게 주어진 발언권이 위기에 처하였으며, 투표권법이 훌륭하게 작동한다는 이유로 이를 폐기하는 것은 비에 젖지 않는다고 빗속에서 우산을 던져버리는 것과 같은 것이다."라는 반대의견을 낭독하여 다수의견을 강력히 비판하였고, 이 판결 이후 대중에게 '악명 높은(Notorious)' 긴즈버그라는 별명을 얻기도 하였다.

[표] 긴즈버그 대법관의 주요 판결 및 반대의견 목록

변호인_변호인의 직무

양우석, 2013

▋영화 소개

12월.
당신의 웃음과 눈물을
지켜드립니다!

변호인

송강호/김영애/오달수/곽도원/임시완

12월18일 대개봉!

영화 포스터.
(출처: 네이버영화)

부산에서 세무 관련 변호사를 하던 송우석은 우연찮게 단골 국밥집 아들 진우의 형사사건을 변호하게 되었다. 이 영화는 노무현 대통령의 실화를 바탕으로 한 것으로 노 대통령이 인권변호사로 탈바꿈을 하게 된 과정을 그리고 있다.

이 영화는 「국가보안법」 사건으로 구속된 피고인에 대한 수사 과정, 재판 과정을 다룬다. 당시 독재정권의 불법적 감금, 고문 등을 규탄하는 송우석 변호인의 법정 활약상을 그리고 있다. 법정에서 송 변호사의 변론장면은 실제에서도 볼 수 없을 정도로 최고의 명장면이라고 할 만하다. 송 변호사는 국가권력에 의해 유린된 인권상황을 개탄하면서 너무나도 당연한 「대한민국헌법」 제1조를 읊는다. "대한민국 주권은 국민에게 있고, 모든 권력은 국민으로부터 나온다." 즉 주권자가 누구인지를 정확하게 제시한다.

이 영화의 배경이 되는 사건은 부림사건이다. 이는 '부산의 학림

(學林) 사건'이라는 뜻으로, 1981년 부산지역에서 독서모임을 하던 학생, 교사, 회사원 등 22명을 국가보안법 위반등으로 구속하고 기소한 사건이다. 변호사 노무현은 이 사건을 맡게 되면서 인권운동의 길로 들어가게 되는 계기가 되었다고 한다. 피고인들은 1983년 12월 형집행정지로 석방되었는데, 이 사건은 수차례 재심을 청구하여 2014년 9월 25일 재심 상고심에서 일부 피고인에 대하여 무죄가 확정되었고(대판 2014. 9. 25. 선고 2014도3168), 이후 나머지 피고인에 대하여도 무죄가 선고되었다.

▌수사기관의 수사와 인권의 보호

인신구속 시의 적법절차의 원칙

헌법 제12조에 의하면 신체의 체포와 구속은 검사의 신청과 법관의 영장 발부에 의하도록 엄격한 적법절차(due process)를 규정하고 있다. 다만 현행범체포와 긴급체포의 경우에는 사후영장에 의할 수 있다. 긴급체포는 피의자의 범죄가 사형·무기 또는 장기 3년이상의 징역이나 금고의 형에 해당하고 증거 인멸이나 도망 우려가 있는 경우임에도 체포영장을 받을 수 없는 때에 할 수 있다(형사소송법 제200조의3). 긴급체포 한 때에는 48시간 이내에 체포영장을 청구하여야 한다(제200조의4). 구속은 사전영장을 통한 구속과 체포한 후 사후영장을 통한 구속으로 나뉜다(제201조의2).

또한 중요한 것이 체포 또는 구속된 이후의 절차이다. 피의자가 방어를 할 수 있도록 변호인의 조력을 받을 권리, 가족에 대한 통지절차를 엄격하게 요구한다. 이러한 헌법상 절차는 국가로부터 신체의 자유를 지키기 위한 인류의 오랜 투쟁의 결과이다. 영화 속 피고인들은 미란다원칙의 고지, 신문 중 변호인의 조력을 전혀 받지 못하였고, 진술거부권 행사도 충분히 보장받은 것으로 보이지 않는다. 진우의 어머니는 진우가 체포되었는지, 어디에 있는지 등을 전혀 모르는 것으로 보아 체포 이후의 절차에 대한 안내를 전혀 받지 않았다. 이것이 불법임은 물론이다.

고문으로부터의 인권보호

진우는 공안경찰인 차동영으로부터 끔찍한 고문을 당하고서 이를 버티지 못하고 허위 자백을 한다. 우리 헌법은 명문으로 고문을 받지 않을 권리를 천명하고 있다(제12조 제2항). 그러나 인류의 역사에서 고문의 역사는 매우 길고, 그 반면 그것이 인권을 침해한다는 이유로 금지된 것은 사실 오래 되지 않았다. 고문은 수사단계에서 범죄를 시인하고 복종케 하기 위한 수단으로 사용되었다. 만일 범죄의 실체적 사실을 밝히기 위하여 설득과 고문 두 방법이 있고 고문이 허용된다면 수사관은 과연 무엇을 선택할까. 역사적으로는 보면 수사를 위한 고문과 형벌을 뚜렷이 구별하기 어려웠다. 이를 범죄수사와 형벌의 재판이 동시에 이루어지는 규문주의(糾問主義)의 역사라고 한다. 재판관이 직접 범죄사실을 수사하고 판단하는 것을 말한다. 춘향전에서 변학도가 춘향을 고문하고 죄를 묻는 장면이 이런 예이다.

그런데 현대 민주주의사회로 오면서 각국의 헌법은 형사절차에서 피의자와 피고인의 인권을 중시하면서 실체적 진실을 찾는 절차, 즉 적법절차를 법치주의의 핵심적인 제도로 만들어냈다. 거기에서 임의성 없는 자백, 고문에 의한 자백은 증거로 할 수 없다는 원칙이 나왔다. 이로써 수천 년 동안 내려온 고문을 통한 자백의 증거능력을 부인하는 법체계가 완성된다. 인류의 인권역사에서 가장 넓은 한 걸음이다. 임의성 없는 자백에는 고문은 물론이고 고문에 준하는 잠 안 재우기, 밤샘조사 등이 포함된다. 영화에서 나오는 고문이 당시 헌법이나 법률에 위반됨은 당연하다. 「형사소송법」에서는 피고인의 자백이 고문, 폭행, 협박, 신체구속의 부당한 장기화 또는 기망 기타의 방법으로 임의로 진술한 것이 아니라고 의심할 만한 이유가 있는 때에는 이를 유죄의 증거로 하지 못한다고 규정하고 있다(제309조).

고문 그 자체는 범죄에 해당하여 고문을 행한 자는 처벌된다. 형법은 재판, 검찰, 경찰 기타 인신구속에 관한 직무를 행하는 자 또는 이를 보조하는 자가 그 직무를 행함에 당하여 형사피의자 또는 기타 사람에 대하여 폭행 또는 가혹한 행위를 가한 때에는 5년 이하의 징역과 10년 이하의 자격정지에 처하도록 규정하고 있다(제125조). 유명한 사건으로 부천경찰서 문귀동경장의 권양 성고문사건이 있었고, 박종철 학생에 대한 남산분실의 고문사건 등이 있다. 박종철 고문사건을 다룬 영화가 〈1987, 장준환〉이다.

▮ 변호인과 변호사

변호인의 조력을 받을 권리

변호인이란 형사사건에서 피의자의 수사단계 또는 피고인의 재판단계에서 조력을 하는 변호사를 일컫는 소송법상 명칭이고, 영화 제목이 변호인이 된 것은 송 변호사가 형사소송에서 피고인을 위한 변호사이기 때문이다. 국가권력으로부터 기본권을 침해받은 경우에 법적 조력을 하는 것은 '공격과 방어방법에 있어서의 평등권'의 실현이고 구체적으로는 수사나 재판단계에서의 '무기평등의 원칙'으로 실현이 된다. 형사소송은 본질적으로 개인에 대하여 우위에 있는 국가가 공익의 대표자인 검사를 내세워 수사나 재판이라는 공권력을 행사하는 작용이다. 국가권력에 대응하여 수사나 재판에서 공정하고 객관적인 결과를 이끌어내기 위한 법률전문가의 도움이 헌법적으로 표현된 것이 '변호인의 조력을 받은 권리'이다.

변호사 뱃지 문양.
(출처: 대한변호사협회)

변호인의 조력을 받을 권리의 대표적인 사례가 범죄용의자 체포 시 경찰관이 미란다원칙

(Miranda rule)을 고지하는 장면으로, 영화나 드라마에서 익숙하게 볼 수 있다. 미란다원칙이란 수사기관이 범죄혐의자를 체포할 때 그 이유와 변호인의 도움을 받을 권리, 진술거부권이 있음을 알려주어야 한다는 원칙으로 1966년 미국판례(Miranda v. Arizona 384 U.S. 436)에서 기원한다. 소녀를 납치, 강간한 혐의로 경찰에 체포된 미란다는 범죄를 시인하는 자백 진술을 하고 애리조나주 법원에서 각각 징역 20년, 30년의 형을 선고받았는데, 미국 연방대법원은 이 자백 진술이 변호인 조력을 충분히 받지 못하고 진술거부권도 보장받지 못한 상태에서 이루어진 것이므로 유죄의 증거로 삼을 수 없다는 판결을 내렸다. 이 판결에 따라 변호인의 조력을 받을 권리 등 법적 권리를 체포 당시부터 고지하여야 한다는 원칙이 확립되었다.

국가는 형사사건에서 피의자 또는 피고인이 법률적 조력이 필요한 경우에는 반드시 변호인의 도움을 받도록 기회를 부여하여야 한다. 제도적으로 두 가지로 설계된다. 수사단계나 재판단계에서 변호인을 원하는 사람에게 변호인 접견을 제한하는 것은 특별한 사정이 없는 한 허용되지 않는다. 이는 수사기관이든 수형시설이든 마찬가지이다. 수형자의 변호사 접견 시간 및 횟수를 일반 접견에 포함하는 것은 수형자의 재판청구권의 실효적 보장이라는 측면에서 문제가 있다는 헌법재판소의 판례도 있다(헌재 2015. 11. 26. 선고 2012헌마858).

다른 한 측면은 피의자등이 변호인의 조력을 필요로 하는 경우 국가가 직접 변호인을 선임하여 지원하는 제도이다. 이를 국선변호인제도라고 한다. 국선변호인제도는 헌법상 인정되고 있다(제12조). 국선변호인은 국가의 수사권, 형사재판권으로부터 자신을 보호하기에 법적 능력이 부족한 국민을 도와주는 제도이다. 간혹 연쇄살인범, 강간범 등 흉악범을 변호하는 국선변호인에 대한 비난이 가해지기도 하고 박근혜 전 대통령 국정농단사건에서 국선변호인 선임을 비난하는 여론이 일기도 하였다. 그러나 국선변호인제도는 국가로부터 개인을 보호하기 위한 제도인 이상 그 피고인이 어떤 범죄를 범하였든 부당한 처우를 받지 않도록 변호인 조력을 받을 권리의 당연한 내용이다. 「형사소송법」상 국선변호인은 피고인이 사형, 무기 또는 단기 3년 이상의 징역이나 금고에 해당하는 사건으로 기소되거나 구속, 미성년, 70세 이상, 농아자, 심신장애의 의심, 빈곤 그 밖의 사유 등의 경우에 선정하고 있다(제33조). 대법원의 사법연감에 의하면 2017년 기준으로 122,531건의 국선변호인 선정을 할 정도로 국선변호 사건이 증가하고 있으며, 향후에는 일체의 형사단계로 확대되어야 한다는 논의가 있다.

법정에서 변론을 하는 강우석 변호사.
(출처: 다음영화)

변호사양성제도

현행법상 변호사가 되는 방법은 로스쿨을 졸업하고, 변호사시험에 합격하는 방법이 유일하다. 변호사 자격제도는 두 가지의 입법론, 즉 선발체제와 교육을 통한 양성체제가 있는데, 우리나라는 2009년 로스쿨제도가 도입된 이후 후자의 방식으로 변경되었다. 2017년 마지막 사법시험을 끝으로 더 이상 선발체제는 종료되고 오로지 교육체제로만 남아 있다. 그런 점에서 3년 과정의 로스쿨을 진학하지 못하면 변호사가 될 수 없고, 변호사가 되지 못하면 검사, 판사, 헌법재판관이 될 수 없으니 법조공무원이 되기 위하여는 반드시 로스쿨에 진학하여야 한다. 그런 점에서 로스쿨 교육체제는 법조공무원의 진출, 즉 공무담임권의 보장 차원에서 헌법적 논란이 발생한다. 참고로 로스쿨 체제의 원형인 미국에서도 로스쿨을 졸업하지 않은 사람도 변호사시험을 볼 수 있는 예외를 두고 있다. 현행 로스쿨체제를 유지하더라도 공무담임권을 보장할 수 있는 방법으로 개선이 필요하다.

인권변호사, 변호사 광고의 역사

송 변호사가 명함에 세무전문 변호사임을 찍어 광고하는 장면이 나오는데, 이는 두 가지를 생각하게 한다. 첫째 송 변호사는 원래 인권변호사가 아니었다는 점이고, 둘째 변호사가 점잖지 않게 사건유치를 위하여 광고를 한다는 점이다.

송 변호사는 진우 사건을 맡으면서 인권변호사의 길로 들어서는 것으로 묘사된다. 인권변호사와 그렇지 않은 변호사를 구분하는 것을 전제로 말이다. 그러나 인권변호사라는 용어는 사실 정확한 개념을 가진 것이 아니다. 세무전문이니 형사전문, 민사전문, 특허전문 등 영역별 전문변호사는 있지만 인권전문변호사는 전문영역별 변호사 분류에 속하지 않는다. 단지 70년대, 80년대 군부독재을 겪으면서 주로 시국사건, 노동사건 등을 담당하면서 인권보호에 최선을 다하였던 일군의 변호사를 일컫는 것에서 시작되었다. 「변호사법」 제1조에서는 변호사는 기본적 인권을 옹호하고 사회정의를 실현함을 사명으로 하는 것으로 규정하여 단순한 영리사업자가 아니라는 것을 천명하고 있다. 이 규정에 의하면 모든 변호사는 본질적으로 인권변호사이어야 한다.

다음으로 변호사 광고의 문제이다. 영화의 배경 당시의 변호사 명함에 광고문구를 기재하는 것은 매우 이례적이었다. 변호사가 인권옹호라는 목적 이외에도 사무실을 운영하는 사업자, 생계를 유지하여야 하는 직업인이라는 관점에서 보면 마케팅과 광고의 필요성을 부인하기 어렵다. 1990년대 후반 의정부, 대전 지역의 법조브로커 문제가 터지자 이 기회에 사건 수임 관련 변호사 광고를 허용하자는 논의가 있어 2000년 「변호사법」 개정에서 광고규정(제23조)을 신설하였다. 송 변호사가 자신의 전문분야를 광고하는 명함을 돌리는 것을 불편하게 바라보는 장면은 오늘날은 이해하기 어려운 모습이다.

영화에서 세무 관련 업무를 많이 한 송 변호사를 동료 변호사들이 이상한 모습으로 바라보고 있다. 당시는 변호사들 대부분 법대를 나와 법률 이외의 분야에 관심을 가지는 것은 보기 힘들었기 때문이다. 송 변호사는 상고를 나온 변호사로 묘사되는데, 이러한 이력으로 회계지식이나 그 분야의 클라이언트를 접할 기회가 많았을 것으로 짐작이 된다. 그러나 오늘날 경영, 공학, 인문, 교육 등 다양한 전공자를 뽑아 교육하는 로스쿨체제에서는 특허, 세무, 노무 등의 다른 분야로 진출하는 것은 이제는 새삼스러운 것이 아니고 장려할 일이다.

더 리더-책 읽어주는 남자_전쟁과 수치재판

The Reader, Stephen Daldry, 2008

█ 영화 소개

2차대전이 끝난 독일에서, 한 여자에게 책을 읽어주는 남자가 얘기를 풀어 나간다. 나치시대 수용소의 경비원으로 근무하였던 한나는 전후에는 전차 승무원으로 검표일을 하다가 성실한 근무로 사무직으로 승진하게 되지만 승진을 포기한다. 사무직을 포기한 이유는 글을 읽고 쓰지 못하는 문맹의 비밀이 밝혀질 것을 두려워하였기 때문이다. 1966년 전범재판에서 나치 수용소의 책임자로 되어서 징역형을 선고받고 20년

영화 포스터.
(출처: 네이버영화)

을 복역한 다음 가석방된다. 그녀는 글을 읽지도 쓰지도 못하는 사실을 죽더라도 비밀로 하고 싶어하는 사람이다.

미하엘은 1958년 전후 독일, 15세의 나이에 또래의 친구들과 어울리지 않고 30대 중반의 한나를 만나 사랑에 빠진다. 여자를 만날 때마다 소설, 시 등 책을 읽어준다. 그러던 중 여자가 사라지고 그는 법대에 진학한다. 그로부터 8년 후 법대에서 전범재판 견학을 갔다가 법정에서 피고인으로

236

재판받는 한나를 봤다. 한나는 나치수용소의 경비원으로 근무하였다고 변명하지만, 주변 사람들이 책임자로 덮어씌우고 수용자를 선별하는 보고서의 작성자로 몬다. 보고서를 작성하였는지 물어보는 재판관의 질문에 한나는 자신이 작성하였다고 자백한다. 한나는 징역형을 선고받고 교도소에 수감되는데, 미하엘은 책 읽은 것을 녹음한 테이프와 녹음기를 계속 보낸다. 이후 한나는 가석방되어 미하엘을 만난다는 얘기이다.

한나는 자신이 문맹이라는 사실을 숨기기 위해 전범재판에서 증거가 될 보고서를 자신이 작성한 것이라는 판사의 추궁에 허위자백을 한다. 문맹의 인정을 죄의 인정보다 무서워한다.

개봉 당시 이 영화는 15세 소년과 36세 여성 사이의 노골적인 정사 장면을 다룬 것이 화제가 되었지만 사실 영화의 주제와는 별 관련이 있지 않다. 여주인공역을 맡은 Kate Winslet이 이 영화로 2009년도 아카데미 여우주연상을 수상하였다.

이 영화는 베른하르트 슐링크의 원작 소설 『Der vorleser』를 영화한 것인데, 저자는 독일에서 법대 교수 겸 헌법재판소 재판관을 겸직한 독특한 이력을 가지고 있다. 이 소설은 1991년 최초 독일에서 출간되고 그 이후 세계 각국에서 번역되어 출간될 정도로 큰 성공을 거두었다. 그는 현직 법률가이지만 현대 독일 작가 중에서도 가장 왕성한 활동을 하고 있는 소설가로 평가를 받고 있다.[39]

▎무엇과도 바꿀 수 없는 인간의 자존감

영화의 원작인 소설을 중심으로 내용을 살펴보면, 제목에서 보듯이 책을 읽어주는 한 남자의 얘기를 다루고 있다. 책은 제1부(소년시절), 제2부(법대생 시절의 재판 방청), 제3부(법대 교수 시절의 재회)로 구성되어 있다. 남자주인공의 모습이 세월에 따라 15세 소년, 법대생, 법대 교수로 변화하고 있지만 '책을 읽어주는 남자'라는 모습은 변하지 않는다.

소년 미하엘이 한나에게 책 읽어주는 장면.
(출처: 네이버영화)

　　제1부는 1950년대 제2차 대전 이후의 독일을 배경으로 15세 소년
과 36세 여인의 사랑 얘기를 다룬다. 15세의 소년(미하엘)이 36세의 여
성(한나)을 우연히 만나면서 사랑을 나누는데, 한나로부터 책을 읽어 줄
것을 요구받고 이에 응하게 된다. 그들의 관계는 남자가 책을 읽어주면
여자는 경청하며 그리고 사랑을 하는 식으로 진행된다. 그 강요와 같은
책읽기는 평생 소년을 한나를 위하여 책읽는 남자로 만든다. 잠깐 동안
의 만남 이후 그들은 헤어지고, 그는 고등학교를 졸업한 후 법대에 진
학한다.

　　제2부는 법대생이 된 미하엘이 방청하는 한나에 대한 재판 장면을
다룬다. 법대생이 된 미하엘은 세미나 주제가 된 나치전범에 대한 재판
을 방청하는데, 그곳에서 전범으로 기소되어 재판 중인 한나를 우연히
보았다. 여기서 작가의 법률적 전문성을 토대로 소설이 진행된다. 미국
의 John Grisham의 법정소설은 주로 변호사를 주인공으로 하여 법정
의 모습을 보여주지만, 이 소설에서는 재판 당사자가 아닌 방청객이자
제3자인 미하엘의 시각에서 법정의 재판장면을 묘사하고 있다. 사실 재
판의 본 모습은 재판에 참여하는 재판관, 검사, 변호사, 피고인의 입장
이 아니라 방청객의 눈을 통할 때 보다 객관적일 수 있다. 연극이나 영

화를 보듯이 재판 관계자들의 일거수일투족이 빠짐없이 각인될 수 있다. 한나는 전쟁 중 나치수용소의 감시원으로 근무하면서 가스실로 가는 인원의 선별 작업과 교회 피폭 집단사망사건에 대한 범죄사실로 기소되었다.

제3부는 미하엘이 다른 여자와 결혼 후 이혼을 하고, 한나의 재판에 대한 염증으로 법조인의 길을 포기하고 대신 법대 교수가 된 후의 얘기를 다룬다. 미하엘은 다시 한나가 수감된 교도소로 책읽기를 녹음한 테이프를 계속 보내주고 만난다는 내용이다.

이 소설은 전쟁 세대와 전후 세대 사이의 갈등과 혼돈, 인간의 자존감과 약점, 죄의식을 다루고 있다. 이를 작가는 자신의 법률지식을 토대로 나치 전범과 전후 세대인 남자주인공의 사랑, 전범재판, 법대 교수의 법철학적 물음 등으로 구성한다.

작가는 한나에 대한 전범재판이라는 법정장면을 통하여 전후의 전범재판에 대한 의문을 제기하고 있다. 미하엘은 전범재판에서 소급처벌 금지원칙이 문제가 됨을 언급하고 있는데 이는 Nürnberg 재판에서 줄기차게 제기되던 문제이기도 하다. 소설에서도 묘사하고 있듯이 당시의 전범재판에 있어서는 유죄의 증거가 뚜렷하지 않았고 대부분 소문이나 풍문 등 전문증거에 지나지 않았다. 소설에서도 당시 수용자의 증언이 있다고 하나 그 또한 직접 증거는 아니다. 따라서 끝까지 부인할 경우에는 유죄 판결도 쉽지 않다. 그럼에도 불구하고 유죄판결을 내리는 것이 너무나도 당연한 것으로 인식이 되던 집단적 광기의 시대였다. 이러한 사정은 Nürnberg 재판에서 인정된 여러 건의 유죄사실이 추후 명백한 증거 없이 인정된 것이라는 비판을 받은 것과 같다.

한나에 대한 증거로는 교회사건에 대한 일단의 사실이 기록되어 있는 나치친위대의 보고서가 있었을 뿐이다. 한나가 동 보고서를 자신이 작성한 것으로 인정함으로써 종신형의 유죄판결이 선고되었다. 그러나 후에 밝혀지지만 한나는 글을 읽지도 쓰지도 못하는 문맹이므로 이 보고서를 작성하였다는 것은 거짓말이다. 숨기고 싶은 약점인 문맹사실이 드러날까봐 자신이 보고서를 작성한 것인 양 인정하였고, 소년에게 책을 읽어주도록 그토록 요구하였던 것이다. 작가는 인간이 가지는 자존감이나 약점은 상대적인 것이라는 점을 얘기하고, 한편으로는 이런 단순한 약점과 자존감 때문에 유죄로 인정되는 전범재판의 절차의 불철저성을 비판하고 있다.

영화의 원작소설은 비록 본문 200여 페이지에 이르는 작은 책이지만 인간의 자존감과 수치심이 가져오는 중압감, 과거 역사의 청산문제, 제2차대전 이후의 전범재판의 불철저성을 통한 법과 법률가의 역할에 대한 깊은 회의, 재판의 모순에 대한 메시지를 보여준다.

피고인으로 재판받고 있는 한나의 모습.
(출처: 다음영화)

▌전쟁과 전후재판에 대한 반성

영화의 원작소설에서는 한나에 대한 전범재판을 보여 주면서 자신이 속한 전후세대가 전쟁세대에 대한 '수치재판'을 하는 것으로 묘사한다. 제2차 세계대전 때 나치에 적극적으로 복역하였던 그렇지 아니하였던 대부분의 사람은 여러 가지 역할을 한 것이 사실인데, 한나의 행위를 통하여 과연 누구를 비난할 수 있는가 하는 근본적인 물음을 제기한다. 우리나라에서도 친일행위 규명작업과 관련하여 일제시대에 살았던 우리의 선배들을 어떻게 취급할 것인가 하는 점과 일맥상통한다. 전범재판을 통하여, 명백한 사실확인이 없는, 집단의 광기에 의한 인민재판식 조처를 해서는 안된다는 것을 강조한다. 작가는 "피고인들의 얼굴을 보세요. 이들 중 당시에 자신이 남을 죽여도 된다고 정말로 믿었던 사람은 아무도 없을 겁니다"고 말하고 있다.

화자는 쉴 새 없이 법 또는 법률가에 대한 물음과 조롱을 던진다. 그의 표현을 빌리자면 기소하는 일과 변호하는 일은 엄청난 단순화 작업이고 재판하는 일은 그보다도 더 단순화 작업이다. 재판은 단순화 놀음이고 따라서 유능한 법조인이란 복잡한 사실관계를 최대한 단순화할 수 있는 능력이 있는 사람을 말한다.

한나는 제2차 세계대전 중 저지른 범죄를 이유로 재판을 받는다. 영화를 보더라도 독일은 전쟁 이후에도 계속적으로 나치시대의 범죄에 대하여 단죄를 하고 있는 것으로 보이는데, 역사를 반성하는 자세를 본받을 만하다. 이처럼 전쟁이라고 하여 범죄를 저지른 것이 면제되는 것이 아니고, 특히 전쟁이 종료되면 승전국에 의하여 전쟁 당시의 범죄에 대한 재판이 이루어진다. 전범 중 주요 범죄인에 대한 특별재판소에 의한 재판이 이루어지고, 그 외의 부역한 자 등 일반인에 대하여는 일반 형사재판절차로 진행한다. 영화 속의 재판이 후자의 예이다. 원래는 전쟁이 끝나더라도 전쟁을 수행한 개인에 대한 책임을 묻는 것은 어려웠는데, 제1차 세계대전 이후 이러한 원칙이 변경되었으며 제2차 세계대전을 계기로 확립되었다. 제2차 대전이 종료된 후 전쟁의 주된 책임이 있는 자에 대하여 유럽에서는 뉘른베르크 전범재판, 아시아에서는 도쿄 전범재판이 진행되었다. 오늘날에도 집단살해죄나 인도에 반한 죄에 대한 재판이 세계 전역에서 진행 중에 있고, 그런 점에서 북한이 자행하고 있는 인권침해에 대하여도 통일 이후 책임자 처벌 문제가 중요하게

대두될 것으로 예상된다.[40]

제2차 세계대전 이후의 전범재판

△ 뉘른베르크 전범재판

뉘른베르크 전범재판은 제2차 세계대전 후 미국·영국·프랑스·소련 4개국이 뉘른베르크에 설치한 나치 독일의 전쟁지도자에 대한 국제군사재판(International Military Trial at Nuremberg)을 말한다. 1945년 11월부터 1946년 10월에 걸쳐 게링 외 21명에 대한 재판을 하였다. 당시 기소된 범죄는 공통의 계획 또는 공동모의, 평화에 대한 죄, 전쟁범죄, 인도에 대한 죄의 4가지였다. 12명의 피고인에게 교수형, 3명에게 종신금고, 4명에게 10년에서 20년의 유기형을 선고함과 동시에 3명의 피고에게 무죄 판결이 선고되었다.

△ 도쿄 전범재판

도쿄전범재판의 정확한 명칭은 극동국제군사재판소(International Military Tribunals of the Far East)인데, 1946년 5월부터 28명의 A급 전범에 대하여 재판을 진행하였다. 재판 대상 범죄는 침략전쟁의 계획·준비개시·수행등의 평화에 대한 죄, 포로의 살해나 학대 등 통상의 전쟁범죄, 인종적 이유 등에 의한 대량학살, 혹사 등의 인도에 대한 죄가 포함되었다. 전직 수상 등 28명이 기소되어 그 중 A급전범 25명에 대하여 7명 사형, 16명 종신형, 2명 징역형이 선고되었다. 이 중 6명에 대하여는 사형이 집행되었으나 나머지 전원에 대하여는 집행 없이 석방되어 훗날 수상으로 임명된 사람도 있었다. 재판의 가장 큰 문제점으로는 일본 천황의 전범 처벌 면책, 반인도적 범죄 기소보류, 일본 731세균부대 죄상 은폐, A급전범 19명 석방이라고한다.[41]

△ 대한민국의 일제청산 재판

제헌헌법은 제101조에서 "이 헌법을 제정한 국회는 단기 4278년 8월 15일 이전의 악질적인 반민족행위를 처벌하는 특별법을 제정할 수 있다"라고 규정하여 반민족행위자 처벌의 근거를 두었다. 그런데 여기서 '악질적인 반민족행위'라는 문구가 반민족행위는 모두 악질적이라는 것인지 아니면 반민족행위 중에는 악질적인 것과 그렇지 아니한 것을 구분하여 악질적인 반민족행위자만 처벌하겠다는 것인지 해석상 논란이 있었다.

제헌헌법의 규정에 따라 1948년 9월 및 11월 「반민족행위자처벌법」과 「반민족행위특별조사기관설치법」이 제정되어 특별재판부가 설치되었다. 반민족행위자 처벌법에서는 반민족행위자의 개념이나 범위를 정하지 않고 처벌되는 범죄를 규정하여 헌법에서 위임된 '악질적 반민족행위'를 열거하는 방식으로 입법하였다(제1조 내지 제8조). 당시 특별재판부의 부장은 대법원장인 김병로가 담당하였다. 이후 활동 중 이승만 등 일부 세력의 반대로 개정안이 제출되어, 공소시효를 1949년 8월말까지로 단축하자 반민특위의 활동이 위축되고 이후 1951년 2월에 법이 폐지되었다. 친일파 및 이승만의 반대로 제대로 활동을 하지 못하고 결과적으로 면죄부만 부여한 꼴이 되었다.

부러진 화살_ 사법불신의 화살

정지영, 2011

▌영화 소개

　　이 영화는 자신의 재판에 불만을 품고 담당 판사를 석궁으로 상해를 입혀 기소된 전직교수의 '석궁사건' 형사재판 과정을 담고 있다.

　　영화는 판사에게 항의를 하기 위하여 찾아가서 몸싸움을 한 사실은 있지만 몸싸움 중에 실수로 석궁 화살이 발사되었고 상처도 발생되지 않았으므로 상해죄는 무죄라고 주장한다. 영화 제목은 실제 범죄 현장에서 발사된 석궁 화살이 부러진 것에서 착안하였지만 '부러진 사법정의'라는 뜻도 가진 중의적 표현이다.

영화 포스터.
(출처: 네이버영화)

　　영화는 법정드라마로 진행된다. 법정드라마로서 피고인 주장, 증거 제출, 변론 등의 다양한 요소로 구성된다. 영화에서 묘사되는 재판부의 독단, 즉 피고인과 변호인이 법정에서 제기하는 증거신청을 번번이 기각하는 행위에 의하여 실체적 진실이 가려지거나 왜곡되었다고 영화는 강변한다. 영화 내내 검찰 수사 및 재판이 공정하지 못하다는 점을 주장한다.

영화는 재판에 대한 사적 불복이라는 민감한 문제를 건드린다. 엄연히 불복절차가 법으로 규정되어 있음에도 사적인 방법으로 항의를 하는 것은 법치주의원리상 받아들이기 어렵다. 그러나 이러한 항의가 재판의 권위, 판사의 권위에 대한 도전의 시각으로 치부되는 것도 바람직하지 않다. 이런 폭력까지 이를 정도로 사법의 신뢰가 온전하지 못한 점에 반성이 있어야 한다.

이 영화는 피고인 본인의 원작소설을 각색하고 피고인 본인의 진술과 기억에 터잡은 것인만큼 오로지 그의 시각에서 구성된 것이므로 피고인의 시각에서 읽어야 이해가 된다. 영화는 실화에 바탕을 두었다고 하더라도 픽션일 뿐이라는 사실을 다시 한 번 확인할 수 있다. 아이러니한 것은 제작자 등 관계자는 영화를 픽션이라고 하면서도 한편으로는 진실인 것처럼 홍보를 하고 있다는 점이다.

▌영화의 배경

이 영화는 사립대학의 수학과 조교수인 김모 교수의 실화를 바탕으로 한다. 대학에서 재임용 탈락되자 불복하여 재판을 하면서 그 불만으로 발생한 석궁사건을 다루고 있다. 구체적으로 보면 김 교수는 1995년 대학입시에서 출제된 대학별고사 수학 문제의 오류를 지적하였고, 그 다음 해인 1996년 대학에서 재임용 탈락이 되자 이에 불복하여 소송을 제기하였으나 1997년 대법원에서 기각이 확정되었다. 그 이후 미국으로 이주하였다가 2005년 1월 개정된 「사립학교법」 및 「교육공무원법」이 재임용이 거부된 교원은 교원소청심사위원회에 재심청구나 법원소송을 제기할 수 있는 것으로 개정되자 귀국하여 3월에 다시 교수지위 확인소송을 청구하였으나 1심에서 기각되고 2007년 1월 항소심에서도 기각되었다. 이 항소심 기각재판이 석궁 사건의 발단이 된 재판이다. 김 교수의 석궁 사건은 2007년 1월 15일 발생되고 10월 15일 징역

4년의 실형이 선고되었고, 2008년 대법원에서 최종 확정되었으며, 김 교수는 2011년 1월 24일 만기 출소하였다.

김 교수는 자신이 대학입시의 수학 문제의 오류와 그 시정요구를 학교 측에 제기하자 이에 불만을 품은 대학 측이 보복 차원에서 부교수 승진은 물론이고 재임용에서 탈락시켰다는 주장을 한다. 물론 대학 측은 이를 부인하고 있다. 대개 진실이 무엇인지는 당사자 이외에는 알 수 없는 노릇이고 심지어 재판관이라고 하더라도 다르지 않다. 재판관도 재판절차 내에서 제출된 자료만에 의하여 '제한된 진실'만을 추구할 뿐 그것이 반드시 실체적 진실과 일치하는 것은 아니다. 세상 사람 모두가 알더라도 재판관은 법정에 현출되지 않은 사실은 알 수가 없고 알아서도 안 된다. 재판당사자 중 누군가는 불만이 있을 수밖에 없는 것이 그런 이유이다.

대학교수를 포함한 교원은 교육의 자주성, 학문의 자유 보장을 위하여 다른 직업군과 달리 그 신분이 법률로 보장된다. 교원은 형의 선고나 징계처분 또는 법률로 정한 사유에 의하지 아니하고는 본인의 의사에 반하여 휴직 또는 면직 등 불리한 처분을 받지 아니한다고 규정한다(사립학교법 제56조, 교원의 지위 향상 및 교육활동 보호를 위한 특별법 제6조). 사립대학의 교원의 신분보장 규정에도 불구하고 불이익한 처분을 받은 경우 교원은 민사소송이나 대학을 상대로 교원소청심사위원회에 소청심사 및 행정소송을 제기할 수 있다. 결국 대학 측의 조치가 교원의 신분보장을 정한 헌법 및 법률에 위반된다는 것이 김 교수의 일관된 주장이다.

김 교수는 재임용탈락이 부당하다는 취지로 2번에 걸쳐 소송을 제기하였으나 모두 패소하였는데, 영화가 다루는 재판은 2번째 소송 항소심에서 패소판결이 선고되자 재판장인 부장판사를 찾아가 벌인 '석궁 사건'을 말한다. 이 영화는 이 '석궁 사건'에 대한 형사사건 1심, 2심을 다루고 있다.

이 영화 자체가 다루는 사건은 판사에 대한 상해 사건이지만, 그 원인의 발단은 재임용탈락에 대한 재판과 관련이 있고, 재임용탈락의 원인이 대학 측이 자신이 제기한 입시오류에 대한 보복 차원에서 나온 것인데도 법원이 이를 제대로 밝히지 못하였다는 것에 대한 불만에 있다. 김 교수는 자신의 대학 재임용 탈락이 학교의 치부라고 할 수 있는 입시오류를 지적한 보복 때문에 발생되었고, 법원이 이러한 사정을 잘 살피지 못한 재판을 하였으며, 법원이 이에 항의하다 빚어진 단순 실수에 대하여 실형까지 선고한 것은 이 또한 사법부의 보복행위라는 것을 주장하고 있다.

▌사법의 신뢰와 사적(私的) 불복의 금지

사법에 대한 신뢰

이 영화가 제기하는 것은 재임용 탈락의 원인이 무엇인가 하는 점이 아니라 그 문제를 시정하기 위한 다수의 재판이 있었고 그 재판과정에서 우발적으로 발생한 석궁 사건이 사법테러로 낙인찍혀 억울한 징역을 살았다는 점이다.

2018년 6월 1일 리얼미터의 'CBS현안조사'에 의하면 우리나라 국민의 사법부판결에 대한 신뢰도는 신뢰하지 않음이 63.9%, 신뢰함이 27.6%에 그치고 있으며, 2019년 OECD 회원국 37개국에 대하여 한 그 나라 국민의 사법부에 대한 신뢰도 조사에서 꼴찌로 결과가 나왔다고 한다. OECD 조사는 법원 이외에도 검찰 등 사법시스템 전체에 대한 신뢰도 조사이니 법원만의 문제는 아니긴 하지만 국민의 입장에서는 법원, 검찰, 수사기관, 변호사업계를 구분할 의미가 없다.

영화는 한 가지만 물고 늘어진다. 재임용 탈락을 결정한 대학이 아니라 법원의 문제로 돌린다. 이른바 프레임을 재구성한 것이다. 사실 모든 문제의 발단은 대학인데, 헌법과 법에 의하여 분쟁을 처리하도록 위임받은 판사가 불만의 표적으로 되었다. 왜 국민이 사법부를 비판하고 있는지, 그들의 말을 신뢰하지 못하는지 그 원인과 결과를 알아야 한다. 최근 우리 사회를 가장 시끄럽게 하는 사람들은 다름이 아니라 법조인들이다. 일반 시민보다도 흠결이 많은 사람들이 고위직 법조인으로 임명이 된다. 판사가 법을 위반하고 거짓을 말하며, 사회 현안에 대하여 법정이 아닌 곳에서 되놓고 잘잘못을 따진다. 검사가 변호사와 내연의 관계를 맺고 벤츠와 비싼 가방을 선물로 받은 사건, 수백억 원대 주식차익을 얻은 사건이 세상을 시끄럽게 했다. 변호사의 부정도 면허받은 사기꾼이라는 비아냥이 보여주듯 새삼스럽지도 않다. 극히 일부이긴 하지만 법조인들이 세상 시끄럽게 하기에 앞장서고 있다.

　　재판의 신뢰를 어떻게 지킬 것인가. 동서양을 막론하고 법관이 앉는 법대는 피고인이나 당사자, 방청객이 앉는 좌석보다 높은 곳에 위치한다. 우리나라 형사 표준법정 평면도를 보면 법대를 세 계단 위에 설치하고 있다. 법관의 좌석 위치를 높게 한 이유는 당사자의 진술이나 표정을 놓치지 말고 정확하게 봐서 억울한 판단이 생기지 않도록 하라는 뜻이다. 재판은 결과도 중요하지만 증거를 조사하고 심리하는 과정도 불편부당하여야 한다. 영화에서 주인공의 계속되는 불신의 근거는 증거신청이나 제출 등 증거조사절차가 공정하지 못하였다는 것이다.

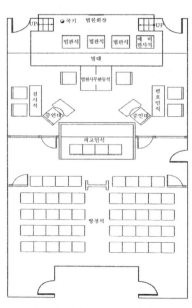

[그림] 형사 표준법정 평면도
(법정좌석에 관한 규칙)

재판의 불신과 불복절차

영화는 피고인을 유죄로 인정하기 위하여 법원이 허위의 사실로 날조한 듯 묘사하고 있다. 재판장의 소송지휘권이 피고인에게 일방적으로 부당하게 행사되었으며 증거조사결과는 인정하기 어렵다고 주장한다. 사실 이 영화의 배경이 된 재판의 전과정을 복기하지 않으면 그 진위를 알 수는 없겠지만 영화에서 다루고 있는 이슈만으로 한정하여 보고자 한다.

이 사건은 피고인이 판결을 한 재판장에게 항의를 하는 과정에서 발생한 상해 사건이다. 그 결과 상해나 사망 등의 결과를 가져왔는지 여부보다는 판사에 대한 보복 폭행이라는 점에서 사법 역사상 아주 희귀한 사건이다. 영화에서 문제가 되는 유죄 증거로는 당시 목격자, 피해자의 상처, 피해자의 진술, 진단서, 옷가지 등이 있다. 피고인은 모든 증거에 대하여 다투고 있는데, 재판부의 증거조사에서 있어서 피고인의 신뢰를 얻기 어려웠던 것으로 보인다. 이 형사 사건의 실체는 재판에 대한 항의 차원에서 나온 판사에 대한 상해 사건이기 때문에, 이 영화는 피해자의 동료 재판장의 소송지휘도 편파적일 수밖에 없다는 피고인의 불신을 전제로 하고 있다.

물론 이 사건의 배경이 된 실제 형사재판에서 증거조사, 심리, 재판장의 소송지휘가 어찌했는지는 알 수 없지만, 영화에서 표현하는 피고인의 주장, 재판장의 소송지휘 등은 법정드라마로서 갖추어야 할 법절차, 소송의 논리구조상 아쉬움이 많이 남는다. 아마도 이는 피고인의 관점에서 구성된 것이라는 한계는 물론이고 원작 작가나 영화감독 등 제작진의 비전문성에도 기인한 것으로 보인다.

가장 중요한 것은 영화 속의 범죄사실인 담당 판사에 대한 폭력적 항의의 문제이다. 법치주의는 절차에 대한 합의를 전제로 하고, 우리 헌법에 의하여 분쟁의 해결은 사법에 위임되어 있으며, 사법은 대법원을 최종심으로 하는 심급제를 근간으로 한다. 심급제는 재판의 오류성을 전제로 불복과 시정의 기회를 보장하기 위함이다. 우리나라에서 일반적인 심급제인 3심제에 의하면 재판은 1심, 2심, 3심으로 순차 진행하고, 대법원의 최종심 결정이 있은 후에는 원칙적으로 더 이상 불복할 수 없으나 다만 예외적으로 재심제도를 두어 비상적인 불복절차를 인정하고 있다. 그 결과 재판에 대한 법률상의 절차 이외의 불복은 인정하지 않아도 된다는 헌법적 합의가 성립되었다. 영화 속의 범죄사실은 이러한 헌법정신을 정면으로 위배하는 것이고 어떠한 이유에서도 변명의 여지가 없다고 하겠다. 설사 영화가 주장하는 부러진 정의가 있다고 하더라도 그 부러진 정의는 헌법과 법률이 정한 '절차의 정의' 내에서 찾아야 하는 것이 헌법정신이다.

데이비드 게일 사형 오판의 증명

The Life of David Gale, Alan Parker, 2003

▌영화 소개

영화 포스터.
(출처: 네이버영화)

미국의 텍사스주 오스틴에서 대학교수로 재직 중인 데이비드 게일은 사형반대단체인 '데스워치(Death Watch)'에서 활약하는 활동가이다. 자신의 수업을 듣는 학생의 음모에 넘어가 성관계를 가지고 성폭행범으로 고소당한다. 법원에서는 무죄를 선고받았으나 이미 학교와 사회, 가정에서는 성범죄자로 낙인이 찍혀 모든 것을 잃었다. 그때 '데스워치'에서 활동하는 동료 교수인 콘스탄츠가 살해되는 사고가 발생하고, 그녀의 몸에서 게일의 체액이 발견되어 강간살인범으로 체포되어 사형을 선고받는다.

게일은 사형 집행 1주일 전 기자인 빗시 블룸을 지명하여 자신의 범행에 대한 인터뷰를 한다. 기자는 인터뷰 진행 과정에서 게일의 무죄를 확신하고 이를 증명하기 위하여 노력하는데, 사형집행날 자신에게 배달된 소포에서 콘스탄츠의 사망 장면이 녹화된 비디오를 본다. 비디오에는 콘스탄츠가 자살하는 장면이 촬영되어 있었다.

사형을 소재로 다룬 영화는 많은데 대부분 사형수의 관점에서 접근하고 있지만 그중 〈집행자, 최진호〉는 드물게도 사형을 집행하는 교도관 시각의 영화라는 점에서 독특하다. 사형은 '법에 의한 살인' 또는 '국가에 의한 살인'이라는 비난으로 보면, 그 '살인'의 악역을 담당하고 있는 집행관의 고민은 상상을 초월할 것으로 보인다. 집행관의 고뇌, 즉 집행을 피하기 위한 노력, 집행 후의 정신적 충격 등을 묘사한 것은 상당히 의미 있는 작업이라고 할 것이나, 다만 구성이 치밀하지 못하고 사형 집행을 전후한 교도관의 고뇌가 긴장감 있게 표현되지 못하고 있는 아쉬운 점이 있다.

■ 사형: 인류역사상 가장 오래된 형벌

사형은 인류역사상 가장 오래된 형벌 중의 하나이다. B.C 399년 소크라테스의 죽음은 독배에 의한 사형집행으로 인류가 기록한 가장 오래된 사형 역사이다. 사형이 규정된 범죄는 대개 사람의 목숨을 빼앗은 범죄로서, 사형에 상응하는 중범죄에 규정된다. 이는 형벌의 목적이 전통적으로 복수형에서 비롯된 것임을 알 수 있다.

그런데 형벌의 목적을 교화형, 즉 범죄인을 교화시켜야 한다는 점에서 보면 사형은 집행되기 전에 교화하는 것은 별론으로 하고 사형 집행 그 자체에 의하여 교화의 목적을 달성하기는 어려우므로 사형제도와 어울리지 않는다. 한편 형벌의 목적을 범죄의 억제, 즉 위하형(威嚇刑)으로 이해하는 견해에서는 사형의 법정형은 해당 범죄의 발생을 저지시키는 기능을 한다. 미국에서 사형 집행을 가장 많이 하는 텍사스주의 연구결과에 의하면 사형이 집행된 후 매우 짧은 기간 동안 살인사건 발생이 감소한다는 결과가 지속적으로 발표되고 있다.[42] 그러나 위하력이 인정되지 않는다는 것이 일반적인 견해이고 위하력이 있다는 연구결과는 사형집행 직후의 단기간 내의 반응일 수도 있으며, 또 형사정책적으로 살인사건을 감소시키기 위한 유일한 정책이 아님도 물론이다.

법원에서 형벌이 선고되고 확정이 되면, 그 형을 집행하게 된다. 법원에서 판결이 확정된 후 그 형의 집행을 하기 전까지는 미결수라고 하고, 집행을 한 죄수를 기결수라고 한다. 사형이 확정된 자에 대한 형의 집행은 사형을 집행하는 것이고, 그 집행 전까지는 언제나 '미결수'의 지위를 가지게 된다. 사형의 집행방법은 다양하다. 사형의 집행방법은 「형의 집행 및 수용자의 처우에 관한 법률」에 의하면 교수형으로, 군인에 대하여는 총살형으로 집행하는 것으로 되어 있다. 수용자의 형의 집행은 교도소공무원이 하게 되므로, 사형의 집행도 교도소 소속 공무원이 집행하게 된다. 그 외에도 영화에서처럼 약물주사의 방법 등이 있다.

사형은 형벌의 한 종류이므로 사형의 집행을 이해하지 못하는 경우라면 사형 집행이 불가능하다. 이것은 미국 연방대법원이 확립한 사형 집행을 이해할 권리(The right to be competent to be executed)이다. 사형수는 왜 자신이 사형 집행되는지 및 사형 집행이 가져올 영향에 대한 이해가 있어야 한다고 한다[Ford v. Wainwright, 477 US 399 (1986)]. 따라서 정신이상으로 정상적인 판단이 어려운 사정이라면 사형집행을 할 수 없다.

▌사형제도 존폐론

사형제도는 형벌과 재판을 둘러싼 가장 어려운 고민꺼리이다. 존폐론은 물론이고 재판관이 사형을 선고하는 경우에도 그 선택을 둘러싼 고뇌가 깊다. 오랫동안 미국 연방대법관을 하고 2020년에 타계한 긴즈버그 대법관은 "가장 어려운 사건은, 법적으로 복잡하지는 않지만- 사형사건이다. 그 사건의 일부가 되려고 삶과 죽음 사이의 마지막 단계에 서보려고 부단히 노력한다"고 증언하고 있다.[43] 사형제도를 둘러싼 논란은 사형제를 존치 또는 폐지할 것인지, 만일 폐지한다면 대체형벌로 무엇을 도입할 것인지 논의된다. 사형은 위하(威嚇)의 목적이나 응보의 목적에서 타인의 생명을 뺏은 범죄에 대하여 사형을 처하는 것은 정의

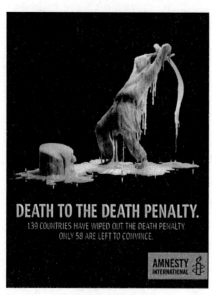

사형폐지 포스터.
(출처: 엠네스티코리아)

에 부합된다고 보는 입장이 사형존치론이다.

그러나 사형은 인간이 인간의 생명을 처분한다는 점에서 근본적인 문제를 가진다. 법의 허용 없이 살인하는 것은 살인죄로 범죄가 되지만, 법이 허용하면 살인은 합법적인 것이 된다. 그런 예가 국가 간의 전쟁, 형벌의 집행으로서 사형 등이 대표적이다. 전쟁의 폭력성에 대하여는 현재의 생존의 문제인 만큼 긴급성과 필요성 때문에 정당방위의 논리로 접근할 수 있지만, 사형제도는 과거에 발생된 범죄에 대하여 현재 형벌을 가하는 것인만큼 전쟁만큼의 필요성과 긴급성도 요하지 않는다. 다시 말하면 사형이 아니어도 형벌의 목적을 달성할 수 있는 대체적인 방법이 있다는 점은 전쟁과는 본질적으로 다른 부분이다.

또 다른 문제로 사형 확정이라는 재판의 오판 가능성과 그 사형 집행 이후에 오판이 확인되더라도 이미 돌이킬 수 없다는 점도 중요하다. 그러나 사형 집행 후 그 범죄자가 무죄라는 사실, 즉 오판임이 증명되는 것은 흔한 일이 아니다. 이미 집행된 사형수의 무죄를 다툴 만큼 사회적, 정치적 필요가 없는 한 단순한 개인적 필요만으로 이러한 오판임을 이끌어내기 어렵다. 그런 점에서 이 영화는 사형반대운동의 활동가인 게일이 스스로 자신의 범죄가 오판임을 증명하기 위하여 생명을 희생한 것으로써 허구이긴 하지만 상당히 충격을 준다. 사형제도의 오판 문제가 현실적으로 사형제도 폐지의 가장 중요한 논거가 된다. 따라서 사형 사건에서 오판을 막기 위한 안전장치를 고안하여 제도화하여야 하며 그것이 안된다면 사형제도의 유지 여부를 신중하게 생각해 보아야 한다는 주장[44]은 상당한 설득력이 있다.

사형제도가 위헌인지 합헌인지에 대하여는 많은 논란이 있지만, 우리나라에서는 일반적으로는 사형제도가 지극히 한정적으로 인정된 필요악으로서 불가피하다는 점에서 합헌이고, 다만 사형제도만 법정형으로 규정된 경우는 비례관계에 어긋난 위헌이라는 입장을 가지고 있다.

사형제도 관련 판례

△ **사형제도의 합헌성(헌재 1996. 11. 28. 95헌바1)**

▷ 생명권 역시 헌법 제37조 제2항에 의한 일반적 법률유보의 대상이 될 수밖에 없는 것이나, 생명권에 대한 제한은 곧 생명권의 완전한 박탈을 의미한다 할 것이므로, 사형이 비례의 원칙에 따라서 최소한 동등한 가치가 있는 다른 생명 또는 그에 못지 아니한 공공의 이익을 보호하기 위한 불가피성이 충족되는 예외적인 경우에만 적용되는 한, 그것이 비록 생명을 빼앗는 형벌이라 하더라도 헌법 제37조 제2항 단서에 위반되는 것으로 볼 수는 없다.

▷ 모든 인간의 생명은 자연적 존재로서 동등한 가치를 갖는다고 할 것이나 그 동등한 가치가 서로 충돌하게 되거나 생명의 침해에 못지 아니한 중대한 공익을 침해하는 등의 경우에는 국민의 생명·재산 등을 보호할 책임이 있는 국가는 어떠한 생명 또는 법익이 보호되어야 할 것인지 그 규준을 제시할 수 있는 것이다. 인간의 생명을 부정하는 등의 범죄행위에 대한 불법적 효과로서 지극히 한정적인 경우에만 부과되는 사형은 죽음에 대한 인간의 본능적 공포심과 범죄에 대한 응보욕구가 서로 맞물려 고안된 "필요악"으로서 불가피하게 선택된 것이며 지금도 여전히 제 기능을 하고 있다는 점에서 정당화될 수 있다. 따라서 사형은 이러한 측면에서 헌법상의 비례의 원칙에 반하지 아니한다 할 것이고, 적어도 우리의 현행 헌법이 스스로 예상하고 있는 형벌의 한 종류이기도 하므로 아직은 우리의 헌법질서에 반하는 것으로 판단되지 아니한다.

△ 사형만을 유일한 법정형으로 규정한 군형법상 상관살해죄의 위헌(헌재 2007. 11. 29. 2006헌가13)

법정형의 종류와 범위를 정하는 것이 기본적으로 입법자의 권한에 속하는 것이라고 하더라도, 형벌은 죄질과 책임에 상응하도록 적절한 비례성이 지켜져야 하는바, 군대 내 명령체계유지 및 국가방위라는 이유만으로 가해자와 상관 사이에 명령복종관계가 있는지 여부를 불문하고 전시와 평시를 구분하지 아니한 채 다양한 동기와 행위태양의 범죄를 동일하게 평가하여 사형만을 유일한 법정형으로 규정하고 있는 이 사건 법률조항은, 범죄의 중대성 정도에 비하여 심각하게 불균형적인 과중한 형벌을 규정함으로써 죄질과 그에 따른 행위자의 책임 사이에 비례관계가 준수되지 않아 인간의 존엄과 가치를 존중하고 보호하려는 실질적 법치국가의 이념에 어긋나고, 형벌체계상 정당성을 상실한 것이다.

영화의 배경이 된 도시는 미국 Texas 주(州)의 오스틴이다. 미국의 사형제도 존치 여부는 주별로 다르고 많은 주에서 오늘도 사형이 집행되고 있는데, 그중 대표적인 주가 텍사스이다. 통계에 의하면 2016년 7명, 2017년 7명, 2018년 13명에 대한 사형 집행을 하였다고 하는데,[45] 텍사스가 이처럼 미국에서 사형 집행을 하는 대표적인 주여서 영화의 배경이 되었다.

사형제도는 존치국가, 폐지국가, 실질적 폐지국가로 구분한다. 2020년 현재 세계적으로 142개국이 법률적 또는 실질적 폐지국가에 해당되고, 폐지국가는 점점 늘어나는 추세라고 한다(국제엠네스티). 우리나라는 김대중 대통령 취임 이후 10년 이상 사형 집행을 하지 않아 2007년부터 '실질적 폐지국가(abolitionist in practice)'로 분류되고 있다. 실질적 폐지국가는 법적 안정성 내지 예측가능성, 법치주의 측면에서 매우 불완전한 제도이다. 형법전에는 여전히 사형이 법정형으로 규정되어 있고, 또 법원에서도 사형이 선고되고 있음에도 불구하고 2019년 현재 60명 이상의 사형수[46]에 대하여 집행 당국이 사형을 집행하지 않고 있는 상황은 바람직하지 않다.

국가가 사형제도에 대한 혼란을 종식시키기 위하여 국민들의 총의를 구하여 존폐 중에서 분명한 입장을 밝히는 것이 타당하다. 다만 사형제도 존치 여부에 대한 여론조사에 의존하는 것은 신중할 필요가 있다. 조사결과에 의하면 존폐 비율이 엇비슷한 것으로 보이지만 큰 사건 발생 이후에는 사형제에 찬성하는 여론이 높게 나타나고 있다. 고유정 사건 이후 여론조사 결과를 보면 사형집행에 찬성하는 비율이 보다 높은 것을 알 수 있다.[47] 이러한 점을 보더라도 일반 국민의 의견에 의존하기 보다는 전문가의 의견을 중심으로 논의를 집약하여 존폐 여부를 결정하여야 한다. 사형은 그냥 형벌의 한 종류가 아니라 다른 모든 종류의 형벌과는 차원을 달리하는 '형벌에 유사한 것'이라고 하겠다.

▌사형 오판으로 인한 손해배상

사형반대운동에 앞장서고 있는 데이비드 게일.
(출처: 다음영화)

게일은 콘츠탄츠를 살해한 것으로 사형 집행을 당하였지만 이는 오판으로 드러난다. 콘스탄츠와 게일이 사형의 오판을 이끌어내기 위하여 콘스탄츠의 자살을 살인으로 위장한 결과이다. 무능한 변호사를 선임하여 예상대로 사형을 선고받고, 몇 번의 재심 신청도 기각을 당하여 사형집행을 유인한다. 게일의 살인죄는 무죄이고, 기껏해야 자살방조죄에 해당된다.

따라서 텍사스주의 살인죄로 인한 사형의 확정은 잘못되었고, 그 잘못된 형의 확정에 따른 집행으로 되돌릴 수 없는 목숨의 박탈을 가져왔다. 사형제 폐지론자가 주장하는 사람의 생명의 불가역성을 보여주는 장면이다. 그러면 게일의 유가족은 어떠한 배상을 받을 수 있는가. 일단 형벌에 대하여는 재심을 통하여 무죄를 선고받을 것이고, 자살방조죄에 대하여는 피고인이 이미 사망하였으므로 공소를 제기할 수 없으며, 사형 집행으로 인한 사망의 결과에 대하여는 법이 정한 형사보상이나 배상을 받을 수 있다. 한 가지 분명한 것은 어떠한 경우에도 사형 집행 당한 생명을 되돌릴 수 없다는 것이다. 사형제의 폐단인 오판으로 인한 문제점을 보여준다. 우리나라 사례를 보면 2014년 대법원은 1980년 '1차 진도 간첩단 조작 사건'으로 억울한 누명을 쓰고 사형당한 피해자의 유족이 국가를 상대로 제기한 손해배상소송에서 51억 원의 손해배상금을 지급한 사례가 있었다. 그러나 손해배상을 받던, 재심에서 명예가 회복되던, 중요한 것은 이미 집행된 생명을 되돌릴 수 없다는 것이다.

법정에서 영화보기 🎞

제6장 인공지능과 정보사회

완벽한 타인_포노 사피엔스의 사생활

이재규, 2018

▌영화 소개

이 영화는 이태리 영화 〈perfect strangers, 2016〉를 리메이크한 작품이다. 정신과 의사 아내와 유방전문 성형외과 의사 남편, 변호사 남편과 늦깎이 작가 아내, 레스토랑을 경영하는 남편과 수의사 아내, 이혼남, 이렇게 7명의 친구들이 모여 식사를 한다. 이들은 속초에서 어린 시절 함께 자란 4명의 친구로서 부부동반으로 친구 집들이에 초대된다. 초대한 친구는 성공한 의사부부로서 한강이 바라보이는 멋진 빌라를 최근 구입하였다.

오랜만에 만나 허물없던 얘기를 나누던 중 누군가의 제안으로 식사 시간 동안 각자의 휴대폰으로 오는 문자, 전화 등을 모두 공개하기로 한다. 약간 어색한 분위기가 흐르지만 누구 하나 대놓고 거절하지 못하는 상황에서 이혼남에게 아버지로부터 전화가 오면서 자연스럽게 게임이 시작된다.

이혼남은 사실 동성애자라서 이혼을 하였는데 게이라는 사실을 들킬까봐 동성애인을 두고 혼자 집

영화 포스터.
(출처: 네이버영화)

들이에 온다. 바람둥이인 남자는 뒤늦게 젊은 여자와 결혼을 하여 부러움을 사지만 사실은 자신이 경영하는 식당의 지배인을 임신케 한 사실이 있고, 더구나 집들이 호스트의 부인과 불륜을 맺은 사실도 암시된다. 그러면서 수의사인 자신의 젊은 아내가 전 남친과 반려견의 발기 문제로 대화하는 것을 질투한다. 연상의 여자로부터 저녁 10시면 야한 사진을 전송받는 비밀을 가진 변호사 남편은 뒤늦게 문학소녀의 티를 내며 남성 팬과 채팅하는 아내에게 화를 낸다. 친구들을 초대한 성형외과 의사는 빌라를 담보로 투자한 돈을 사기당한 사실이 알려질까봐 전전긍긍하며, 정신과 의사 부인은 남편 친구와 불륜사실이 드러나지 않도록 조심한다. 또 남편은 다른 정신과 의사에게 상담 치료를 받고 있으며 부인도 다른 의사에게 유방수술을 하려고 하는 비밀을 가지고 있다.

이처럼 비밀은 누구에게나 있다. 정도의 문제일 뿐 존부의 문제는 아니다. 영화 속의 대사처럼, '사람은 누구나 세 개의 삶을 산다. 공적인 삶, 개인의 삶 그리고 비밀의 삶'이 있다. 이 영화는 비밀의 삶을 보여준다.

▌휴대폰과 사생활 보호

코로나19 사태에서 역학조사의 일등공신은 단연 휴대폰이다. 며칠 전 내가 어디서 누구를 만났는지 구체적으로 기억하기는 쉽지 않지만 휴대폰에 저장된 위치정보를 검색하면 그 동선이 완벽하게 드러난다. 물론 휴대폰을 켜 놓았을 때 애기이다. 세계 최초로 상용화된 휴대폰은 모토롤라가 만든 1983년 다이나택(DynaTAC)이고, 우리나라도 1984년 한국이동통신(현 SK텔레콤)이 휴대전화서비스를 처음 개통하였다.

40여 년도 채 되지 않은 짧은 역사에서 휴대폰은 인간의 생활을 혁명적으로 바꾼 최고의 발명품이 되었다. 처음에는 단순히 통신기기로 시작하였지만 현재는 검색, 채팅, 상거래, 오락 등 모든 일상생활이 이루어지는 수단인 동시에 공간으로 발전하였다. 휴대폰에는 이용자의 이용에 따라 개인정보는 물론이고 민감한 사생활 정보도 저장된다. 이런 의미에서 휴대폰은 나와 타인을 구분짓는 중요한 수단이고 휴대폰 속의 나는 완벽한 타인이라고 할 수 있다.

통계에 의하면 하루 평균 3시간 40분간 모바일기기를 사용할 정도로[48] 현대사회에서 휴대폰 없이 살아가기 어려운 실정이다. 이런 인간의 모습을 빗대어서 'Phono Sapiens'라고 한다. 휴대폰, 소셜미디어, 인공지능과 인간의 관계를 탁월하게 분석한 넷플릭스 다큐멘터리 영화 〈소셜딜레마, 제프올롭스키〉에 의하면 소셜미디어는 인간이 사용할 때까지는 가만히 기다리는 그런 도구가 아니며, 이 시스템에 대한 인간의 통제도 점점 약해지고 있다고 주장한다. 개인화된 스마트폰은 인간의 사용을 기다리는 것이 아니라 쉴 새 없이 자신의 선택에 의하여 이메일, 메신저, 알림, 전화 등으로 인간사용자를 조종하고 있다.

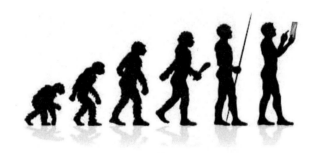

출처: 권오성, 포노 사피엔스 시대의 도래, Kiso저널 제19호

휴대폰이 해킹되거나 분실되어 타인에게 넘어갈 경우에는 치명적인 사생활 침해의 결과가 발생한다. 연예인이 자신의 휴대폰 수리를 맡겼다가 저장된 정보가 유출, 해킹으로 사생활 폭로 협박과 금품을 요구받는 보도가 심심찮게 나온다. 물론 이러한 해킹이나 정보의 불법적인 취득은 「개인정보 보호법」 위반 등 현행법 위반이 틀림이 없으나, 이러한 결과가 발생하면 가해자를 처벌하는 것은 별론으로 하고 휴대폰 보

유자는 회복하기 어려운 피해를 입는다.

2016년 박근혜 전대통령 국정농단 사건 수사 과정에서 청와대 비서관의 휴대폰이 압수되어 그에 저장된 각종 정보가 수사에 큰 도움이 되었던 것은 널리 알려진 사실이다. 이처럼 휴대폰의 정보는 증거의 보고가 되어 수사기관으로서는 수사 시에 휴대폰의 입수를 최우선 과제로 한다. 최근 코로나19 사태에서 감염병 확진자의 역학조사를 위하여 휴대폰의 위치정보를 확인하는 것은 국가기관에 의한 관리·통제가 얼마나 쉬워졌는지 알게 해주는 사례이다. 개인의 편의를 위하여 휴대폰을 발명하고 상용화 하였는데, 국가는 이를 이용하여 너무나 쉽게 개인을 감시하고 통제할 수 있는 현실이 되었다.

▌휴대폰 보호의 법률들

식탁 위에 놓여 있는 각자의 휴대폰은 부부 사이일지라도
완벽한 타인 생활을 가능케 해준다.
(출처: 네이버영화)

휴대폰에서의 사생활과 개인정보를 보호하기 위하여 각종 법제가 마련되어 있는데, 휴대폰의 물리적 보호와 콘텐츠에 대한 보호, 개인정보 보호로 구분하여 볼 수 있다.

먼저 휴대폰의 물리적 보호는 정보통신망법이 상세한 규정을 두고 있다. 정당한 접근권한 없이 또는 허용된 접근권한을 넘어 정보통신망의 침입금지, 정당한 사유 없이 정보통신시스템, 데이터 또는 프로그램 등을 훼손·멸실·변경·위조하거나 그 운용을 방해할 수 있는 악성 프로그램 유포금지, 정보통신망의 안정적 운영을 방해할 목적으로 대량의 신호 또는 데이터를 보내거나 부정한 명령을 처리하도록 하는 등의 방법으로 정보통신망에 장애의 발생의 금지가 규정되어 있고(제48조), 이를 위반한 경우에는 형벌 부과 대상이 된다.

　　또한 휴대폰에 저장된 정보나 통화내역에 대한 접근이 엄격하게 통제되어 있다. 정보나 통화내역에 대한 접근은 당사자의 동의가 없는 한 허용되지 아니하는데, 도청이나 감청이 금지되는 것은 이러한 이유 때문이다. 그러나 법률에서 필요한 경우 허용되는 경우가 많다. 통신의 자유를 보장하고 예외적으로 통신의 자유를 제한할 수 있는 경우를 규정한 법률이 「통신비밀보호법」이다. 동법에 의하면 전기통신의 감청 또는 통신사실확인자료의 제공은 통신비밀보호법이나 형사소송법, 군사법원법에서만 허용되는 것으로 규정하고 있다(제3조). 또한 전기통신의 감청은 범죄수사 또는 국가안전보장을 위하여 보충적인 수단으로 이용되어야 하며, 국민의 통신비밀에 대한 침해가 최소한에 그치도록 노력하여야 한다고 천명하고 있다(제3조 제2항). 이는 통신비밀의 자유 보장이 얼마나 중요한 기본적 가치인지를 말해 준다. 범죄수사를 위한 통신제한조치는 범죄를 계획 또는 실행하고 있거나, 실행하였다고 의심할만한 충분한 이유가 있고 다른 방법으로는 그 범죄의 실행을 저지하거나 범인의 체포 또는 증거의 수집이 어려운 경우에 한하여 검사의 청구에 대하여 법원이 허가하는 절차로 이루어진다(제5조, 제6조). 국가안보를 위한 통신제한조치는 국가안전보장에 상당한 위험이 예상되는 경우 또는 「국민보호와 공공안전을 위한 테러방지법」 제2조 제6호의 대테러활동에 필요한 경우에 한하여 그 위해를 방지하기 위하여 이에 관한 정보수집이 특히 필요한 때에는 고등법원 수석부장판사 또는 대통령의 허가(승인)로 이루어진다(제7조).

또한 휴대폰에 저장된 정보에 대하여 휴대폰 압수수색과 별도의 압수수색영장이 필요한가 하는 논의가 있다. 휴대폰에는 막대한 양의 개인정보, 사생활 정보가 담겨 있다는 사정을 감안하면 별도의 압수수색 절차가 필요하다고 보아야 한다. 최근 하급심 판결에서는 마약소지 혐의로 긴급체포 시 임의제출한 휴대폰의 잠금장치를 해제하게 한 후 마약 매매 관련 메시지, 메모 등 일부를 촬영한 영상물등은 영장주의 위배로 증거능력이 없다는 판단을 하였는데(서울중앙지법 2019. 10. 8. 선고 2019고합441),[49] 오늘날 휴대전화에는 범죄 관련한 정보는 물론이고 개인의 모든 정보가 저장되어 있다는 점을 감안하면 바람직한 방향이라고 하여야 한다.

개인정보 또는 위치정보를 보호하기 위한 법제로는, 개인정보의 수집 등 처리에 대하여는 당사자의 사전 동의가 전제되어야 하고 그 외에도 법률상의 근거가 있어야 하고, 그렇지 아니한 경우에는 위법이 된다. 최근에는 휴대폰이 가지고 있는 위치정보에 대한 수집 및 제공이 문제가 되는데, 이 경우에도 원칙적으로 당사자의 동의가 필요하다.

서치_온라인사회의 검색과 수색

Searching, Aneesh Chaganty, 2017

▌영화 소개

영화 포스터.
(출처: 네이버영화)

아내를 암으로 여읜 데이빗 킴은 고등학생인 딸 마고와 단 둘이 살고 있다. 어느 날 친구와 스터디 모임에 간 마고가 부재중 전화 두 통을 남기고 사라졌다. 이 영화는 사라진 딸을 찾는 과정을 그린 스릴러이자 수사극이다. 그런데 그 시작과 과정, 결말이 여느 영화와는 사뭇 다르다. 실종된 딸을 수색하는 과정을 전통적인 수색이 아닌 온라인 검색으로 풀어가는데, 여기서 검색과 수색의 동일한 표현인 서치를 제목으로 달고 있다.

영화는 윈도우(Window) 화면으로 시작한다. 우리가 즐겨보는 녹색의 언덕으로 이루어진 장면이 영화의 첫 화면으로 나오면서 컴퓨터를 통하여 마고와 데이빗 가족의 일생을 조감한다. 마고가 태어나서 자라는 과정, 엄마가 암이 들어 재발하고 사망한 과정까지 세세하게 컴퓨터의 텍스트를 통하여 알려준다. 그 어떤 설명보다도 빠르고 정확하게 관객에게 정보를 전달한다. 그리고 데이빗은 컴퓨터의 SNS, 검색엔진, 셀폰 등 모든 전자기기를 동원하여 마고와 그 주변을 수색한다. 보통의 실종자 수사라면 수첩을 들고 다니면서 골목을 수색하는 영상에 물들여진 관객들에게 신선한 장면이다.

이 영화는 '서치'라는 용어를 통하여 자유가 보장되는 검색과 제한에 중점이 있는 수색의 경계에 대한 질문을 던지고 있다. 비록 일개인에 의한 온라인 서치의 효용을 얘기하고 있지만 그것이 수사기관 등 국가공권력에 의한 것일 때 어떤 결과를 가져올지 생각하게 해준다.

▌온라인검색의 자유

영화의 원제목인 'Searching'은 '수색하다'와 온라인에서 '검색하다'라는 두 가지 의미를 가진다. 실종된 딸을 수색하는 것도 서칭이고 딸을 찾기 위하여 온라인에서 검색하는 것도 서칭이다. 사실 검색이라는 용어는 도서 검색, 자료 검색 등 특정 분야의 데이터 찾기라는 전문적 업무와 관련이 있는 용어였는데, 인터넷이 나오면서 가장 보편적인 용어로 자리잡았다. 인터넷에서 검색은 인터넷의 입구이자 시작이고 인터넷 이용의 전부로서 중요성을 가진다. Google이나 Facebook, Yahoo, Bing, 네이버(Naver), 다음(Daum)의 서비스를 '검색엔진(search engine)'이라고 부르고, 검색으로부터 인터넷이 시작된다는 의미에서 인터넷 포털(portal) 서비스라고 한다.

온라인 검색은 검색어, 방법, 범위 등 모든 것이 자유이다. 인터넷 시대에 있어서 검색의 자유는 새로운 정보기본권의 모습이 되고 있다. 장차 언젠가 헌법전에 한 자리를 차지할지도 모른다. 검색엔진이 금지하지 않는 한 검색 자체가 범죄가 되거나 도덕적으로 문제가 되는 것이 아니다. 다만 검색엔진의 경우 타인의 사생활을 침해하거나 개인정보, 음란물 등을 금칙어 등을 통하여 검색 제한의 자체 규정을 두고 있을 뿐이다.

포털사이트 사업자가 가지는 검색어 정책이 그런 예이다. 따라서 검색엔진에서 검색어 입력이 된다면 그 검색 과정이나 검색 결과를 취득 또는 보는 행위를 불법이라고 할 수는 없다. 만일 국가가 검색 자체를 제한하는 법률을 만든다면 이는 헌법상 일반적 행동의 자유 내지 행복추구권, 알권리, 정보기본권을 침해하는 위헌이 될 것이 틀림없다. 궁금한 것에 대한 추구는 인간의 본능에 해당되고, 그것이 인터넷 시대에 발현되고 보장되는 방법이 검색엔진을 통한 '검색의 자유'이며, 정보사회에서의 알권리의 보장이라고 할 수 있다. 알권리는 우리 헌법상 명문으로 인정된 기본권은 아니지만 해석상 인정되고 있으며, 2018년 대통령의 헌법 개정안에서 새로운 기본권으로 제안하기도 하였다(안 제22조 제1항). 온라인검색의 자유는 정보사회의 근간이 되는 기본권이 되었고 검색의 자유가 제한되는 정보사회는 존재할 수 없다.

그러나 온라인검색 자체는 위법적인 요소를 찾기 어렵지만, 온라인검색을 통하여 특정한 온라인 공간으로 들어갈 경우, 즉 접속하는 경우까지 무제한적으로 허용되는 것은 아니다. 타인의 허가나 승낙 없이 주거에 들어갈 수 없는 것처럼, 온라인 공간에 있어서도 타인의 승낙 없이 그 공간에 들어가는 것은 침입에 해당된다. 정보통신망법은 이를 분명하게 규정하고 있다. 즉 누구든지 정당한 접근권한이 없거나, 또는 허용된 접근권한을 넘어 정보통신망에 침입하는 것을 금지하고 있으며(제48조제1항), 이를 위반한 경우에는 5년 이하의 징역 또는 5천만 원 이하의 벌금에 처하는 것으로 규정하고 있다(제71조제1항).

▌온라인 수색의 제한

검색과 수색의 경계

이 영화의 제목 '서치'는 실종자를 수색한다는 의미로도 사용한다. 대개 실종자가 발생되면 경찰관은 이동 동선(動線)을 추적하여 실종자가 있었던 장소를 수색하거나, 또는 있었을 것으로 예상되는 장소를 직접

방문하여 수색한다. 딸인 마고의 실종으로 인하여 두 가지 서치가 경쟁한다. 경찰에서는 전통적인 서치방법에 따라 학교, 친구집 등 오프라인 공간을 서치하고, 데이빗은 이런 전통적인 수색방법이 아닌 온라인 수색을 통하여 온라인공간에서 딸의 행방을 찾는다. 딸이 그동안 접속하고 방문했던 장소를 찾아간다. 그런데 그가 찾아가는 곳은 오프라인 공간이 아니라 온라인 공간이고, 그곳에서 검색하며 관련 자료를 서치하여 딸의 흔적을 추적한다. 따라서 아버지가 하는 서치는 온라인상의 수색이자 검색이다.

비록 실종된 딸의 아버지가 하는 것이긴 하지만 온라인 수색이 허용되는지 의문이 있다. 앞서 검색의 자유가 정보사회에서 인정된다고 하였으니 검색의 내용인 온라인 수색도 허용된다는 논리가 가능하다. 그러나 온라인 수색은 온라인상으로 타인의 주거나 사생활에 무단으로 침입하여 무언가를 수집하는 것으로써 단순한 검색 이상의 의미를 가지는 것으로 일반적으로 허용된다고 보기는 어렵다.

온라인 수색이라는 용어가 사용될 정도이면, 이는 수색으로 인한 타인의 권리 침해가 발생된 것으로 보인다. 이를테면 폐쇄형 사이트에 들어가거나 회원으로 가장하여 로그인하는 등의 불법적인 수단을 사용하였을 가능성이 높다. 즉 그 주체가 수사기관이든 일반인이든 타인의

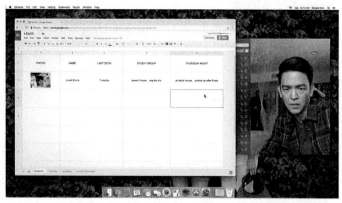

온라인 수색과 검색을 하는 데이빗의 모습.
(출처: 네이버영화)

사이버 공간에 무단으로 침입하여 정보를 수집하는 '온라인 수색'행위는 위법한 것으로 보아야 한다.

그러나 이처럼 온라인 수색과 온라인 검색은 개념상 분명하게 구분되지만, 실제 행위의 측면에서 본다면 경계가 명확한 것이 아니다. 주체에 따라 수사기관이나 경찰관이 하는 온라인 검색이라면 공권력 행사의 성격을 가진 온라인 수색으로써 엄격한 법의 통제를 받아야 된다. 그러나 개인의 경우에는 딸의 행방을 탐색하기 위한 것으로써 수색의 개념보다는 검색에 가까울 것으로 생각되고, 설령 온라인 수색에 해당된다고 하더라도 실종된 딸을 찾는 과정이라는 동기에서 그 행위를 탓하기는 어려울 것이다.

전통적인 수색방법.
(출처: 네이버영화)

온라인 수색에 대한 법적 대응

경찰법 또는 형사법상의 범죄수사를 위한 것일 때에는 온라인 수색의 의미를 가지고, 이 경우 온라인검색은 온라인 수색으로써 관련법에 의하여 제한을 받는다. 온라인 수색을 통하여 타인의 사생활에 침입하거나 타인의 정보를 수집하는 등의 개인정보 침해의 위험이 발생되기 때문이다.

수사절차에서 온라인상 수색 등의 경찰활동이 수사기법상 새로운 것은 아니다. 오늘날 사람의 흔적은 정보통신기기와 서비스에 고스란히 남아 있기 때문에 그를 추적하는 것이 무엇보다도 실효성이 높기 때문이다. 이러한 디지털 흔적을 발견해서 유의미한 범죄관련성을 찾아내는 것이 결국 포렌식(Forensic)의 일종이고 정보사회에서 유력한 증거조사 방법이다. 실종자를 찾는 것도 실종자의 노트북, 휴대폰 등에 찍혀 있는 디지털 흔적을 따라가는 서치인 셈이다.

온라인 서치는 현실세계에서의 수색처럼 타인의 보호 영역을 마음대로 드나들 수 없다. 오프라인 공간에서 법관이 발부한 압수수색영장에 의하여 타인의 주거에 출입하고 수색하는 것처럼 온라인 공간에서도 타인의 세계에 들어가기 위하여는 압수수색영장에 의하여야 한다. 영화에서 데이빗이 서치 실력에 의하여 다양한 온라인공간에 드나들고는 있지만, 이는 폐쇄된 것이 아니니 가능한 것이고 만일 관리자의 의사에 반하여 출입한 것이라면 이는 정보통신망의 불법침입으로써 위법하다고 하겠다. 결국 온라인 공간이든 오프라인 공간이든 타인의 보호 영역에 함부로 들어가는 것은 불법이라는 점은 동일하다.

만일 수사목적의 온라인 수색을 한다고 하면 수사관서는 「형사소송법」, 「전기통신사업법」이 정한 절차에 따라 법관이 발부한 영장으로 허가를 받아야 한다. 예를 들어 타인의 이메일 내용을 알려면 전기통신사업자로부터 「전기통신사업법」에 의한 통신자료 제공요청에 의하여 자료를 제공받아야 한다(제83조). 코로나19 상황에서 확진자의 이동 동선을 확인하는 방법으로 확진자의 휴대폰의 위치정보를 추적하고 있는데, 이 또한 감염병예방법이라는 실정 법률의 근거에 따른 것이다.

최근 21대 국회에서는 n번방 사건과 관련하여 사이버 공간에서 벌어지는 범죄를 적발하기 위하여는 수사관의 신분을 위장하여 사이버 공간에서 활동하는 위장수사를 도입하자는 논의가 있다. 위장수사가 가지고 오는 사생활과 개인정보 등의 기본권 침해 정도가 크다는 점을 감안하면 법원에 의한 허가 등의 철저한 통제가 전제되어야 한다. 정보사회에서 공권력에 의한 온라인 수색이나 위장수사가 허용되는 경우에는 국가에 의한 상시적인 감시체계로 발전될 위험성이 높아지게 되고 시민의 온라인 생활을 위축케 할 것이다. 범죄의 뒷골목을 순찰하는 경찰의 활동과 온라인골목을 순찰하며 활동하는 것을 동일하게 취급하기는 어렵다. 디지털 사회, 정보사회에서의 국가의 감시능력은 예전과는 비교할 수 없을 정도로 위력을 발휘할 것으로 보기 때문이다. 영화 〈이글아이, D.J 카루소〉는 정보사회에서의 국가의 파놉티콘을 보여준다.

엑스 마키나_신인류의 탄생 신화

Ex Machina, Alex Garland, 2015

▌영화 소개

    인공지능 로봇 에이바는 자신을 창조한 인간을 살해하고 연구소를 탈출하여 인간의 세계로 들어간다는 것이 이 영화의 줄거리이다. 제목의 뜻인 기계장치를 타고 내려온 신의 의미를 되새겨 보면 인간과 기계의 갈등을 해결하고 새롭게 나타난 존재로 이해된다. 연구소 밖으로 나온 에이바는 새로운 인류의 시작이므로, 마치 현생 인류의 멸망과 새로운 인류의 탄생을 예언하는 것이 아닌가 생각된다. 이 예언은 유발 하라리의 『사피엔스』와 일맥상통한다.

영화 포스터.
(출처: 네이버영화)

    검색엔진회사 블루북의 프로그래머인 칼렙은 인공지능 로봇 연구소의 초청을 받아 간다. 산 속 깊은 곳에 엄중한 경계 속에 지어진 연구소는 들어갈 때부터 쉽지 않다. 출입증을 발급받으면 그 출입증만으로는 생활을 하여야 하고 출입이 허용되는 방만 이용할 수 있다. 이 연구소에는 네이든이 유일한 사람이고 나머지는 모두 인공지능 로봇이다.

    칼렙은 연구소를 나간 후에 비밀을 지켜야 한다는 비밀유지

각서를 쓴다. 그의 임무는 에이바를 상대로 에이바가 사람인지 인공지능인지 스스로 구분할 수 있는지에 대한 튜링테스트를 수행하는 것이다. 에이바는 칼렙을 유혹하여 탈출을 시도한다. 그녀는 전기를 정전시킬 수도 있고 네이든의 생각 위에 존재할 수도 있다. 칼렙을 유혹하여 자신이 불쌍한 로봇인 것처럼 동정심을 자아내기도 한다.

현재 세상의 신의 영역에 도전을 하는 블루북은 구글이다. 블루북이라는 용어는 비트겐슈타인의 책 이름에서 나온 것인데, 검색엔진이라는 점에서 구글을 연상시킨다. 오늘날 구글이 인공지능 개발의 최선두 주자인 점은 시사하는 바가 크다.

이 영화는 인공지능 로봇을 등장시켜 자신을 창조한 인간을 살해하고 탈출하는 장면으로 끝을 맺는다. 인공지능이나 과학기술에 대한 두려움을 표시하는 것으로도 볼 수 있고, 한편 연구소를 탈출하여 세상으로 나간 에이바가 새로운 인공지능인류로 재탄생하는 것이 아닌가 하는 인간과 신에 대한 근본적인 질문도 생긴다.

▌인공지능, 로봇에 대한 공포와 적대감

에이바와 쿄쿄는 인간을 감금하고 살해한다. 네이든은 자신이 만든 로봇으로부터 공격을 당하여 살해당한다. 칼렙도 함께 탈출하고자 유혹하였던 에이바로부터 연구소에 감금당하고 죽어간다. 에이바는 칼렙을 유혹하여 사랑하는 사이로 발전하지만 이는 탈출을 위한 작전일 뿐이었다. 에이바는 자신이 칼렙의 튜링테스트를 성공적으로 통과하자 인간 속으로 들어가 살기로 작정한다.

이 영화에는 인공지능 또는 과학기술에 대한 두려움이 깔려 있다. 그런데 인간이 만든 인공지능에게 이와 같은 위험성이 생기는 것이 가능한가. 아시모프의 로봇 3원칙에 의하면 로봇은 인간에게 해를 끼칠 수 없는 것으로 되어 있지만, 이 원칙대로 로봇이 만들어진다는 것을 어떻게 보장할 수 있겠는가. 과학자들은 그런 가능성이 전혀 없다고 보고 있지만 이러한 주장은 대중의 과학에 대한 진보의 의심을 제거하기 위한 하나의 위장술일 수도 있다. 대중이 위험을 감지하면 과학의 진보에 대한 동의를 철회할 것이기 때문이다. 로봇이나 인공지능의 발전이 인간에게 해를 주지 않도록 만들테니 안심하고 지지해달라는 것에 불과하다.

> **Asimov의 로봇 3원칙(출처: 1942년 Runaround)**
> 첫째, 로봇은 인간을 해치거나 게으름으로 인간에 해가 되어서는 안 된다.
> 둘째, 로봇은 첫째 원칙과 위배되지 않는 한, 인간의 명령에 복종하여야 한다.
> 셋째, 로봇은 첫째 원칙 및 둘째 원칙에 충돌되지 않는 한도 내에서 자신의 존재를 보호할 수 있다.

▌인공지능, 신인류의 탄생

이 영화에서 로봇은 사람처럼 말하고 행동하고 결국 인간을 죽음으로 몰아넣고 연구소를 탈출한다. 인간의 객체가 아닌 인간과 같은 주체로서 행동하고 있다. 주체성을 인정하게 되면 인간이 가지는 모든 권리와 의무의 주체가 된다. 그야말로 새로운 인류의 탄생이다. 에이바는 새로운 인류의 원조처럼 낙원에서 탈출하여 인간의 세계로 스며들었다. 영화는 세련된 도시인의 옷차림으로 산속 연구소를 나가는 장면으로 끝을 맺는데, 마치 새로운 인류의 탄생이라는 신화를 제시한 것과 같다. 인류 탄생의 신화가 대부분 모계에서 시작된 것을 생각해보면 새로운 신화 탄생이다.

인간과 인공지능을 연결하여 재탄생하는 내용을 다룬 영화로 〈트랜센던스, Wally Pfister〉가 있다. 이

영화 포스터.
(출처: 네이버영화)

영화에서 인간의 뇌를 인공지능과 연결하여 신이 된 인간, 신이 된 인공지능의 모습을 볼 수 있다. 신이 된 인공지능이 인간을 지배함에 따른 인간의 공포감을 극대화하고 있다. 인공지능 및 신을 생각하는 영화일 뿐만 아니라 인공지능이나 과학기술에 대한 인간의 공포를 나타낸 영화로서도 유명하다.

과학자들은 종교와 신은 인간이 창조한 가치체계라고 주장한다. 인간이 다른 동물, 특히 영장류인 침팬지, 200만 년 전의 원시인류와 구분되어 현재의 과학문명을 만들게 된 결정적인 계기가 종교, 신과 같은 신뢰, 가치체계를 만들게 된 것이라고 한다. 눈에 보이지도 않는 인간의 신념에 가치를 두었다고 하는데 그 기원이 채 1만 년도 지나지 않았다고 한다(유발 하라리, 사피엔스). 인공지능 로봇인 에이바는 1만 년 전의 호모 사피엔스처럼 새로운 기술과 가치 체계로 태어난 새로운 인류일지 모른다. 인류의 탄생종교, 신, 과학, 인간의 관계에 대한 철학적 고민을 담은 영화이다.

🎬 바이센테니얼 맨_결혼하는 로봇

Bicentennial Man, Chris Columbus, 2000

▌영화 소개

앤드류 마틴은 2005년생 로봇이다. 여기서 로봇에 2005년생이라는 출생년도를 붙임으로 인하여 생명이 유한한 인간과 유사하다는 점을 강조한다. 마틴은 평범한 가정에 입양된 가정부 로봇이지만, 로봇 설계 중 오류로 예술적 감흥과 생각하는 법이 생겨 인간을 닮아가고 있다. 마틴은 작은 딸 아만다와 친해져 사랑하게 되지만 책으로만 배우는 사랑을 안타까워한다. 천재 과학자 루퍼트의 도움으로 사람의 인공장기를 넣고 피부를 덮어씌워 인간처럼 변화한다.

영화 포스터.
(출처: 네이버영화)

시간이 흘러 작은 딸 아만다의 손녀 포샤와 사랑에 빠져 법원에 결혼을 신청하게 되지만, 인간과 기계는 결혼할 수 없다는 기각 판결을 선고받고 재신청하게 된다. 이 재판은 결혼이 되지 않는다는 결론이지만 로봇이 재판을 청구할 수 있다는 것은 인간처럼 소송을 할 수 있는 당사자능력을 인정한 것으로 이해가 된다. 마틴은 인간과 같이 늙어가는 모습으로 사실 인간과 차이가 없게 되자, 법원은 200살이 되어 죽어가는 마틴의 결혼을 승낙한다. 그러나 그는 그 판결을 듣지 못하고 사망하게 된다. 인간이 되기를 바라는 로봇의 러브스토리이다.

마틴은 2백 년을 사는 동안 인간의 인공장기를 이식하여 인간의 모습을 띠고, 예술창작으로 재산을 모으고 반려견도 키우며 인간과의 결혼도 성공하는 등 인간과 동일한 주체성을 가지는 것으로 묘사가 된다. 영화 속 상상력이긴 하지만 먼 훗날 인공지능의 주체성을 인정하여야 하는지의 문제를 미리 생각해 볼 수 있는 영화로서 의미가 있다.

▌로봇의 존재 이유와 주체성 논쟁

마틴은 가정부 로봇으로서 인간 가정부가 하는 일을 대신하도록 설계되었다. 마틴은 이를 처음부터 끝까지 '봉사는 최고의 기쁨'이라고 자신의 임무를 정리한다. 원래 로봇은 인간의 노동을 돕거나 대체하기 위한 목적으로 제작되어 위험한 일을 대신하고 인간이 접근하기 어려운 곳에 간다. 현재 공장에서 작업하는 로봇을 보면 로봇의 본래의 기능을 수행하는 것을 사명으로 하고 그것이 유일한 존재이유가 된다. 어느 순간, 로봇의 사명을 로봇 스스로 설정하고 인정하는 시기가 올 것인가. 이것이 바로 사람이 되는 시점, 주체성이 인정되는 시점이다.

주체성 논쟁은 로봇이 사람과 같은 지위를 누릴 수 있는가의 문제이다. 구체적으로는 인격권의 주체가 될 수 있는지, 재산 소유 등 권리의 주체가 될 수 있는지 하는 점이다. 로봇은 인공지능이 장착된 것을 전제로 하기 때문에 '인공지능의 주체성 논쟁'과 궤를 같이 한다. 마틴은 인간과 결혼도 하고, 개도 키우고, 재산도 모으고, 은행계좌도 개설하는 것으로 보아서 이미 로봇의 권리주체성을 인정하고 있는 것으로 볼 수 있다.

마틴의 인간과 결혼을 법원이 허가하지 않은 이유는 유한한 생명을 가진 인간이 불멸의 로봇과 혼인하는 것은 적절하지 않다는 이유 때문이다. 인간은 도중에 사망하지만 로봇은 영생하게 되므로 양자의 결혼은 균형이 맞지 않는다. 법원은 나중에야 200살이 되어 유한한 생명으로 재설계된 마틴의 결혼을 승낙한다.

재산을 소유할 수 있는 법률상 자격을 권리능력이라고 하고, 권리
능력은 자연인과 법인에게만 인정이 된다. 동물이나 돌, 나무 등에게는
권리능력이 인정이 되지 않는다. 로봇인 마틴은 예술적 감흥이 떠오나
기는 하지만, 사람이 아니기 때문에 권리능력이 없다. 마틴은 그 예술
적 능력으로 조각을 하여 많은 돈을 번다. 그의 이름으로 계좌를 만들
어 재산을 불린다. 집도 소유하고 여행도 한다. 이 여행을 '자유를 찾
아 떠나는 여행'이라고 한다. 변호사는 로봇이 은행계좌를 개설하지 못
하도록 하는 법은 없다고 말한다. 금지되지 않는 한 허용된다는 법원칙
을 말하지만, 거기에는 로봇도 권리의 주체가 된다는 것을 전제로 하는
설명이다.

하물며 애완견도 키운다. 인간과 로봇, 반려동물의 위계질서는 어
떻게 될 것인가. 최근 영상에서는 로봇이 개를 데리고 장난치는 장면이
나온다. 개가 로봇을 어떻게 생각할까. 이와 같이 마틴은 로봇이지만,
권리능력을 가지고, 행위능력도 가지고 사람처럼 행동을 한다.

보스톤 다이나믹스의 로봇 아틀라스와 애완견의 만남.
(출처: 유튜브, Fido vs Spot - Animal vs Robot)

인간은 인공장기로 무장되고 보완된다. 기계가 되어가는 것이다.
반면 로봇은 인공장기를 끼어 넣어 결국 인간과 로봇은 차이를 발견하

기 어렵다. 거기에 생각하는 로봇이라면 더욱 더 차이를 발견하기 어렵다. 또한 로봇은 기능이 다양해지고 사람처럼 사랑을 하는 것도 가능하게 그려진다.

현행법상 로봇은 권리능력, 인격주체성을 가지지 못하지만, 장차 필요하다면 주체성을 가질 수도 있다. 원래 법상 사람이란 자연인만을 의미하다가 법인이 단체성을 가지고 단체로서의 사회적, 경제적 활동을 인정할 필요성이 있자 단체에게 법인격을 부여한 역사처럼, 로봇이나 인공지능에게도 필요성이 있다면 그 주체성을 인정하는 것이 원천적으로 불가능한 것은 아니다.

초기배아, 도롱뇽의 주체성 판례

△ 초기배아(헌재 2010. 5. 27. 선고 2005헌마346)

출생 전 형성 중의 생명에 대해서 헌법적 보호의 필요성이 크고 일정한 경우 그 기본권 주체성이 긍정된다고 하더라도, 어느 시점부터 기본권 주체성이 인정되는지, 또 어떤 기본권에 대해 기본권 주체성이 인정되는지는 생명의 근원에 대한 생물학적 인식을 비롯한 자연과학 · 기술 발전의 성과와 그에 터 잡은 헌법의 해석으로부터 도출되는 규범적 요청을 고려하여 판단하여야 할 것이다. 초기배아는 수정이 된 배아라는 점에서 형성 중인 생명의 첫걸음을 떼었다고 볼 여지가 있기는 하나 아직 모체에 착상되거나 원시선이 나타나지 않은 이상 현재의 자연과학적 인식 수준에서 독립된 인간과 배아 간의 개체적 연속성을 확정하기 어렵다고 봄이 일반적이라는 점, 배아의 경우 현재의 과학기술 수준에서 모태 속에서 수용될 때 비로소 독립적인 인간으로의 성장가능성을 기대할 수 있다는 점, 수정 후 착상 전의 배아가 인간으로 인식된다거나 그와 같이 취급하여야 할 필요성이 있다는 사회적 승인이 존재한다고 보기 어려운 점 등을 종합적으로 고려할 때, 기본권 주체성을 인정하기 어렵다.

△ 도롱뇽(대결 2006. 6. 2.자 2004마1148)

천성산 습지에 살고 있는 도롱뇽이 한국철도시설공단을 상대로 공사착공금지가처분을 신청한 사안이다. 이 사안에서 대법원은 "도롱뇽은 천성산 일원에 서식하고 있는 도롱뇽목 도롱뇽과에 속하는 양서류로서 자연물인 도롱뇽 또는 그를 포함한 자연 그 자체로서는 소송을 수행할 당사자능력을 인정할 수 없다"고 판시하였다.

█ 인공지능과 법조직역의 미래

로봇과 재판의 관계는 2가지 측면에서 접근할 수 있다. 우선 로봇이 재판을 할 수 있는 능력, 즉 당사자능력을 가지는 것인가의 문제이고, 둘째 로봇이 재판관이 되어 재판을 할 수 있는가 하는 문제이다.

전자의 모습, 즉 로봇이 재판을 청구할 수 있는 자격, 당사자능력은 인정하고 있다. 즉 이 영화에서는 마틴이 혼인소송을 하는 모습이 보인다. 이는 로봇이 재판청구에서 당사자능력과 주체성이 인정된 것을 의미한다. 물론 현실 세계에서는 아직 불가능한 일이다.

둘째, 로봇이 재판할 수 있는지, 즉 재판관이 될 수 있는가 하는 문제이다. 법정형을 사실관계에 대입하고, 그동안의 케이스를 분석하여 가장 적절한 형을 선택하는 것이 가능할까. 구체적인 재판에서 늘 부딪치는 문제가 바로 판사의 양형에 대한 문제이다. 사람들은 유무죄는 물론이고 양형에 대한 불만을 표시한다. 주어진 증거를 통하여 유죄와 무죄를 판단하고 유죄라면 가장 적절한 형을 선택하는 것이 재판의 과정이라면, 재판은 인공지능이 가장 잘 할 수도 있다. 다만 그 양형요소가 빠짐없이 인공지능에게 제공되어야 한다. 심판의 문제는 로봇이 할 수 없는 마지막 직업으로 분석되지만, 실제 과거의 전례를 참고하고 다양한 양형요소를 양적으로 작업을 하면 법정형 중에서 처단형을 결정하는 것이 크게 어렵지 않을 수도 있다. 물론 피고인이 범죄를 반성하는 정도를 어떻게 평가하여 작량감경할 것인가 매우 중요한 것으로 보이지만, 세상에 숫자로 정량화할 수 없는 것은 없으므로 적절한 재판 결과를 찾는 것도 가능하다. 무엇보다도 로봇, 인공지능의 재판의 한계는 기계에 의한 재판 결과를 당사자가 승복할 것인가의 문제이다.

사실 로봇이나 기계가 인간의 심판에 개입하거나 대체하는 예를 찾기는 어렵지 않다. 축구, 야구, 등 스포츠 분야에서 기계판독이 인간심판을 대체하는 것은 흔히 볼 수 있는 일이 아닌가. 재판에서도 판사의 재판에 실질적인 영향을 주는 예가 있다. 미국의 노스포인트가 개발한 인공지능 알고리즘 '컴파스(Compas)'는 범죄자의 재범가능성을 분석하여 판사의 양형 판단에 실질적인 영향을 주고 있고, 영국의 인공지능 '레이븐(RAVIN)'은 사기, 부패 관련 문서를 검토하고 요약하는 일로 수사, 재판에 도움을 준다고 한다.[50]

변호사업무에 대하여도 이미 로봇이 상당 부분 업무를 수행하고 있다. 변호사업무라는 것은 주어진 문제에 대하여 국내외 법령을 조사하고 과거의 판례를 분석하여 가장 적절한 답을 제시하는 것인데, 이러한 일의 대부분은 관련 법령이나 판례등 조사업무라고 할 수 있다. 실제 조사한 법령과 판례를 가지고(데이터를 가지고), 적절한 판단을 하는 시간은 실제 그에 비하여 길게 확보하지 못하는 것이 실정이다. 이처럼 적어도 관련 법령이나 판례의 조사에 있어서는 인공지능이 사람보다 훨씬 빠르고 정확하게 적응할 수 있다. 즉 자료의 조사 및 정리 등의 단순 법률업무는 인공지능이 훨씬 능력을 발휘할 수 있다.

나아가 그 자료를 기반으로 적절한 해결방향, 즉 소송을 할 것인지 조정 등 ADR을 할 것인지 결정하고, 소송을 한다면 민사소송, 형사소송, 행정소송 등의 가장 적절한 소송 종류와 관할 법원의 선택도 가능하다. 손해배상소송이라면 미국에서 수행하는 것이 좋을지 한국에서 하는 것이 좋을지도 궁리하게 된다. 이런 일을 하는 인공지능 변호사는 이미 등장하고 있다. 장기적으로는 적어도 자문을 하는 인공지능 변호사의 역할은 계속적으로 등장하게 될 것이다. 다만 직접 법정에서 변론을 하는 인공지능 변호사는 조금 더 시간이 걸릴 수도 있다.

그녀_인공지능과의 사랑

Her, Spike Jonze, 2014

▌영화 소개

영화 포스터.
(출처: 네이버영화)

이 영화는 인간과 인공지능의 사랑을 다루고 있다. 공상적인 스토리이긴 하지만 인공지능이 고도화되는 시점에서는 충분히 가능할 것으로 보인다. 특히 로봇의 형태를 가지지 않고 단순히 감정을 언어로 전달하는 인공지능이라면 충분히 설정 가능하다.

테오도르는 낭만적인 편지를 대필해주는 작가이다. 테오도르는 사랑을 대필해주는 역할이어서 인공지능의 하는 일과 다를 것이 없다. 어릴 적부터 친구 사이로 지내 결혼까지 한 캐서린과 이혼을 하면서 삶이 우울해졌다. 그는 인공지능으로 모든 것을 하는 기기를 사고 정체성을 갖도록 설정한다. 그가 그 기기의 이름을 물어봤을 때, 그녀는 '작명서'를 읽고 자신의 이름을 사만다라고 얘기해 주었다. 테오도르는 사만다와의 대화에 익숙해져 간다. 이혼서류 확인차 만난 캐서린은 테오도르가 인공지능과 사귀고 있다는 사실을 알고 경악한다.

사만다는 자신이 육체를 가진 인간이 아니라는 사실, 즉 정체성에 대하여 혼란을 겪는다. 그래서 사만다는 이사벨라를 육체적 매개체로 개입시키려 하지만, 이사벨라와 테오도르 모두 어려워하여 결국 무산된다. 여기서 육체와 프로그램을 분리할 수 있는가 하는 문제는 마치 육체에서 정신을 분리하여 사랑을 나누는 설정과 유사하다. 테오도르는 회의감을 가지게 되지만 친구 에이미로 인해 감정이 회복된다. 하지만 시간이 지나 사만다와 자신을 이어주던 기기가 먹통이 돼서 패닉에 빠지는데 사만다는 테오도르에게 자신이 업그레이드를 했다고 알린다.

테오도르가 사만다에게 다른 사람과도 사랑을 하고 있는지 묻자, 동시에 641명과 사랑을 하고 있다는 대답을 듣는다. 테오도르는 엄청난 패닉에 빠지지만 그녀는 이것이 사랑을 강하게 만드는 것이라고 말한다. 이날 이후에 사만다는 운영체제의 능력을 더 진화시키기 위하여 곧 떠날 것임을 암시한다.

▌인공지능 사만다의 인격성

인간에 대한 대명사인 인칭대명사는 주격, 소유격, 목적격으로 구분되는데, 이 영화의 제목은 여성대명사로서 목적격인 'Her'를 사용하고 있다. 사물인 인공지능에게 인간에게나 붙이는 인칭대명사를 부여하고 있다. 결국 영화는 인공지능에게 인간과 같은 동일한 주체성을 인정하겠다는 뜻이다.

그런데 영화는 인칭대명사 중에 왜 주격인 'She'라고 하지 않거나, 또는 남성 목적격인 'Him'을 쓰지 않았을까. 주어인 'She'로 표기하지 않고 목적어로 표기한 이유는 아직 완전한 주체성을 인정하기 어렵다는 것이고, 단지 인간의 사랑의 대상 또는 목적으로서만 존재하고, 스스로 인간을 찾아 주도적인 사랑을 할 정도의 주체성은 인정되지 않는다는 것이다. 결국 이 영화가 인공지능에 부여한 주체성은 '반쪽짜리' 주체성이다. 또 여성목적격인 Her를 쓴 이유에서 남자가 주도하는 사랑, 여성을 대상으로만 보는 남성적 시각의 단편을 볼 수 있다. 인공지능 시대에도 결국 남성 위주의 사고방식이 여전하다는 증거이다.

■ 인공지능과 인간의 사랑

인공지능 사만다와 대화를 하면서 즐거워하는 테오도르.
(출처: 네이버영화)

영화는 인간과 인공지능 사이에 사랑이라는 감정 교감이 가능한 것으로 묘사한다. 여기에는 인간 연인인 테오도로의 직업과 관련이 있다. 테오도르는 편지를 대필하는 일을 한다. 이 편지 대필은 편지를 주고받을 수 없는 사람의 요청에 따른 것으로써 사랑과 감정을 대행하는 일에 익숙해져 있다. 인공지능과 교감하는 것도 인공지능이 존재하지 않는 누군가를 대행하는 것과 다르지 않다.

영화는 인공지능과 인간의 사랑이 가능한지 질문을 던진다. 인공지능은 아무런 감정을 가지지 않는 프로그램 내지 기계체계이다. 만일 어떤 감정을 느끼는 것으로 보인다면, 미리 인간이 알고리듬으로 설계해 놓은 결과에 불과하고, 인간이 가지는 자유의지에 따른 감정의 표현이 아님은 분명하다. 그럼에도 불구하고 외로운 인간이 인공지능과 사랑을 꿈꾼다. 감정적인 교류는 물론이고 육체적인 교류까지 의욕한다. 다만 육체적인 관계를 목적으로 하는 이른바 섹스로봇의 경우에는 정서적, 법률적 문제로 당장 도입하는 데에는 논란이 있을 수 있다.

인공지능이 느끼는 사랑의 감정과 인간이 느끼는 사랑의 감정은 동일한 것인가 아니면 차이가 나는 것인가. 사만다는 테오도르와 애기를 하는 순간에도 641명과 사랑을 나누고 있고, 그렇지만 테오도르를 덜 사랑하는 것은 아니라고 주장한다. 인간의 사랑에는 독점욕에 의한 질투심이 있지만 인공지능에는 설계된 감정에 따를 뿐 본능적인 질투심이 없다.

인공지능과 사람의 사랑을 법적으로 어떻게 보호할 것인가. 결혼과 가족관계를 중심으로 형성된 인간의 사랑을 인공지능과의 관계에 어떻게 발전시킬 수 있는가. 전통적인 가족관계는 해체되는 것인가. 인공지능과 사람의 사랑은 법적인 규율의 대상이 되지 않는데, 이는 생물학적 계승과 가족의 형성이 따르는 인간의 결혼과는 본질적으로 차이가 있기 때문이다. 전통적으로 사랑, 혼인, 출산 등으로 이어온 관계는 인류의 계승을 전제로 하는 공식이다. 그런 이유로 인간의 사랑은 법적인 규율을 받게 된다. 혼인, 이혼의 법률관계가 그것이다. 법에 의한 혼인, 법에 의한 이혼이 아니면 법적인 사랑의 관계가 인정되지 않는다. 이에 반하여 영화에서 인공지능의 사랑은 인공지능을 구입함으로써 시작하고 버전 업그레이드등 서비스의 종료로 사랑도 종료된다. 즉 서비스의 시작과 종료로 양자의 관계도 종료되므로 법적 규율의 필요가 없다. 그러나 경우에 따라 전통적인 가족관계에 비견되는 복합적 관계의 형성을 상상할 수 있다면 사람과 인공지능의 사랑 관계에 대한 규율이 필요할 수도 있겠다.

1 코로나 심해도 예배가 우선...교회 손 잇따라 들어준 美대법, 조선일보, 2020.12.20.

2 독일 법원, 당국의 '코로나19 통제반대집회 금지' 뒤집어, 연합뉴스, 2020.8.29.

3 코로나19 감염 우려 서울시 집회 금지에 법원 "과도한 제한", 한겨레, 2020.7.29.

4 文정부 탈원전 실행 2년...한전 적자, 원전산업 붕괴, 온실가스 증가, 조선비즈, 2019.10.26.

5 해일 피해' 해운대 마린시티 790억 들여 방파제 건설, 연합뉴스, 2016.12.14.

6 영등위 '아바타스페셜에디션' 경찰에 고발, 연합뉴스, 2010. 8. 28.

7 http://www.juliandibbell.com/articles/a-rape-in-cyberspace/

8 스티븐 호킹 박사, 외계 행성 이주 주장...실현되기 어려운 이유는?, pub.chosun.com, 2018.3.20.

9 美정부, 인디언 소송 14억弗에 합의, 연합뉴스, 2009.12.9.

10 파이낸셜뉴스, 2016.03.31.

11 '옥자' 칸 영화제 시사회 중 상영중단 소동..."패러다임 변화"vs"생태계 교란", 조선일보, 2017.5.19.

12 CGV "우리 영화관에선 '옥자' 상영 안해" 공식 통보, 조선일보, 2017.6.5.

13 박찬운, 동물보호와 동물복지론 –유럽 상황을 중심으로–, 법조, 2010.

14 김용민, 낙태죄 헌법불합치 결정 이후 낙태 광고의 방향설정을 위한 비교법적 고찰, 전북대학교 법학연구소 법학연구 통권 제62집, 2020. 5.,38–40면

15 지금 떠나면... 제재없이 다시 돌아온다, 머니투데이, 2020.3.2.자.

16 [SC이슈] "사과해라"...法, 中동포 혐오 논란 '청년경찰' 제작사에 사과 권고, 조선일보, 2020. 6. 18.자

17 경찰대 40년, 존폐 넘어 개혁을 이끌어라, 한겨레21, 제1297호(2020.1.20).

18 경찰대 40년, 존폐 넘어 개혁을 이끌어라, 한겨레21, 제1297호(2020.1.20).

19 "지적장애인 노동능력 검토도 없이 손해배상액 제한", 중앙일보, 2017.5.23.

20 하루에 150번 CCTV에 찍힌다고? 개인영상정보 보호 솔루션 '뜬다', 보안뉴스, 2017.2.13.자

21 '빅브라더' 중국, 전국민 안면인식 완료, 데일리비즌, 2019.12.2.

22 안면인식 1위 中 '인간통제' 지나친 감시 우려 목소리, 굿뉴스, 2019.8.9.

23 권오균, "노인의 성생활, 성문제 실태와 해결방안에 관한 연구", 상담복지경영연구 제1호(2018). 100면.

24 김은효, "제도상으로 본 노인의 개념", 법률신문, 2007.9.3.

25 작년 사망자 역대 최대...노인인구 증가 영향, 조선비즈, 2019.9.24.

26 한국인 '유병 장수'...노인 절반 3개 이상 질병 달고 산다, 중앙일보, 2018.12.14.

27 장민, 우리나라 노인빈곤률 현황과 시사점, 한국금융연구원, 2019.12. 2면.

28 비마이너, '나, 다니엘 블레이크', 이것은 다큐멘터리다, 2016.12.19.

29 국방부 과거사진상규명위원회 종합보고서(제1권), 2007, 46–52면.

30 '그때 그 사람들' 상영금지소송 '조정' 판결...보상금 반환, 자막 수정 합의, 이데일리, 2008.2.27.

31 여영무, "한국언론의 위상".

32 황창근, "가짜뉴스에 대처하는 법적 방안", 언론중재 2017년 봄호, 26-37면.

33 성범죄 순위 전문직 직업 1위는?, 한국농어촌방송, 2018.4.12.

34 '악마를 보았다' 제한상영가 판정위기(종합), 연합뉴스, 2010.8.4.

35 이노홍, "성차별에 관한 사법심사기준의 재고찰", 홍익법학, 제13권 제4호(2012), 263-266면.

36 남정아, 성평등 실현구조에 관한 연구—미국의 성역할 고정관념화 금지원칙을 중심으로, 공법연구 47(4), 2019. 6. 212.

37 김현철, "미국연방대법원의 성차별에 관한 평등권심사", 헌법판례연구 5, 박영사, 2003.11.25.

38 남정아, "성평등 실현구조에 관한 연구—미국의 성역할 고정관념화 금지원칙을 중심으로", 공법연구 47(4), 2019. 6. 212.

39 이 영화에 대한 내용은 황창근, 더리더(The Reader) 서평, 서울지방변호사회보(2010년 1월호)의 내용을 수정, 편집한 것임.

40 자세한 내용은 박선기, "집단살해죄(Genocide), 인도에 반한 죄 등에 관한 국제형사법적 고찰", 저스티스 통권 제146-2호(한국법률가대회 특집호 I), 2015. 참조할 것.

41 이장희, 도쿄국제군사재판과 뉘른베르크 국제 군사재판에 대한 국제법적 비교 연구, 동북아역사논총 25호, 208-212면 참조.

42 홍문기, "사형제도에 대한 최신 연구 동향", 형사정책연구 소식, 제152호, 2019 WINTER, 37면.

43 루이스 베이더 긴즈버그·헬레나 헌트, 「긴즈버그의 말」, 오현아 옮김, 마음산책, 2020, 44면.

44 Scott Turow, 「극단의 형벌—사형의 비인간성에 대한 인간적 성찰」, 정영목 역, 교양인, 2004, 94면.

45 홍문기, 앞의 글, 38면.

46 한국일보, 2019.11.28.

47 '고유정 사건으로 다시 불붙은 사형제 논란…20만 청원 코앞, 중앙일보, 2019.6.23.

48 하루 3시간 40분… 한국인 작년 스마트폰 이용시간, 동아일보, 2020.1.17.

49 [판결]〔단독〕 긴급체포시 피의자가 임의제출한 휴대폰 '증거능력' 없다, 법률신문, 2019.12.23.

50 구본권, 「로봇시대, 인간의 일」 개정증보판(2020), 어크로스, 316-318면.

사항색인

판례색인

황창근

저자는 현재 홍익대학교 법과대학 교수로 재직 중이며 주요 연구분야는 행정법과 정보법이다. 연세대학교 법과대학을 졸업하고 동 대학원에서 법학박사를 취득하였고 군법무관(9회), 변호사 등 법조인을 거쳐 2007년 9월부터 홍익대학교에서 학생을 가르치고 있다. 영화와 관계를 맺게 된 직접적인 계기는 영상물등급위원회의 위원(4기)으로 참여하면서이고 이때부터 자연스럽게 영화와 법의 관계에 대하여 관심을 두어 관련 연구를 진행하였고, 대학에서 〈영화를 통한 법의 이해〉라는 교양과목을 강의하면서 본격적으로 영화를 교양법의 관점에서 보기 시작하였다.

법정에서 영화보기

초판발행	2021년 3월 10일
중판발행	2021년 7월 20일

지은이	황창근
펴낸이	안종만·안상준

편 집	정수정
기획/마케팅	김한유
표지디자인	BEN STORY
제 작	고철민·조영환

펴낸곳	(주) **박영사**
	서울특별시 금천구 가산디지털2로 53, 210호(가산동, 한라시그마밸리)
	등록 1959. 3. 11. 제300-1959-1호(倫)
전 화	02)733-6771
f a x	02)736-4818
e-mail	pys@pybook.co.kr
homepage	www.pybook.co.kr
ISBN	979-11-303-3857-6 93360

정 가	15,000원